Übungsbuch zur Betrieblichen Finanzwirtschaft

Von

Dr. Lutz Kruschwitz

Professor der Betriebswirtschaftslehre
an der Freien Universität Berlin

Dr. Rolf O. A. Decker

Diplomkaufmann

Dr. Michael Röhrs

Diplomkaufmann

5., durchgesehene Auflage

R. Oldenbourg Verlag München Wien

Die Deutsche Bibliothek - CIP-Einheitsaufnahme

Kruschwitz, Lutz:
Übungsbuch zur betrieblichen Finanzwirtschaft / von Lutz
Kruschwitz ; Rolf O. A. Decker ; Michael Röhrs. – 5.,
durchges. Aufl. – München ; Wien :
Oldenbourg, 1998
    1. – 3. Aufl. u.d.T.: Kruschwitz, Lutz: Übungsbuch zu Grundzügen der
    Finanzierung, Finanzmathematik und Investitionsrechnung
    ISBN 3-486-24690-9
NE: Decker, Rolf O.A.:; Röhrs, Michael:

© 1998 R. Oldenbourg Verlag
Rosenheimer Straße 145, D-81671 München
Telefon: (089) 45051-0, Internet: http://www.oldenbourg.de

Gedruckt auf säure- und chlorfreiem Papier
Gesamtherstellung: R. Oldenbourg Graphische Betriebe GmbH, München

ISBN 3-486-24690-9

Vorwort zur 5. Auflage

Die vierte Auflage konnte wiederum schnell verkauft werden. Wir haben uns deswegen darauf beschränkt, das ganze Buch kritisch durchzusehen.

Kritik und Anregungen sind immer willkommen, am einfachsten über die email-Adresse LS-Kruschwitz@ccmailer.wiwiss.fu-berlin.de oder unsere Home-page http://www.wiwiss.fu-berlin.de/w3/w3krusch.

Lutz Kruschwitz   *Rolf O. A. Decker*   *Michael Röhrs*

Vorwort zur 4. Auflage

Gegenüber ihren Vorgängern unterscheidet sich die Neuauflage so erheblich, daß wir eine Änderung des Buchtitels für zweckmäßig hielten. Was wurde geändert, was ist geblieben?

Die Aufteilung des Stoffgebiets in die drei Bereiche Finanzmathematik, Finanzierung und Investition haben wir beibehalten. Im vorderen Teil des Buches finden Sie nach wie vor gezielte Literaturhinweise, Verständnisfragen sowie die Übungsaufgaben. Es folgen die ausführlichen Musterlösungen zu den Übungsaufgaben. Sie bilden den Kern des Buches und nehmen jetzt etwa drei Viertel des Gesamtumfangs ein.

Es sind sehr viele neue und interessante Aufgaben hinzugekommen. Um die Seitenzahl trotzdem nicht über Gebühr anschwellen zu lassen, haben wir den bisherigen Text rigoros überprüft und zahlreiche Aufgaben entfernt, die im Zusammenhang mit den verbliebenen keinen besonderen Nutzen besaßen. Von den dem Buch früher beigegebenen sieben Klausuren ist nur noch eine einzige übriggeblieben. Einige unserer Leser haben beklagt, daß manche Lösungsvorschläge für die Übungsaufgaben nicht ausführlich genug waren. Daher haben wir die Musterlösungen vollständig überarbeitet beziehungsweise ganz neu gestaltet. Wir hoffen, daß sie damit noch informativer geworden sind. Um den Nutzen des Buches weiter zu erhöhen, haben wir die Aufgaben und Lösungen mit Themenüberschriften versehen und ein Sachverzeichnis angefertigt. Selbstverständlich wurde das Literaturverzeichnis aktualisiert.

Unterstützung fachlicher und technischer Art haben wir von allen gegenwärtig am Lehrstuhl für Bank- und Finanzwirtschaft der Freien Universität Berlin tätigen Mitarbeitern erhalten, insbesondere von Frau Dipl.-Vw. *Katrin Burkhardt,* Herrn Dipl.-Kfm. *Mike Schwake* und Frau *Renate Mauersberger.* Vor allem bedanken wir uns aber bei Herrn Dipl.-Kfm. *Daniel Brickwell,* der mit großem Engagement neue Aufgaben entworfen hat. Nicht unerwähnt lassen wollen wir die Studierenden am Fachbereich Wirtschaftswissenschaft der Freien Universität Berlin, die viele Verbesserungsvorschläge gemacht haben.

Lutz Kruschwitz   *Rolf O. A. Decker*   *Michael Röhrs*

Vorwort zur 2. Auflage

Die erste Auflage dieses Übungsbuches konnte sehr schnell verkauft werden. Wir haben deswegen nur wenige neue Aufgaben in das Buch aufgenommen und die Konzeption unverändert gelassen.

Um aber die Lesbarkeit des Buches zu verbessern, haben wir den gesamten Text mit Hilfe von LaTeX völlig neu gestaltet und gründlich überarbeitet. Für technische Unterstützung bedanken wir uns bei Frau *Renate Mauersberger*, Herrn cand. rer. pol. *Axel Jeromin* und Herrn *T. Ipse*. Die Gelegenheit wurde dazu genutzt, Fehler auszumerzen, auf die wir inzwischen von Studenten und Kollegen aufmerksam gemacht wurden. Außerdem haben wir uns darum bemüht, zahlreiche Lösungshinweise ausführlicher und damit hoffentlich noch etwas klarer zu formulieren.

Lutz Kruschwitz   *Rolf O.A. Decker*   *Michael Röhrs*

Aus dem Vorwort zur 1. Auflage

Wer Grundkenntnisse in Betriebswirtschaftslehre erwerben will, die solide sind, darf nicht nur Vorlesungen besuchen. Auch reicht die bloße Lektüre von Lehrbüchern im allgemeinen nicht aus. Nach den Erfahrungen, die wir an mehreren Universitäten innerhalb von jetzt fast zwanzig Jahren gemacht haben, erweist sich das nachfolgend beschriebene Phasenschema als sehr zweckmäßig.

1. Literaturstudium

   In jeder Arbeitswoche des Semesters werden 30 bis 40 Seiten Literatur gelesen, die vom Dozenten vorgegeben wird.

2. Vorlesungsbesuch

3. Bearbeitung von Übungsaufgaben und kleinen Fällen

   Dabei ist es besonders effizient, wenn die Studierenden sich mit den Aufgaben zunächst selbst vertraut machen und Lösungen eigenständig suchen und erst anschließend die Übungen besuchen. Dort können dann Lösungsvorschläge überprüft, diskutiert und miteinander verglichen werden.

An bewährten Lehrbüchern zur Finanzwirtschaft herrscht kein Mangel. Woran es gelegentlich fehlt, sind Übungsaufgaben. Diese Lücke wollen wir mit unserem Übungsbuch weiter schließen. Es umfaßt die Teilgebiete "Grundzüge der Finanzierung", "Finanzmathematik" und "Investitionsrechnung" und entspricht dem Standard, welchen man heute im betriebswirtschaftlichen Grundstudium an

VIII

deutschsprachigen Universitäten und Fachhochschulen zu bieten pflegt. Jedes
der drei Teilgebiete ist in diesem Buch nach folgendem Muster aufgebaut:

1. Literaturangaben zum Selbststudium

2. Lern– und Verständnisfragen zur Selbstkontrolle des Gelesenen

3. Übungsaufgaben

4. Lösungen zu den Aufgaben

Dem Buch sind ferner sieben Musterklausuren beigegeben, die den Studierenden Gelegenheit geben sollen, sich frühzeitig eine Vorstellung davon zu machen,
welche Anforderungen an sie in den Prüfungen gestellt werden.

Frühere Versionen dieses Übungsbuches sind an der Universität Lüneburg
und der Freien Universität Berlin als Grundlage für unsere Lehrveranstaltun-
gen verwendet worden. Viele Studenten haben durch ihre Kritik und Hinwei-
se dazu beigetragen, daß die nun vorliegende Form gefunden wurde. Herrn
cand. rer. pol. *Sven Dahlmeyer* und Herrn cand. rer. pol. *Mike Schwake* danken wir für die Durchsicht des Manuskripts und die Anfertigung der Graphiken.
Ferner danken wir Frau *Renate Mauersberger* für ihre Unterstützung bei der
Reinschrift der Druckvorlage.

Lutz Kruschwitz   *Rolf O.A. Decker*   *Michael Röhrs*

Inhaltsverzeichnis

Teil I

Aufgaben

1 Finanzmathematik

1.1 Zinsrechnung

Literaturempfehlungen

- *Kobelt, Helmut und Peter Schulte* (1995), Seite 33–63.
- *Kruschwitz, Lutz* (1995b), Seite 1–37.

Lern– und Verständnisfragen

1. Nennen und beschreiben Sie die Grundgrößen der Zinsrechnung.

2. Beschreiben Sie den Zusammenhang zwischen relativem, nominellem und konformem Zinssatz.

3. Was versteht man unter kontinuierlicher (stetiger) Verzinsung?

Übungsaufgaben

1. **Endkapital bei einfachen Zinsen und glatter Laufzeit**

   Wie hoch ist Ihr Endkapital, wenn Sie 800 DM zu einem Zinssatz von 6 % mit einfachen Zinsen 6 Jahre lang anlegen?

2. **Endkapital bei einfachen Zinsen und gebrochener Laufzeit**

   Sie verleihen am 01.07.00 ein Kapital in Höhe von 1000 DM. Welchen Betrag bekommen Sie am 31.12.02 zurück, wenn 5 % einfache Zinsen vereinbart waren?

3. **Anfangskapital bei einfachen Zinsen und glatter Laufzeit**

   Sie wollen in 5 Jahren 20000 DM besitzen. Ein Freund bietet Ihnen 10 % einfache Zinsen. Welchen Betrag müssen Sie ihm heute überlassen?

4. **Anfangskapital bei einfachen Zinsen und gebrochener Laufzeit**

   Am 01.10.00 wollen Sie eine Kapitalanlage vornehmen, die Ihnen 7.5 % einfache Zinsen einbringt und die bis zum 31.03.06 ein Kapital von 8000 DM ansammelt. Wie groß ist der Betrag, den Sie heute anlegen müssen?

5. Zinssatz bei einfachen Zinsen

Ein Kapital von 18000 DM war 6 Jahre lang zu einfachen Zinsen angelegt und ist auf 24800 DM angewachsen. Wie groß war der Zinssatz?

6. Laufzeit bei einfachen Zinsen

Wie viele Jahre muß ein Kapital in Höhe von 1000 DM zu einfachen Zinsen von 8 % angelegt werden, damit es sich verdreifacht?

7. Noch einmal: Laufzeit bei einfachen Zinsen

Wann müssen Sie ein Kapital von 7750 DM anlegen, wenn Sie bei einfachen Zinsen von 7 % am 31.12.22 über 13000 DM verfügen wollen?

8. Endkapital bei Zinseszinsrechnung und glatter Laufzeit

Wie hoch ist das Endkapital, wenn 22000 DM zu 8 % Zinseszins für 25 Jahre angelegt werden?

9. Barwert einer Forderung

Wie hoch ist der Barwert einer Forderung über 100000 DM, die zu einem Zinssatz von 5.25 % (zinseszinslich) in 8 Jahren fällig wird?

10. Anfangskapital bei Zinseszinsrechnung

Wieviel Geld müssen Sie heute auf ein Sparbuch einzahlen, damit Sie in 6 Jahren 10000 DM abheben können? Das Kapital verzinst sich jährlich mit 4 %.

11. Ökonomische Interpretation von Abzinsungsfaktoren

Stellen Sie eine Tabelle mit Abzinsungsfaktoren für Laufzeiten zwischen einem Jahr und sechs Jahren für die Zinssätze 5 % und 10 % auf. Interpretieren Sie die ökonomische Bedeutung dieser Zahlen.

12. Zinssatz bei Zinseszinsrechnung

Wie hoch muß der Jahreszins für ein Sparguthaben sein, damit sich ein Kapital innerhalb von 20 Jahren verdreifacht?

13. Noch einmal: Zinssatz bei Zinseszinsrechnung

Bei welchem Zinssatz erreichen Sie ein Endkapital von 5000 DM, wenn Sie 3000 DM für 7 Jahre auf einem Sparbuch anlegen?

14. Laufzeit bei Zinseszinsrechnung

In wievielen Jahren verdoppelt sich ein Betrag von 15000 DM bei 6.5 % Zinseszins?

15. Vergleich von Zinssätzen zweier Kapitalanlagen

    (a) Pit Zasa–Lami leistet als Kommanditist der Zebra KG eine Einlage in Höhe von 100000 DM. Nach 6 Jahren scheidet Zasa–Lami aus, und ihm werden 130226.01 DM ausgezahlt. Wie groß ist die erzielte Verzinsung?

    (b) Zasa–Lami hätte sein Kapital auch für 2 Jahre zu 6 % und für weitere 4 Jahre zu 3 % Zinseszins anlegen können. Wäre das besser gewesen?

16. Endkapital bei einfachen Zinsen und Zinseszinsrechnung

Sie legen heute 8000 DM zu 4 % p.a. auf einem Sparbuch an. Wie groß ist Ihr Endkapital nach 40 Jahren, wenn

    (a) einfache Zinsen,

    (b) Zinseszinsen

gutgeschrieben werden?

17. Effektive Zinsbelastung bei einem Kredit

Sie erhalten heute Kredit in Höhe von 15500 DM, für den Sie nach 13 Jahren einschließlich Zins und Zinseszins 35146.06 DM zurückzahlen müssen. Wie groß ist der Zinssatz?

18. Laufzeit bei Zinseszinsrechnung

Sie wollen eine Brasilien–Reise unternehmen, die 10000 DM kosten wird. Leider besitzen Sie aber zur Zeit nur 8000 DM, die Sie zu 5.5 % Zinseszins anlegen können. Wie lange müssen Sie auf den Reiseantritt warten?

19. Vergleich von Wachstumsraten

Die Tageszeitung "Die Welt" veröffentlichte am 16.3.1992 folgende Meldung.

Die Angleichung der Lebensverhältnisse in den alten und neuen Bundesländern wird noch einige Zeit auf sich warten lassen. Unter der Annahme, daß sich die Wirtschaftsleistung pro Arbeitnehmer in Ostdeutschland jedes Jahr um 30 Prozent steigert, tritt die Angleichung in fünf Jahren ein. Unter der als wahrscheinlicher angesehenen Annahme, daß das Produktivitätswachstum sich um jeweils zwölf Prozent erhöht, wäre das Westniveau in dreizehn Jahren erreicht. Derzeit erwirtschaftet ein Arbeitnehmer im Westen nach Berechnung des Statistischen Bundesamtes pro Jahr 88800 Mark, ein Arbeitnehmer im Osten dagegen lediglich 26300 Mark.

(a) Hat das Statistische Bundesamt richtig gerechnet? Überprüfen Sie die zwei Ergebnisse (Jahreszahlen) unter der Prämisse, daß die Wirtschaftsleistung in den alten Bundesländern konstant ist.

(b) Zu welchem Ergebnis kommen Sie, wenn die Wirtschaftsleistung in den alten Bundesländern um 1.5 % und in den neuen Bundesländern um 6 % wächst?

20. Endkapital bei unterjährlicher Verzinsung

Wie groß ist der Endwert eines Kapitalbetrages in Höhe von 20000 DM nach einem Jahr, wenn die Zinsgutschrift

(a) jährlich mit 12 % Jahreszins,

(b) halbjährlich mit 6 % Semesterzins,

(c) vierteljährlich mit 3 % Quartalszins,

(d) monatlich mit 1 % Monatszins

erfolgt? Rechnen Sie mit Zinseszinsen.

21. Konformer Jahreszins

Welcher konforme Jahreszins entspricht einem Quartalszins von 2.3 % bei Zinseszinsrechnung? Wie groß ist der nominelle Zinssatz?

22. Stetige Verzinsung

(a) Sie wollen in 8 Jahren 3000 DM haben. Wieviel muß heute angelegt werden, wenn eine stetige Verzinsung von 4.5 % p.a. geboten wird?

(b) Sie legen heute 2500 DM an und erhalten in 3 Jahren 2694.71 DM zurück. Ermitteln Sie die kontinuierliche Verzinsung dieser Geldanlage.

23. Herleitung der Zinseszinsformel

Gegeben sei ein Anfangskapital K_0, ein Zinssatz i sowie die Laufzeit n.

(a) Wie lauten mit diesen Symbolen die Formeln für das Endkapital K_n bei

- einfacher Verzinsung?
- Zinseszinsrechnung?

(b) Zeigen Sie, wie man die Formel im Fall der Zinseszinsrechnung herleiten kann.

24. Einfacher Zins und Zinseszinsrechnung im Vergleich

Unter welchen Voraussetzungen führt die einfache Zinsrechnung zu einem

(a) höheren

(b) niedrigeren

Endkapital als die Zinseszinsrechnung? Veranschaulichen Sie Ihre Antwort anhand einer Zeichnung.

1.2 Rentenrechnung

Literaturempfehlungen

- *Kobelt, Helmut und Peter Schulte* (1995), Seite 111–128 und 143–145.

- *Kruschwitz, Lutz* (1995b), Seite 45–67 und 115–118.

Lern– und Verständnisfragen

1. Was ist eine Rente?

2. Nennen Sie die Grundgrößen der Rentenrechnung.

3. Wie lauten die acht Fragestellungen der Rentenrechnung?

4. Interpretieren Sie die Formel $r = iR_0$ im Zusammenhang mit einer ewigen Rente.

Übungsaufgaben

1. **Herleitung der Rentenendwertformel**

   Zeigen Sie, wie man zu einer kompakten Rentenendwertformel einer nachschüssigen jährlichen Rente kommt, indem man die aufgezinsten Rentenzahlungen als geometrische Reihe interpretiert.

2. **Barwert, Rente und Laufzeit einer Rente**

   Leiten Sie, ausgehend von der in Aufgabe 1 angesprochenen Formel, die Formeln zur Berechnung

   (a) des Barwerts,

   (b) der Rentenhöhe bei gegebenem Endwert,

   (c) der Laufzeit bei gegebenem Barwert

   ab.

3. **Endwert einer nachschüssigen Rente**

   Daniel zahlt nachschüssig eine Rente von 2500 DM auf ein Konto. Wieviel kann er nach 18 Jahren abheben, wenn stets ein Zinssatz von 7 % verrechnet wird?

4. Barwert einer nachschüssigen Rente

Der Deutsche Akademische Austauschdienst (DAAD) ist bereit, Ihnen für ein vierjähriges Auslandsstudium nachschüssig ein jährliches Stipendium in Höhe von 8000 DM zu zahlen. Wieviel Geld muß der DAAD zu Beginn Ihres Studiums bei einem jährlichen Zins von 7.5 % zurücklegen? Zeigen Sie anhand einer Tabelle, wie sich der Kontostand des DAAD bei Berücksichtigung der Zinserträge und der jährlichen Auszahlungen an Sie entwickelt.

5. Nachschüssiger Rentenbetrag

Sie besitzen heute 18770.15 DM und legen diesen Betrag zu 4 % p.a. an. Wie groß ist die Rente, die Sie Ihrer Tochter aus diesem Kapital 12 Jahre lang (nachschüssig) zahlen könnten?

6. Laufzeit einer nachschüssigen Rente

Ferenc legt heute 6002.06 DM zu 4 % p.a. an. Wie oft kann er aus diesem Kapital eine jährliche nachschüssige Rente in Höhe von 1000 DM beziehen?

7. Barwert einer Rente

Jemand ist verpflichtet, an einen Dritten 25 Jahre lang nachschüssig 1000 DM zu zahlen. Er kann aber alternativ auch sofort eine einmalige Zahlung leisten. Wie hoch muß diese ausfallen, wenn man mit einem Zinssatz von 4 % rechnet?

8. Newtons Näherungsformel

Um die Nullstelle einer monoton wachsenden Funktion $f(x)$ zu bestimmen, bedient man sich mit Erfolg der *Newtonschen* Iterationsformel

$$x_{k+1} = x_k - \frac{f(x_k)}{f'(x_k)} . \tag{1.1}$$

Zeigen Sie graphisch, daß sich Gleichung (1.1) für die Nullstellenbestimmung eignet.

9. Zinssatz einer nachschüssigen Rente

Wie hoch muß der Zinssatz sein, wenn Sie 3 Jahre jeweils zum Ende des Jahres 300 DM auf ein Sparbuch zahlen und am Ende des dritten Jahres über 1000 DM verfügen wollen? Zeigen Sie mit Hilfe einer geeigneten Rechentabelle, daß Ihr Resultat tatsächlich stimmt.

10. Nachschüssige und vorschüssige Rente

(a) Wie hoch ist der Endwert einer Rente, bei der 10 Jahre lang am Ende jeden Jahres 2000 DM zum Zins von 8 % angelegt werden?

(b) Wie groß ist der Endwert, wenn die Einzahlungen zu Beginn des Jahres erfolgen?

11. Vorschüssige Rente

Wie hoch ist der gleichbleibende Betrag, den jemand zu Beginn eines jeden Jahres von einem Konto in Höhe von 50000 DM abheben kann, wenn das Konto nach 8 Jahren leer sein soll und Einlagen mit 4 % verzinst werden?

12. Zusammengesetzte Rente

Ein Bankkonto, das mit 4 % verzinst wird, weist die folgenden Buchungen auf.

- 10 DM Einzahlung am 01.01.00,
- jeweils 8 DM Einzahlung zu Beginn eines jeden Jahres für 8 Jahre, beginnend am 01.01. des dritten Jahres,
- 40 DM Auszahlung nach 10 Jahren,
- je 12 DM Einzahlung über 4 Jahre zu Beginn eines jeden Jahres, beginnend am 01.01. des zwölften Jahres.

(a) Berechnen Sie den Kontostand zu Beginn des 15. Jahres.

(b) Wie hoch ist eine Rente, die ab dem 01.01. des sechzehnten Jahres genau viermal abgehoben wird, so daß das Konto abschließend erschöpft ist?

(c) Verifizieren Sie Ihre Berechnungen mit Hilfe einer Tabelle, die die Entwicklung des Kontos über die einzelnen Jahre zeigt.

13. Verzögerte Rente

Ein Lottogewinn in Höhe von 200000 DM wird zu 4 % Zinsen angelegt. Der Gewinner möchte nach Ablauf von 8 Jahren 12 Jahre lang den gleichen Betrag abheben, so daß sein Kapital nach der letzten Abhebung aufgebraucht ist. Wie hoch ist die jährliche nachschüssige Rente?

14. Rentenein– und auszahlungen

Ein Selbständiger möchte, daß ihm von seinem 65. Geburtstag an 10 Jahre lang 9000 DM jährlich nachschüssig als Rente ausgezahlt werden. Welchen Betrag muß er zuvor 30 Jahre lang jährlich nachschüssig ansparen und bei einer Bank einzahlen, wenn sowohl in der Ansparphase als auch in der Rentenphase mit einem Zinssatz in Höhe von 6 % gerechnet wird?

15. Ewige Rente

Frau Schulz räumt Herrn Meier ein Wegerecht für alle Zeiten ein. Dafür muß Herr Meier auf unbegrenzte Zeit 1800 DM am Ende des Jahres an

Frau Schulz zahlen. Mit welcher Einmalzahlung könnte sich Herr Meier von dieser Verpflichtung befreien, wenn man mit einem Zins von 8 % rechnet?

16. Aufbau eines Stiftungskapitals

Johannes Beere hat sich vorgenommen, eine Stiftung ins Leben zu rufen, die die Bibliothek der Wirtschafts– und Sozialwissenschaftlichen Fakultät seiner alma mater finanziell fördern soll. Diese Stiftung soll der Bibliothek zehn Jahre lang jährlich 100000 DM zukommen lassen. Die erste Zahlung erfolgt am Ende des sechsten Jahres.

Der Stifter ist entschlossen, in die Stiftung regelmäßig einzuzahlen, und zwar erstmals zum Ende des Jahres 00 und letztmalig zum Ende des Jahres 09. Wie hoch müssen die Einzahlungen des Stifters je Jahr sein, wenn alle Beträge sich während des hier relevanten Zeitraums zu 6.25 % verzinsen?

Hinweis: Es empfiehlt sich, alle Zahlungen auf den Zeitpunkt "Beginn des Jahres 00" zu beziehen.

17. Mütterliche Vorsorge

Eine Mutter will Vorsorge für ihre Tochter treffen. Die Tochter feiert heute gerade ihren achten Geburtstag. Die Familie sitzt zusammen und ist sich wegen der heute bereits offenkundigen Intelligenz des Mädchens darüber einig, daß es an ihrem achtzehnten Geburtstag das Studium der Wirtschaftswissenschaft an der Freien Universität Berlin aufnehmen und acht Semester später mit bestem Erfolg abschließen wird. Dem Mädchen sollen zu Beginn jedes Studienjahres jeweils 12000 DM zur Verfügung stehen.

Die Mutter will morgen ein Konto eröffnen und sofort damit beginnen, jährlich einen bestimmten Betrag einzuzahlen. Die letzte Einzahlung soll am siebzehnten Geburtstag der Tochter erfolgen. Ein Mitarbeiter der Bank macht das verbindliche Angebot, daß das Konto durchgängig mit 6.75 % verzinst wird.

Ermitteln Sie, welchen Betrag die Mutter jährlich einzahlen muß, damit das Studium der Tochter finanziell so gesichert ist, wie sie sich das vorstellt.

18. Zinssatz einer nachschüssigen Rente

Zu welchem Zinssatz muß man heute 15000 DM bei einer Bank anlegen, wenn man von dem entsprechenden Konto 7 Jahre lang (nachschüssig) 3000 DM abheben will und das Konto am Ende des siebenten Jahres einen Stand in Höhe von 0 DM aufweisen soll?

Verwenden Sie zur Lösung das vereinfachte *Newtonverfahren* mit $\Delta i = 0.001$, benutzen Sie $i = 10\%$ als ersten Versuchszinssatz, und beschränken Sie sich auf zwei Iterationsschritte.

19. Zinssatz einer nachschüssigen Rente unter etwas erschwerten Bedingungen

Zu welchem Ergebnis kommen Sie, wenn das Konto am Ende des siebenten Jahres einen Stand in Höhe von 2500 DM aufweisen soll und alle übrigen Daten gleich bleiben? Begründen Sie, warum der Zinssatz gegenüber Aufgabe 18 steigt.

20. Ein unglaubliches Angebot?

Eine Bank macht ihren Kunden folgendes Angebot:

Zahlen Sie zehn Jahre lang an uns jährlich 1000 DM. Danach zahlen wir an Sie (beziehungsweise Ihre Nachkommen) ewig 1000 DM.

Bei welchem Zinssatz geht diese Rechnung für die Bank auf?

21. Ein nicht ganz so unglaubliches Angebot

Wie würde Ihre Antwort auf Aufgabe 20 lauten, wenn die Bank beabsichtigen würden, an Sie (beziehungsweise Ihre Erben) nur 20 Jahre lang zu zahlen?

1.3   Tilgungsrechnung

Literaturempfehlungen

- *Kobelt, Helmut und Peter Schulte* (1995), Seite 153–187.

- *Kruschwitz, Lutz* (1995b), Seite 143–170.

Lern- und Verständnisfragen

1. Nennen und beschreiben Sie die Grundformen der Tilgungsrechnung.

2. Wie lauten die vier Grundgleichungen der Tilgungsrechnung?

3. Was meint man mit der Effektivrendite eines Kredits?

Übungsaufgaben

1. Vollständiger Ratentilgungsplan

Sie wollen einen Kredit über 180000 DM zu 7 % Zinsen aufnehmen, der über 5 Jahre in gleichbleibenden Raten zu tilgen ist. Stellen Sie den vollständigen Tilgungsplan auf.

2. Elemente eines Ratentilgungsplans

Die Euro GmbH & Co. KG hat vor 5 Jahren einen Kredit über 120000 DM aufgenommen. Der Zinssatz beträgt 7.5 %, und der Kredit ist in gleichbleibenden Raten über 8 Jahre zu tilgen. Berechnen Sie

(a) den Schuldbetrag am Ende des fünften Jahres,

(b) die Annuität am Ende des sechsten Jahres,

(c) den Zinsbetrag am Ende des achten Jahres.

3. Vollständiger Annuitätentilgungsplan

Sie nehmen Kapital in Höhe von 100000 DM für 2 Jahre auf und zahlen 10 % Zinsen auf die jeweilige Restschuld. Gleichzeitig wollen Sie die Tilgung des Kredits so gestalten, daß die Summe aus Zinsen und Tilgung in jedem Jahr die gleiche Höhe hat. Wie sieht die Zahlungsreihe aus?

4. Herleitung des Annuitätenfaktors

Gehen Sie von der Gleichung

$$K_0 = \sum_{t=1}^{n} A_t (1 + i)^{-t}$$

aus, und leiten Sie aus ihr den Annuitätenfaktor her.

5. Raten– versus Annuitätentilgung

(a) Sie nehmen einen Ratenkredit über 630000 DM zu 4.5 % Zins p.a. auf, der in 5 Jahren zu tilgen ist. Stellen Sie einen Tilgungsplan auf.

(b) Sie erhalten ein Kreditangebot über 50000 DM mit 3 Jahren Laufzeit und einem Zins von 9.5 %, wobei Annuitätentilgung gefordert wird. Berechnen Sie zunächst die Annuität, und stellen Sie dann einen Tilgungsplan auf.

6. Elemente eines Annuitätentilgungsplans

Wie ändern sich die Ergebnisse der Aufgabe 2, wenn annuitätische Tilgung verlangt wird?

7. Raten– und Annuitätentilgung mit tilgungsfreien Jahren

Die Solling AG hat bei ihrer Hausbank einen Kredit über 6 Mio. DM zum Zinssatz von 6.25 % mit einer Gesamtlaufzeit von 6 Jahren aufgenommen, wobei die ersten 2 Jahre tilgungsfrei sind. Stellen Sie den vollständigen Finanzplan auf, wenn

(a) Ratentilgung,

(b) Annuitätentilgung

vereinbart wurde.

8. Annuitätentilgung mit Aufgeld

(a) Die Hinz & Kunz OHG will einen Kredit über 700000 DM zu einem Zinssatz von 5.5 % mit annuitätischer Tilgung und einer Laufzeit von 6 Jahren aufnehmen. Wie sieht der vollständige Tilgungsplan aus, wenn ein zusätzliches Agio von 2 % zu zahlen ist?

(b) Wie ändert sich der Tilgungsplan aus der vorigen Aufgabe, wenn das Agio in die Annuität einbezogen wird?

9. Prozentannuität

(a) Ihre Bank bietet Ihnen eine Hypothek über 100000 DM an. Der Zinssatz soll 5.75 % und der Tilgungsprozentsatz 1.75 % betragen. Wie hoch ist die jährliche Belastung, und wie lange müssen Sie zahlen, wenn die Zahlungen nachschüssig erfolgen?

(b) Beträgt der Tilgungsanteil jedes Jahr 1.75 % der Kreditsumme?

10. Prozentannuität mit Ausgleichszahlung

Ihr Betriebsgrundstück ist mit einer Hypothek über 680000 DM belastet. Die Bank berechnet 6.25 % Zinsen und verlangt einen Tilgungsprozentsatz von 5.25 %. Stellen Sie einen vollständigen Rückzahlungsplan für den Fall auf, daß eine eventuell erforderliche Ausgleichszahlung

(a) am Ende der Laufzeit,

(b) zu Beginn der Laufzeit

erfolgt.

11. Annuitätische Tilgung einer Schuldverschreibung

Die Blackmore & Gillan AG emittiert eine Schuldverschreibung über 10 Mio. DM. Es werden 10000 Stücke im Nennwert von je 1000 DM ausgegeben. Die Anleihe wird mit 6.25 % verzinst und soll innerhalb von 7 Jahren annuitätisch getilgt werden. Stellen Sie unter Beachtung der Stückelungsverhältnisse einen kompletten Tilgungsplan auf.

12. Vervollständigung eines annuitätischen Tilgungsplans

Vervollständigen Sie den nachstehenden annuitätischen Tilgungsplan.

t	K_{t-1}	Z_t	T_t	A_t
1				
2			68776.52	
3				
4			79036.88	
5				
6				
7				
8				

1.4   Kurs– und Renditerechnung

Literaturempfehlungen

- *Kobelt, Helmut und Peter Schulte* (1995), Seite 189–237.

- *Kruschwitz, Lutz* (1995b), Seite 195–212.

Lern– und Verständnisfragen

1. Was versteht man unter dem Kurs einer Schuld?

2. Was meint man mit der Effektivrendite eines Kredits?

3. Wodurch ist ein Zinsschuldverhältnis charakterisiert?

4. Welche Kosten entstehen beim Kauf einer Kuponanleihe?

Übungsaufgaben

1. **Kurs einer Anleihe**

   (a) Eine 7.75 %–Kuponanleihe mit Zinstermin 1. Januar ist zu Beginn des Jahres 08 ohne Aufgeld zu einem Nominalwert in Höhe von 100 DM fällig. Der Marktzins beträgt 5.5 %. Wie groß ist der Kurs dieser Anleihe am 01.01.00?

   (b) Wie groß ist der Kurs der Anleihe aus Aufgabe 1a am 01.03.00?

2. **Restlaufzeit, Stückzinsen und Kurs einer Anleihe**

   Graciano Gravero wird am 1. April des Jahres 00 von seinem Anlageberater eine 6.25 %–Bundesanleihe mit jährlichem Zinstermin 1. Juni, Fälligkeit im Jahre 06 und einem Nennwert von 100 DM angeboten. Die aktuelle Rendite für Bundesanleihen mit dieser Restlaufzeit beträgt 5.8 %. Berechnen Sie Restlaufzeit, Stückzinsen und Börsenkurs der Anleihe.

3. Effektivrendite einer Anleihe

Sie haben folgende Informationen über eine Kuponanleihe:

Nennwert	100 DM
Aufgeld	0 %
Kupon	9 DM
Restlaufzeit	7 Jahre
Kurs der Anleihe	96 DM

Die Kuponzahlungen erfolgen jährlich, und bis zur Zahlung des nächsten Kupons dauert es genau ein Jahr. Berechnen Sie die Effektivrendite dieser Anleihe mit dem vereinfachten *Newtonverfahren*.

4. Kursänderungen aufgrund von Zinsänderungen

Billy Bonze besitzt 100000 DM. Er beschließt, dieses Vermögen je zur Hälfte in festverzinsliche Papiere zu investieren. Er entscheidet sich für zwei Anleihen mit folgenden Eigenschaften.

- Anleihe 1 hat einen Halbjahreskupon von 3.5 % und eine Restlaufzeit von 5 Jahren und 3 Monaten. Sie wird zu pari zurückgezahlt.

- Anleihe 2 bietet einen Jahreskupon von 6 % und hat eine Restlaufzeit von 9 Jahren und 4 Monaten. Dann wird sie mit einem Agio von 5 % zurückgezahlt.

Der aktuelle Marktzins liegt bei 9 %.

(a) Wie viele Stücke von beiden Anleihen kann Billy jetzt kaufen?

(b) Kurz nach dem Kauf fällt das Zinsniveau auf 8 %. Billy möchte nun eine der beiden Anleihen vollständig verkaufen, um den Erlös in Aktien anzulegen. Welche Anleihe sollte er verkaufen, um möglichst viele Aktien erwerben zu können? Wie groß ist der Betrag, den er in Aktien investieren wird?

5. Kurs und Effektivrendite einer Anleihe mit Aufgeld

Eine Zinsschuld wird mit 7 % nominal verzinst und soll nach 6 Jahren mit einem Aufgeld von 5 % zurückgezahlt werden.

(a) Welchen Preis sollte man je 100 DM Nennwert für einen solchen Vertrag bezahlen, wenn man eine Effektivverzinsung von 9 % erzielen will?

(b) Angenommen, jemand zahlt 95 DM je 100 DM Nennwert. Wie hoch ist dann die Effektivverzinsung?
Hinweis: Berechnen Sie die Rendite mit dem vereinfachten *Newtonverfahren*. Verwenden Sie daher als ersten Versuchszinssatz $i_0 = 0.09$ und $\Delta i = 0.001$.

6. Kreditvergleich anhand der Effektivverzinsung

Fischers Fritz fischt frische Fische im Fürstenfelder See. Um dem Aal noch
besser nachstellen zu können, fragt er bei seiner Genossenschaftsbank
nach einem günstigen Kredit für ein neues Boot der H–Klasse.

Seine Kundenberaterin schlägt das besonders günstige Aal–Investitions–
Darlehen vor. Bei nur einer einzigen Zinszahlung je Jahr erfolgt die Tilgung der gesamten Kreditsumme erst nach vier Jahren. Der Nominalzins
beträgt 11 %, aber dafür wird der volle Kreditbetrag ausgezahlt.

Auch Fritzens Freund Hauke Hain, ebenfalls Mitglied der Fürstenfelder Fischergilde, fragt seine Bank nach einer günstigen Finanzierung. Zu
sonst gleichen Bedingungen beträgt die Nominalverzinsung nur 10.5 %.
Ein tolles Angebot, denken beide, wäre da nicht das Disagio von 3 % auf
die Auszahlungssumme.

Welche Bank macht nun das bessere Angebot? Entscheiden Sie das auf der
Grundlage der Effektivverzinsung, und berechnen Sie diese mit Hilfe des
vereinfachten *Newtonverfahrens*. Wählen Sie als ersten Versuchszinssatz
die Nominalverzinsung, und benutzen Sie $\Delta i = 0.001$.

2 Grundzüge der Finanzierung

2.1 Grundprobleme der Finanzierung

Literaturempfehlungen

- *Drukarczyk, Jochen* (1996), Seite 1–23 und 181–196.

- *Schmidt, Reinhard H. und Eva Terberger* (1996), Seite 9–78.

Lern– und Verständnisfragen

1. Definieren Sie "Finanzierung".

2. Welche Voraussetzungen müssen erfüllt sein, damit eine Finanzierungsbeziehung zustande kommen kann?

3. Die Interessen von Kapitalgebern und Kapitalnehmern sind nicht immer gleichgerichtet. Zeigen Sie mögliche Konfliktbereiche zwischen den beiden Parteien auf, indem Sie sich an folgenden Kriterien orientieren:

   - Aufteilung des Ertrages, der mit dem Kapital erwirtschaftet wird,
   - Zeitdauer der Kapitalüberlassung,
   - Flexibilität der Finanzierung bezüglich der Laufzeit des Vertrages,
   - Flexibilität der Finanzierung bezüglich des Kapitalvolumens,
   - Risikoverteilung.

4. Worin sehen Sie das Grundproblem der Finanzierung?

Übungsaufgaben

1. **Ein für zwei Seiten vorteilhafter Vertrag**

   Eine Aktiengesellschaft möchte eine aus ihrer Sicht attraktive Investition vornehmen, die 1 Mio. DM kostet, eine Laufzeit von einem Jahr besitzt und dann einen Rückfluß von 1.1 Mio. DM verspricht. Leider besitzt das Unternehmen keine finanziellen Mittel, um die Investition durchführen zu können. Eine Investmentgesellschaft verfügt über 1 Mio. DM, mit denen sie zur Zeit eine Rendite von 5 % erzielt. Kommt eine Finanzierungsbeziehung zustande, wenn die Investmentgesellschaft eine Verzinsung von 7 % verlangt?

2. Finanzierung bei Sicherheit und Risiko

Ein Unternehmer hat die Möglichkeit, 10000 DM zu investieren und in einem Jahr einen Rückfluß in Höhe von 11000 DM zu erzielen. Der Unternehmer besitzt jedoch nicht die Möglichkeit, diese Investition ohne fremde Hilfe zu verwirklichen. Ein Freund des Unternehmers hat 10000 DM auf einem Sparbuch, das mit 4 % verzinst wird.

(a) Ist es möglich und zweckmäßig, daß zwischen den beiden Beteiligten eine Finanzierungsbeziehung zustande kommt, wenn der Unternehmer seinem Freund verspricht, nach einem Jahr 10500 DM zurückzuzahlen?

(b) Welches Problem tritt auf, wenn der Unternehmer nicht mit Sicherheit vorhersagen kann, daß er nach einem Jahr 11000 DM erwirtschaften wird?

3. Ein riskanter Finanzierungsvertrag

Die Russisch–Roulette GmbH benötigt für eine Investition 50000 DM. Eigene Mittel sind nicht vorhanden. Möglicher Kapitalgeber ist der Rechtsanwalt Cash, der überlegt, ob er sein Geld in öffentlichen Anleihen mit einer sicheren Verzinsung von 8 % anlegen oder die Russisch–Roulette GmbH finanzieren soll. Die Gesellschaft unterbreitet Cash folgendes Angebot: "Sie erhalten eine Rendite von 10 %, falls die Ertragslage das zuläßt. Im übrigen wird die Haftung auf die Rückflüsse aus der Investition beschränkt." Die Rückflüsse der geplanten Investition und ihre Verteilung auf Cash und die Russisch–Roulette GmbH sind unsicher und in der folgenden Tabelle dargestellt.

Zustand	1	2	3	4
Wahrscheinlichkeit	30 %	20 %	20 %	30 %
Rückflüsse aus der Investition	50000	55000	60000	65000
Russisch–Roulette GmbH	0	0	5000	10000
Cash	50000	55000	55000	55000

(a) Berechnen Sie die erwarteten Rückflüsse für die Russisch–Roulette GmbH und für Cash.

(b) Wird Cash sein Geld Ihrer Meinung nach dem Unternehmen zur Verfügung stellen?

(c) Ändert sich die Lösung, wenn die Rückflüsse sicher sind und 60000 DM betragen?

4. Finanzierung als Partenteilung und als Interaktionsproblem

(a) Was ist unter "Finanzierung als Partenteilung" zu verstehen, und wie definieren die Vertreter dieser Sichtweise das Finanzierungsproblem?

(b) Was versteht man dagegen unter "Finanzierung als Interaktionsproblem"?

5. Zustandsabhängige Cash–flows

Ein Investor möchte in seinem Unternehmen eine Fertigungsstraße zur automatischen Herstellung von Dosen installieren. Er schätzt, daß sich durch diese Investition in der nächsten Periode die folgenden zustandsabhängigen Rückflüsse erwirtschaften lassen.

Zustand	1	2	3
Wahrscheinlichkeit	20 %	60 %	20 %
Rückflüsse	80	140	200

(a) Wie groß ist der Erwartungswert der Rückflüsse?

(b) Welche Gründe lassen sich dafür angeben, daß der Investor die Rückflüsse nicht mit Sicherheit angeben kann? Welche Faktoren bestimmen möglicherweise das Ertragsrisiko?

6. Risikolose und riskante Kredite

Eine Kommanditgesellschaft mit 2 Komplementären und 250 Kommanditisten besitzt ein Eigenkapital in Höhe von 1.5 Mio. DM und ein Fremdkapital in Höhe von 1 Mio. DM, das mit 10 % Zins bedient werden soll. Die Anteile der Kommanditisten machen 90 % des gesamten Eigenkapitals aus. Entwickeln Sie ein Beispiel, an dem Sie zeigen können, unter welchen Umständen ein Kreditgeber, der bereit ist, eine weitere halbe Million beizusteuern, trotz des dann erreichten Verschuldungsgrades von 1 : 1 ein Kreditrisiko eingeht.

2.2   Finanzierungsmärkte

Literaturempfehlungen

- *Gerke, Wolfgang und Fritz Philipp* (1985), Seite 20–38.

- *Siebers, Alfred B.J. und Martin Weigert* (1995), Seite 350–355.

Lern– und Verständnisfragen

1. Was versteht man unter Geldmarkt?

2. Grenzen Sie den Kapitalmarkt vom Geldmarkt ab.

3. Beschreiben Sie die Funktionen einer Wertpapierbörse.

Übungsaufgaben

1. **Organisierte und nicht–organisierte Märkte**

   Gehen Sie mit einigen Stichworten auf den Unterschied zwischen organisierten und nicht–organisierten Kapitalmärkten ein.

2. **Finanzintermediäre**

   Was verstehen Sie unter Finanzintermediären? Zählen Sie wichtige Intermediäre auf, die an deutschen Finanzmärkten tätig sind.

3. **Transformationsleistungen der Intermediäre**

   Nennen und beschreiben Sie kurz die Transformationsleistungen, welche von Finanzintermediären erbracht werden.

4. **Merkmale von Finanztiteln**

   Skizzieren Sie die sechs wesentlichen Merkmale von Finanztiteln.

5. **Wertpapierpensionsgeschäft der Bundesbank**

   Was versteht man unter Wertpapierpensionsgeschäften, und wie setzt die Bundesbank dieses Instrument zur Feinsteuerung der Geldpolitik ein? Gehen Sie dabei auf das Tenderverfahren ein.

6. **Euromarkt**

   Was versteht man unter dem Euromarkt? Welche Finanztitel werden auf diesem Markt gehandelt?

2.3   Fremdfinanzierung

2.3.1   Kreditverträge

Literaturempfehlungen

- *Adrian, Reinhold und Thomas Heidorn* (1996), Seite 377–468.

- *Drukarczyk, Jochen* (1996), Seite 396–403 und 499–524.

- *Perridon, Louis und Manfred Steiner* (1995), Seite 342–352.

- *Vormbaum, Herbert* (1995), Seite 276–305.

- *Wöhe, Günter und Jürgen Bilstein* (1994), Seite 257–259.

Lern– und Verständnisfragen

1. Nennen Sie die wesentlichen Vereinbarungen, die man in Kreditverträgen zu treffen hat.

2. Wie kann man Kreditsicherheiten systematisieren?

3. Skizzieren Sie, in welchen Schritten sich eine Kreditwürdigkeitsprüfung im Regelfall vollzieht.

Übungsaufgaben

1. **Bestandteile von Kreditverträgen**

   Welche wesentlichen Vereinbarungen sind Gegenstand von Kreditverträgen? Gehen Sie auf die einzelnen Bestandteile mit einigen Stichworten ein.

2. **Kreditwürdigkeitsprüfungen**

   Bei jeder Form der Fremdfinanzierung, insbesondere bei der langfristigen Fremdfinanzierung, können Kreditwürdigkeitsprüfungen eine bedeutende Rolle spielen. Beschreiben Sie, worum es sich bei einer solchen Prüfung im Detail handelt, und welche Informationen man zweckmäßigerweise dazu heranzieht.

3. **Rating**

   Was versteht man unter Rating? Welche Bedeutung hat das Rating für ein modernes Großunternehmen?

4. **Kreditsicherheiten**

   (a) Welchen Zweck haben Kreditsicherheiten?

   (b) Geben Sie einen Überblick über die wichtigsten rechtsgeschäftlichen Kreditsicherheiten, und beschreiben Sie die einzelnen Sicherheiten kurz.

2.3.2   Langfristige Fremdfinanzierung

Literaturempfehlungen

- *Drukarczyk, Jochen* (1996), Seite 403–420.

- *Perridon, Louis und Manfred Steiner* (1995), Seite 352–378.

- *Vormbaum, Herbert* (1995), Seite 335–385.

- *Wöhe, Günter und Jürgen Bilstein* (1994), Seite 131–174.

Lern– und Verständnisfragen

1. Grenzen Sie die Fremdfinanzierung mit Hilfe von fünf Merkmalen gegen die Eigenfinanzierung ab.

2. Wodurch entsteht bei Darlehensverträgen ein Disagio?

3. Was ist ein Schuldscheindarlehen?

4. In welchem Verhältnis stehen Nominalzins und Effektivzins, wenn eine

   (a) Unterpari–Emission,

   (b) Überpari–Emission

   vorgenommen wird?

5. Wie kann die Ausstattung einer Anleihe an eine Kapitalmarktsituation angepaßt werden?

Übungsaufgaben

1. **Wichtige Formen langfristiger Fremdfinanzierung**

   Nennen und beschreiben Sie drei der wichtigsten in Deutschland gebräuchlichen Formen der langfristigen Fremdfinanzierung.

2. **Negativklauseln**

   Was versteht man unter Negativklauseln? Welche Funktion sollen sie erfüllen? Beschreiben Sie verschiedene Formen solcher Klauseln.

3. **Rendite eines Zero Bonds**

   Sie haben am 1.08.00 für 8000 DM Zero Bonds gekauft. Am 31.07.10 werden Sie einen Betrag in Höhe von 17675.50 DM erhalten. Wie groß war dann die Rendite dieses Papiers?

4. **Tilgung von Anleihen**

   (a) Welche drei Grundtypen der Tilgung von Anleihen kann man unterscheiden?

   (b) Berechnen Sie die Summe der Schuldnerzahlungen für diese drei Grundtypen unter den nachstehenden Bedingungen:

Laufzeit	5 Jahre
Zinssatz	10 %
Nennbetrag	200000 DM

   Gehen Sie dabei davon aus, daß Zinsen und eventuelle Tilgungsleistungen jährlich fällig sind.

5. Arten von Schuldverschreibungen

Beschreiben Sie unterschiedliche Arten von Schuldverschreibungen anhand folgender Merkmale:

(a) Rechtsstellung des Emittenten,

(b) Art der Rechtsansprüche des Erwerbers,

(c) Emissionsort.

6. Emission von Schuldverschreibungen

Beschreiben Sie, in welcher Weise Anleihen emittiert werden, und gehen Sie dabei besonders auf die Konsortialemission ein.

7. Nominal– und Effektivzins

(a) Was versteht man bei der Emission einer Schuldverschreibung unter Nominalzins, was unter Effektivzins?

(b) Von welchen drei Einflußgrößen wird das Verhältnis beider Zinssätze zueinander bestimmt?

8. Nominalzins, Effektivzins und Disagio

Ihr Vorgesetzter beauftragt Sie, einem Kunden zwei Darlehen mit Laufzeiten über 5 Jahre anzubieten. Der Nennwert soll 10000 DM betragen und am Ende der Laufzeit zurückgezahlt werden. Der jährlich fällige Nominalzins beträgt für das erste Darlehen 8 %, für das zweite 6 %. Der Effektivzins des zweiten Kredits soll aber um 0.25 Prozentpunkte größer sein als der Effektivzins des ersten Darlehens. Wie hoch muß das Disagio des zweiten Kredits sein, wenn der erste zu 100 % ausgezahlt wird?

9. Nominalzins, Effektivzins, Agio und Disagio

Jemand will eine 6.25 %-Kuponanleihe mit einer Laufzeit von 10 Jahren begeben. Die Anleihekonditionen sollen nun so gestaltet werden, daß die Käufer der Anleihe effektiv eine Rendite von 6.30 % erzielen. Was ist zu tun?

10. Deckungsstockfähigkeit

Erläutern Sie, was man im Zusammenhang mit der Finanzierung über Schuldscheindarlehen unter Deckungsstockfähigkeit zu verstehen hat.

11. Schuldverschreibung und Schuldscheindarlehen

Vergleichen Sie Schuldscheindarlehen und Schuldverschreibungen systematisch miteinander.

2.3.3 Kurzfristige Fremdfinanzierung

Literaturempfehlungen

- *Drukarczyk, Jochen* (1996), Seite 490–498.

- *Perridon, Louis und Manfred Steiner* (1995), Seite 378–393.

- *Vormbaum, Herbert* (1995), Seite 305–335.

- *Wöhe, Günter und Jürgen Bilstein* (1994), Seite 214–244.

Lern– und Verständnisfragen

1. Welche Formen der kurzfristigen Fremdfinanzierung gibt es? Stellen Sie eine schematische Übersicht auf.

2. Welche Kosten sind mit einem Diskontkredit verbunden?

3. Warum gewähren Lieferanten Zahlungsziele?

4. Aus welchen Bestandteilen setzen sich die Kosten für einen Kontokorrentkredit in der Regel zusammen?

5. Wie kann man einen Besitzwechsel zur Finanzierung verwenden?

Übungsaufgaben

1. **Gezogener Wechsel und Akzept**

   Was ist ein gezogener Wechsel (Tratte)? Welche acht Bestandteile muß er enthalten, und wie wird die Tratte zum Akzept?

2. **Wechselkredite**

   Beschreiben Sie, was man unter einem

   (a) Diskontkredit,

   (b) Akzeptkredit

   versteht.

3. **Diskontkredit**

   Lotte Rielos läßt am 15. März einen am 1. Mai fälligen Wechsel über 25000 DM diskontieren. Der Diskontsatz beläuft sich auf 5.5 %, und die Bank berechnet außerdem noch Spesen in Höhe von 10 DM. Wie hoch ist der effektive Jahreszinssatz unter Berücksichtigung von Zinseszinsen?

4. Effektivbelastung eines Lieferantenkredits

Ihr Unternehmen bezieht regelmäßig einmal im Monat Handelswaren, wobei der Rechnungsbetrag 42000 DM beträgt. Die Zahlungsbedingungen lauten: "Netto Kasse innerhalb von 30 Tagen, bei Zahlung innerhalb von 10 Tagen 2 % Skonto." ·

(a) Wie hoch ist der Zinssatz für diesen Lieferantenkredit nach der Faustformel?

(b) Wie groß ist der effektive Zinssatz für den Lieferantenkredit unter Verwendung der Zinseszinsrechnung?

(c) Buchhalter Schlau hat festgestellt, daß bei Zahlungsverzug immer erst 45 Tage nach Rechnungserhalt gemahnt wird. Welche Auswirkungen hat das auf 4a?

5. Lieferantenkredit

(a) Berechnen Sie mit der Faustformel die Verzinsung eines Lieferantenkredits mit folgenden Bedingungen: "Zahlbar innerhalb von 30 Tagen netto Kasse oder unter Abzug von 2.5 % Skonto innerhalb von 10 Tagen."

(b) Nennen Sie mögliche Gründe, warum der Lieferantenkredit trotz seiner vergleichsweise sehr hohen effektiven Kosten ein beliebtes Instrument kurzfristiger Fremdfinanzierung ist.

6. Lieferanten– oder Kontokorrentkredit

Die Firma L. Lederstrumpf & Co. erhält eine Rechnung über 10000 DM mit folgenden Zahlungsbedingungen: "Zahlbar innerhalb von 6 Wochen ohne Abzug, bei Zahlung innerhalb von 14 Tagen werden 2 % Skonto gewährt."

(a) Lederstrumpf könnte die 2 % Skonto nur zu Lasten seines Kontokorrentkredits (15 % p.a.) in Anspruch nehmen. Lohnt sich das?

(b) Erklären Sie das Ergebnis aus 6a, indem Sie den Jahreszins betrachten.

7. Noch einmal: Lieferanten– oder Kontokorrentkredit

Stan Laurel, ein Einzelunternehmer, benötigt für 90 Tage 200000 DM. Seine Hausbank bietet ihm eine entsprechende Erhöhung seiner Kontokorrentkreditlinie an. Der effektive Zinssatz beträgt 12 %. Als Alternative kann er einen Diskontkredit zu 8 % und Spesen von 12 DM aufnehmen. Welche Alternative wird er wählen?

8. Lombardkredit

Was versteht man unter einem Lombardkredit? Gehen Sie dabei auch auf seine verschiedenen Formen ein.

9. Akkreditiv

Was ist ein Akkreditiv, und welche Bedeutung hat es bei der Finanzierung von Außenhandelsgeschäften?

10. Kredite im Auslandsgeschäft

Welche Kreditsonderformen wurden für das Auslandsgeschäft entwickelt? Beschreiben Sie diese kurz.

11. Kontokorrent– oder Diskontkredit

Die Firma Oscar Petersen & Co. hat mit der Handelsbank, bei der sie ihr Girokonto unterhält, einen Kontokorrentvertrag geschlossen, nach dem sie das Konto bis zu einer Kreditlinie von 10000 DM in Anspruch nehmen kann. Die Bank berechnet Kreditzinsen von 15 % p.a. nur für die Beträge und für die Zeit, in der die Kreditzusage wirklich genutzt wird. Guthaben werden von der Bank mit 0.5 % p.a. verzinst. Im dritten Quartal hatte das Konto folgende Buchungen:

Wert	Umsätze		Saldo		Tage
30.06.	–		H	400	1
01.07.	S	5400	S	5000	10
11.07.	H	6000	H	1000	20
01.08.	S	6000	S	5000	27
28.08.	H	6700	H	1700	3
01.09.	S	6700	S	5000	23
24.09.	H	5000	–		6
30.09.	H	300	H	300	–

(a) Für welche Zeiträume hat Petersen den Kredit tatsächlich in Anspruch genommen?

(b) Wie hoch ist die Zinsbelastung für Petersen & Co.? Rechnen Sie der Einfachheit halber nach der Formel

$$\text{Zinsen} = \frac{\text{Kapital} \times \text{Zinssatz} \times \text{Tage}}{100 \times 360}.$$

(c) Petersen findet den Zinssatz von 15 % zu hoch. Sein Lieferant könnte einen Drei–Monats–Wechsel über 5000 DM auf ihn ziehen, und zwar zu einem Diskontsatz von 9 %. Wie hoch ist die Zinsbelastung in diesem Falle?

(d) Welchen Zwecken dient ein Kontokorrentkredit?

(e) Der Kontokorrentkredit wird in der Regel als Instrument der kurzfristigen Fremdfinanzierung bezeichnet. Kann man das auch anders
sehen?

12. Factoring

Sie erwarten für Ihr Unternehmen im kommenden Jahr einen Umsatz
von 25 Mio. DM. Für 60 % dieses Betrages wird ein Zahlungsziel von 30
Tagen gewährt. Sie überlegen, ob Sie die Forderungen mit Zahlungsziel
an einen Factor verkaufen. Dieser unterbreitet Ihnen folgendes Angebot:

Zinssatz	11.5 %
Delkrederegebühr	1.25 %
Dienstleistungsgebühr	2.5 %
Sperrbetrag	12.0 %

(a) Berechnen Sie die Kosten des Factorings unter den beschriebenen
Umständen.

(b) Welche Kriterien könnten für Ihr Unternehmen neben diesen Kosten
noch von Bedeutung sein?

13. Forfaitierung

Was ist Forfaitierung? Worin besteht der Unterschied zwischen Forfaitierung und Factoring?

14. Kundenanzahlungen

Welche Funktion haben Kundenanzahlungen? Beschreiben Sie die Vor-
und Nachteile dieser Finanzierungsform.

15. Alternativen einer Kundenanzahlung

Ein Unternehmen des Schwermaschinenbaus will eine Anlage für 5
Mio. DM verkaufen, die eine Bau- und Lieferzeit von 5 Jahren hat. Der
Kunde soll sofort 1 Mio. DM anzahlen. Für den Restbetrag bietet der
Kunde von sich aus folgende Alternativen an:

(a) 5 gleiche Raten jeweils zum Jahresende in Höhe von 0.9 Mio. DM,

(b) eine einmalige Zahlung in Höhe von 3.2 Mio. DM bei Vertragsabschluß,

(c) eine einmalige Zahlung in Höhe von 4 Mio. DM nach 2 Jahren und
6 Monaten.

Welche Alternative ist für Sie am günstigsten, wenn Sie mit einem
Kalkulationszinssatz von 10 % rechnen?

16. Lieferanten– oder Kontokorrentkredit

Der Einzelhändler Karl Kluge zahlt alle drei Monate eine Rechnung seines Lieferanten ohne Abzug von Skonto innerhalb des Zahlungsziels von 90 Tagen. Die Zahlungsbedingungen des Lieferanten lauten: "30 Tage 3 %, 90 Tage netto". Kluge finanziert auf die beschriebene Weise einen Betrag von durchschnittlich 200000 DM.

Gleichzeitig hat Kluge bei seiner Bank eine Kontokorrentkreditlinie von 300000 DM. Die Inanspruchnahme dieses Kredits kostet ihn gegebenenfalls 8.5 % Zins p.a.

(a) Wie teuer ist der Lieferantenkredit?

(b) Wieviel Geld könnte Kluge sparen, wenn er den Kontokorrentkredit in Anspruch nimmt, um seine Lieferantenschulden unter Ausnutzung des Skontos zu bezahlen? Nehmen Sie an, daß die Skonto–Ersparnis als Festgeld für 30 Tage zu 5 % p.a. angelegt werden kann.

2.4 Eigenfinanzierung

Literaturempfehlungen

- *Drukarczyk, Jochen* (1996), Seite 252–348.

- *Kruschwitz, Lutz* (1989), Seite 207–234.

- *Perridon, Louis und Manfred Steiner* (1995), Seite 323–342.

- *Vormbaum, Herbert* (1995), Seite 155–274.

- *Wöhe, Günter und Jürgen Bilstein* (1994), Seite 35–130.

Lern– und Verständnisfragen

1. Welche fünf Merkmale müssen erfüllt sein, um von idealtypischem Eigenkapital sprechen zu können?

2. Stellen Sie dar, welche Funktionen Eigenkapital in einem Unternehmen erfüllt?

3. "Die Eigenkapitalausstattung deutscher Unternehmen ist bedenklich gering." Halten Sie diese Behauptung für gerechtfertigt?

4. Erläutern Sie die Probleme nicht–emissionsfähiger Unternehmen bei der Eigenkapitalbeschaffung.

5. Worin sehen Sie die Ursachen, daß emissionsfähige Unternehmen bessere Möglichkeiten der Eigenkapitalbeschaffung besitzen als nicht-emissionsfähige?

6. Skizzieren Sie die Möglichkeiten zur Verbesserung der Eigenkapitalausstattung deutscher Unternehmen. Beachten Sie dazu auch folgende Aussage eines Bankfachmanns: "In Deutschland gibt es zu wenig Kapital in einem Meer von Geld."

7. Zur Beurteilung des Werts einer Aktie könnte man den Bilanzkurs heranziehen. Halten Sie das für sinnvoll?

8. Wie ermittelt man den ertragsgerechten Kurs einer Aktie?

9. Welche Kapitalerhöhungen führen bei Aktiengesellschaften zu einem Geldmittelzufluß, welche nicht?

10. Wird ein Aktionär reicher, wenn er sein Bezugsrecht veräußert, anstatt es zu nutzen?

Übungsaufgaben

1. Abgrenzung zwischen Eigen- und Fremdkapital

Die Grenzlinie zwischen Eigen- und Fremdkapital läßt sich nicht sauber ziehen. Diskutieren Sie verschiedene Vorschläge zur Unterscheidung beider Finanzierungsformen kritisch.

2. Schlechte Eigenkapitalausstattung deutscher Unternehmen

Erläutern Sie mögliche Gründe für niedrige Eigenkapitalquoten in der Bundesrepublik Deutschland.

3. Eigenkapitalbeschaffung in Abhängigkeit von der Rechtsform

Die Möglichkeiten und Grenzen der Eigenkapitalbeschaffung eines Unternehmens werden stark durch die Rechtsform geprägt, in der es geführt wird. Beschreiben Sie die wichtigsten Zusammenhänge, und gehen Sie dabei systematisch auf Einzelunternehmungen, Personengesellschaften und Kapitalgesellschaften ein.

4. Kapitalerhöhung in der Aktiengesellschaft

Beschreiben Sie die verschiedenen Formen der Kapitalerhöhung in der Aktiengesellschaft. Gehen Sie dabei auf deren jeweilige Vor- und Nachteile ein.

5. Aktienarten

Erläutern Sie in Stichworten, welche Aktienarten man unterscheiden kann.

6. Bilanzkurs

(a) Ermitteln Sie aus den angegebenen Werten den Bilanzkurs der Aktie:

Maschinelle Anlagen und Wertpapiere des Anlagevermögens	400000 DM
Gewinnvortrag	20000 DM
Verbindlichkeiten	355000 DM
Grundstück	80000 DM
freiwillige Rücklagen	80000 DM
Umlaufvermögen	250000 DM
Grundkapital	250000 DM
gesetzliche Rücklagen	25000 DM

(b) Wodurch könnte man die Aussagefähigkeit des so ermittelten Wertes erhöhen?

7. Einheitskurs

Einem Börsenmakler liegen an einem bestimmten Tage die folgenden Aufträge vor:

Kauforder	Menge	Limit
A	120 Stück	300 DM
B	200 Stück	302 DM
C	100 Stück	305 DM
D	250 Stück	billigst
Verkaufsorder	Menge	Limit
E	200 Stück	bestens
F	150 Stück	300 DM
G	100 Stück	302 DM
H	120 Stück	307 DM

Ermitteln Sie den Einheitskurs aus diesen Daten.

8. Bezugsrecht und Bezugsrechtsformel

(a) Welche ökonomische Bedeutung hat das Bezugsrecht?

(b) Leiten Sie den rechnerischen Wert eines Bezugsrechts formal her.

(c) Ermitteln Sie den rechnerischen Wert eines Bezugsrechts, wenn folgende Daten gelten: Erhöhung des Grundkapitals in Höhe von 2240 Mio. DM auf 2380 Mio. DM, Nennbetrag der Aktien 100 DM, gegenwärtiger Kurs der alten Aktien 1125.40 DM, Emissionskurs für eine junge Aktie 200 DM.

9. Ökonomischer Wert des Bezugsrechts

Sie besitzen 9 Aktien (Nennwert 50 DM je Aktie), deren Börsenkurs gegenwärtig bei 400 DM liegt. Das Grundkapital beträgt zur Zeit 2 Mio. DM. Der Vorstand der Gesellschaft hat beschlossen, junge Aktien im Verhältnis 10 : 1 zum Ausgabekurs von 100 DM je 50 DM nominal zu emittieren, die von Anfang an voll dividendenberechtigt sind. Sie wollen aus Liquiditätsgründen von Ihrem Bezugsrecht kein Gebrauch machen und die Rechte daher verkaufen. Ein Bekannter, mit dem Sie zufällig über die Sache sprechen, ist interessiert und bietet Ihnen je Bezugsrecht einen Preis von 23 DM. Sie halten ihm dagegen vor, daß das Bezugsrecht rechnerisch einen Wert von

$$\frac{400 - 100}{1 + \frac{10}{1}} = 27.27 \, \text{DM}$$

hat, und versuchen, ihn davon zu überzeugen, daß er schon ein besseres Angebot machen müsse. Ihr Bekannter erwidert darauf: "Ich bin durchaus bereit, auf Sachargumente einzugehen und dir entgegenzukommen, wenn du mir einmal klar machst, warum 23 DM für dich nicht akzeptabel sind." Erklären Sie Ihrem Bekannten, wie Sie auf die Formel gekommen sind.

10. Opération blanche

Sie besitzen 200 Aktien der John Silver AG, die eine Kapitalerhöhung plant. Es liegen folgende Daten vor:

Nennwert je Aktie	50 DM
Börsenkurs einer alten Aktie	260 DM
Emissionskurs einer jungen Aktie	210 DM
Anzahl alter Aktien	4 Mio. Stück
Anzahl der jungen Aktien	1 Mio. Stück

(a) Wie groß ist der voraussichtliche Kurs (Mischkurs) nach Durchführung der Emission?

(b) Ermitteln Sie den rechnerischen Wert eines Bezugsrechts.

(c) Wie viele junge Aktien müssen Sie erwerben und wie viele Bezugsrechte müssen Sie verkaufen, damit aus dem Verkaufserlös der Bezugsrechte der Kauf der jungen Aktien finanziert werden kann? (opération blanche)

(d) Welche Probleme verursacht eine opération blanche normalerweise?

11. Bilanzkurs und ertragsgerechter Kurs

Die Ramba–Zamba AG weist in ihrer Bilanz die folgenden Zahlen aus:

Grundkapital	800000 DM
gesetzliche Rücklagen	80000 DM
freiwillige Rücklagen	280000 DM
Gewinnvortrag	80000 DM

Die stillen Rücklagen werden auf 200000 DM geschätzt. Der erzielbare Gewinn wird im langfristigen Durchschnitt auf 150000 DM geschätzt. Der Nennwert einer Aktie beträgt 100 DM. Nehmen Sie an, daß die Unternehmung auf Dauer besteht, und ermitteln Sie

(a) den einfachen Bilanzkurs,

(b) den korrigierten Bilanzkurs,

(c) den ertragsgerechten Kurs, wenn der Kalkulationszinsfuß 10 % beträgt.

(d) Wie ändert sich der ertragsgerechte Kurs, wenn ein Kalkulationszinsfuß von

    i. 5 % oder

    ii. 15 %

zugrunde zu legen ist?

12. Bezugsrechtsemission

Eine Aktiengesellschaft will eine Kapitalerhöhung im Verhältnis 8 : 1 vornehmen. Der bisherige Kurs der Aktien beläuft sich auf 500 DM je 100 DM nominal. Das Grundkapital beträgt zur Zeit 1.6 Mio. DM. Die jungen Aktien sollen zu 300 DM je 100 DM nominal ausgegeben werden.

(a) Welchen Kurs darf man nach Durchführung der Kapitalerhöhung erwarten?

(b) Wie groß ist der rechnerische Wert eines Bezugsrechts?

(c) Wie groß ist der rechnerische Wert eines Bezugsrechts, wenn die Kapitalerhöhung aus Gesellschaftsmitteln vorgenommen wird?

13. Funktionen des Bezugsrechts

Das Bezugsrecht auf junge Aktien hat die Aufgabe,

	ja	nein
den Gläubigern der Aktiengesellschaft den Bezug von neu aufgelegten Schuldverschreibungen zu sichern.	○	○
den Aktionären zu ermöglichen, durch Verkauf der Bezugsrechte an der Börse ihren Stimmrechtsanteil zu erhalten.	○	○
Vermögensverluste auszugleichen, die den Aktionären aufgrund der Kapitalerhöhung drohen.	○	○
den Aktionären zu ermöglichen, ihre bestehenden Stimmrechtsanteile an der Gesellschaft zu erhalten.	○	○
Vermögensverluste auszugleichen, die der Aktiengesellschaft durch die Kapitalerhöhung entstehen.	○	○
der Gesellschaft die Emission junger Aktien zu ermöglichen, der erheblich unter dem Börsenkurs der alten Aktien liegen kann.	○	○
der Gesellschaft die Emission junger Aktien zu ermöglichen, der erheblich über dem Börsenkurs der alten Aktien liegen kann.	○	○

14. Finanzierung einer Investition durch Kapitalerhöhung

Die stark vereinfachte Bilanz einer Aktiengesellschaft hat folgendes Aussehen (alle Werte in Mio. DM):

Anlagevermögen	400	Grundkapital	250
Umlaufvermögen (ohne Kasse)	350	Rücklagen	150
Kasse	0	Fremdkapital	350
	750		750

Zur Finanzierung von Investitionen werden 80 Mio. DM benötigt. Die Mittel sollen über eine Kapitalerhöhung beschafft werden, wobei an die Ausgabe von Aktien im Nennwert von 50 Mio. DM gedacht wird.

(a) Welches Bezugsverhältnis muß gewählt werden?

(b) Zu welchem Kurs müssen die jungen Aktien emittiert werden, um die erforderlichen Mittel zu beschaffen, wenn die kleinste Stückelung gewählt wird?

(c) Tragen Sie in das folgende Bilanzschema die Werte der jeweiligen Positionen ein, die sich nach der Kapitalerhöhung ergeben.

Anlagevermögen	Grundkapital
Umlaufvermögen (ohne Kasse)	Rücklagen
Kasse	Fremdkapital

(d) Ermitteln Sie den rechnerischen Wert des Bezugsrechts, wenn die neuen Aktien im ersten Jahr nur zur Hälfte dividendenberechtigt sind. Die Dividende je alte Aktie liegt bei 8 DM. Sie wird an der Börse zum Kurs von 118 DM je 50 DM nominal gehandelt.

15. Handel mit Aktien am Sekundärmarkt

Sie kaufen sich aus Mitteln Ihres Bafög–Stipendiums eine Aktie der Zicki–Zacki AG im Nennwert von 50 DM. Der Kurs liegt bei 118 DM, so daß Sie aufgrund von Spesen usw. mit 128.30 DM belastet werden. Wieviel zusätzliches Kapital fließt der Gesellschaft aufgrund dieser Transaktion zu?

2.5　Zwischenformen der Finanzierung

Literaturempfehlungen

- *Adrian, Reinhold und Thomas Heidorn* (1996), Seite 245–246.

- *Drukarczyk, Jochen* (1996), Seite 444–489.

- *Wöhe, Günter und Jürgen Bilstein* (1994), Seite 174–197.

Lern– und Verständnisfragen

1. Definieren Sie den Begriff "Zwischenformen der Finanzierung".

2. Was versteht man unter Optionsanleihen, Wandelobligationen und Gewinnschuldverschreibungen?

3. Ordnen Sie die in Frage 2 genannten Titel dem Beteiligungs– oder dem Kreditkapital zu, und begründen Sie Ihre Zuordnung.

Übungsaufgaben

1. Preisuntergrenze einer Wandelanleihe

Eine Wandelanleihe kann im Verhältnis 2 : 1 unter Zuzahlung von 10 DM je Stück in Aktien der Firma B zum Nennwert von 5 DM umgetauscht werden. Der Kurs der B–Aktien beträgt 35 DM. Die Wandelanleihen notieren zum Nennwert von 10 DM.

(a) Was sollte der Wandelobligationär in diesem Falle tun?

(b) Wo liegt eine erste Preisuntergrenze einer Wandelanleihe?

(c) Leiten Sie aus dem Beispiel eine allgemeine Formel für die zweite Preisuntergrenze einer Wandelschuldverschreibung ab.

2. Wandelanleihe

(a) Sie besitzen eine Wandelanleihe der Robin Masters AG mit einer Laufzeit von 6 Jahren und einem Kupon von 6.5 %. Die Anleihe kann ab sofort mit einem Wandlungsverhältnis von 4 : 1 nominell unter Zuzahlung von 40 DM in junge Aktien umgetauscht werden. Der aktuelle Aktienkurs beträgt 424 DM je 100 DM nominal. Welchen Wert hat die Wandelanleihe?

(b) Was ändert sich an dem Ergebnis, wenn der Kurs normaler Anleihen mit 6.5 %–Kupon und einer Restlaufzeit von 6 Jahren bei 99 DM liegt?

(c) Welchen Wert hat ein Umtauschrecht, wenn der Aktienkurs auf 480 DM steigt?

3. Optionsanleihe

Die Gary Larson AG begibt eine Optionsanleihe mit einer Laufzeit von 4 Jahren. Ausgabe– und Rückzahlungskurs entsprechen dem Nennwert von 1000 DM. Der Nominalzins wird auf 4 % festgelegt, während der Marktzins für normale Anleihen mit vierjähriger Laufzeit bei 9 % liegt. Der Inhaber des Optionsscheins hat das Recht, 10 Aktien der Gary Larson AG zum Preis von 165 DM je Aktie zu kaufen. Das Bezugsverhältnis beträgt also 10 : 1. Heute notiert die Aktie mit 140 DM, aber es ist davon auszugehen, daß dieser Kurs jährlich um 10 % steigt.

(a) Berechnen Sie die zukünftigen Aktienkurse für die nächsten vier Jahre.

(b) Ermitteln Sie den rechnerischen Wert der in einer Optionsanleihe enthaltenen Optionsrechte (Paritätskurs) am Ende jedes der nächsten vier Jahre.

(c) Warum kann die Emission einer Optionsanleihe für ein Unternehmen attraktiv sein?

4. Umtausch von Wandelanleihen

Welche Einflußmöglichkeiten hat ein Unternehmen auf den Umtauschzeitpunkt bei Wandelanleihen?

5. Options– und Wandelanleihen im Vergleich

(a) Was unterscheidet eine Optionsanleihe von einer Wandelanleihe? Welche bilanziellen Auswirkungen haben die beiden Finanzierungsinstrumente?

(b) Die Knickerbocker AG hat die Wahl, entweder eine Wandel– oder eine Optionsanleihe zu emittieren. Beide Anleihen hätten ein Volumen von 40 Mio. DM. Die Wandelanleihe könnte im Verhältnis 2 : 1 in Aktien umgetauscht werden. Die Optionsanleihe ist ebenfalls mit einem Bezugsverhältnis von 2 : 1 ausgestattet. Der Basispreis beträgt 10 DM je Aktie (Nennwert 5 DM).

Gehen Sie davon aus, daß die Plazierung der Anleihen bereits erfolgt ist. Wie verändert sich die in Tabelle 2.1 wiedergegebene Bilanz der Knickerbocker AG, wenn die Anleihegläubiger von ihren Umtausch– beziehungsweise Optionsrechten vollständig Gebrauch machen? (alle Werte in Mio. DM)

Tabelle 2.1: Bilanz vor Kapitalerhöung

Aktiva			Passiva
Anlagevermögen	100	Gezeichnetes Kapital	100
Umlaufvermögen	100	Kapitalrücklage	5
		Gewinnrücklage	5
		Wandel–/Optionsanleihe	40
		Sonstige Passiva	50
	200		200

6. Optionsscheine

Was versteht man unter einem Optionsschein (warrant), und welche Arten von Optionsscheinen lassen sich unterscheiden?

7. Verwässerungsschutz

Warum sollten die Käufer einer Wandel– oder Optionsanleihe auf Verwässerungsschutzklauseln bestehen?

8. Verwässerungsschutz einer Wandelanleihe

Die Walter AG hat ein gezeichnetes Kapital (Grundkapital) von 6 Mio. DM und Rücklagen von 12 Mio. DM. Das bilanzierte Eigenkapital beträgt somit 18 Millionen DM. Außerdem wurde eine Wandelanleihe ausgegeben, die im Verhältnis von 2 : 1 in Aktien der Walter AG umgewandelt werden kann. Nun will das Unternehmen eine Kapitalerhöung aus Gesellschaftsmitteln in Höhe von 2 Mio. DM durchführen. Die Aktien besitzen einen Nennwert von 100 DM. Die Wandelobligationen sind mit einem Kupon von 5 DM je 100 DM Nennwert ausgestattet. Der Marktzins für sichere Kapitalanlagen liegt ebenfalls bei 5 %.

(a) Wie hoch ist der Bilanzkurs vor der Kapitalerhöung? Wie hoch ist er nachher?

(b) Wie verändert sich die Vermögensposition der Wandelobligationäre durch die Kapitalerhöhung? *Hinweis:* Unterstellen Sie bei der Antwort auf diese und die folgenden Fragen dieser Aufgabe, daß der Bilanzkurs den "wahren" Wert der Aktie repräsentiert.

(c) Wie können sich Obligationäre vor Vermögensverlusten durch Kapitalerhöhungen schützen?

(d) Gehen Sie nun davon aus, daß im Falle der Wandlung eine Zuzahlung in Höhe von 15 DM je Aktie erfolgen soll. Wie beeinflußt das die Vermögensposition der Wandelobligationäre?

(e) Wie müßte der Zuzahlungsbetrag angepaßt werden, damit kein Vermögensnachteil für die Besitzer der Wandelschuldverschreibung entsteht?

9. Paritätskurs eines Optionsscheins

Am 31.12.00 liegt der Aktienkurs der Star Trek AG bei 400 DM, während Optionsscheine zu 30 DM gehandelt werden. Die Optionsanleihe wurde im Laufe des Jahres 00 zu folgenden Bedingungen emittiert: Bezugskurs 600 DM, Bezugsverhältnis 1 : 1 und Bezugsfrist bis zum 31.12.10.

(a) Welche Paritätskurse erwarten Sie für den Optionsschein in der Zeit vom 31.12.00 bis zum 31.12.10, wenn angenommen wird, daß sich der Aktienkurs jedes Jahr linear erhöht und am 31.12.10 bei 900 DM stehen wird?

(b) Warum ist der unter 9a errechnete Kurs zugleich der Mindestkurs der Optionsscheine?

10. Inhalt und Formen des Leasing

Was versteht man unter Leasing? Unterscheiden Sie verschiedene Formen des Leasing, und beschreiben Sie diese kurz.

11. Steuerliche Behandlung des Finanzierungs–Leasing

Die Geschäfte der Leasingbranche nahmen in Deutschland in den sechziger Jahren einen starken Aufschwung. Man führt das unter anderem darauf zurück, daß man bei geeigneter Gestaltung der Leasingverträge erhebliche Vorteile gegenüber einem kreditfinanzierten Kauf erzielen konnte. Diese Gestaltungsspielräume wurden in den siebziger Jahren mit Hilfe der Leasingerlasse des Bundesfinanzministeriums sehr eingeschränkt.

Beschreiben Sie, welche Voraussetzungen heute gegeben sein müssen, damit ein Leasingvertrag steuerlich anerkannt wird, und gehen Sie in diesem Zusammenhang darauf ein, wie man "Steuern sparen" könnte, wenn es entsprechende Vorschriften nicht gäbe.

12. Gesellschafterdarlehen

Was sind Gesellschafterdarlehen, und welche Anreize gibt es für Gesellschafter einer Kapitalgesellschaft, diese nicht mit Eigenkapital zu finanzieren?

13. Genußschein

Beschreiben Sie, was man unter Genußscheinen versteht und inwiefern sie eine Stellung zwischen Eigen– und Fremdkapital einnehmen.

14. Vorzugsaktie und partiarisches Darlehen

(a) Was unterscheidet Vorzugsaktien von Stammaktien? Nennen und beschreiben Sie typische Gestaltungsmerkmale von Vorzugsaktien.

(b) Inwieweit nehmen partiarische Darlehen eine Zwitterstellung zwischen Eigen– und Fremdkapital ein?

2.6   Innovative Finanzinstrumente

Literaturempfehlungen

- *Drukarczyk, Jochen* (1996), Seite 421–428.

- *Perridon, Louis und Manfred Steiner* (1995), Seite 275–310 und 394–400.

- *Wöhe, Günter und Jürgen Bilstein* (1994), Seite 244–256.

Lern– und Verständnisfragen

1. Welche Arten von Termingeschäften kann man unterscheiden?

2. Inwiefern eignen sich Optionen

   (a) für Spekulanten, die mit sinkenden Preisen rechnen,

   (b) für Hedger, die sich gegen sinkende Marktpreise absichern wollen?

3. Unter welchen Bedingungen bezeichnet man eine Kaufoption als "in the money" beziehungsweise "out of the money"?

4. Welche Formen von Zinsbegrenzungsverträgen sind Ihnen bekannt?

Übungsaufgaben

1. Zinsreagibilität von Kuponanleihen und Zero Bonds

Der Marktzins liegt gegenwärtig bei 10 %, und es wird damit gerechnet, daß der Zins entweder um einen Prozentpunkt steigt oder fällt. Zur Wahl stehen mehrere Anleihen, die sämtlich eine Laufzeit von zehn Jahren besitzen. Zeigen Sie vor dem Hintergrund dieser Bedingungen, daß folgende Aussage richtig ist:

Die Kurse von Zero Bonds (Nullkuponanleihen) reagieren sensibler auf Marktzinsänderungen als die Kurse von Kuponanleihen mit gleicher Laufzeit.

2. Kombizinsanleihe

Eine Bank will sich mit einer Anleihe finanzieren, die eine Laufzeit von 10 Jahren hat. Es wird eine Kombizinsanleihe vorgeschlagen, die in den ersten 5 Jahren keinen Zins zahlt und in den darauffolgenden Jahren einen entsprechend attraktiveren Kupon besitzt.

(a) Mit welchem Kupon müßte man eine solche Anleihe für die zweiten 5 Jahre ausstatten, wenn der Marktzins für zehnjährige Anleihen bei 7.75 % liegt und der Emissionspreis dem Nennwert entsprechen soll?

(b) Analysieren Sie, wie sich der Kurs der Kombizinsanleihe im Zeitablauf verhält, und unterstellen Sie dabei, daß der Marktzins unverändert bei 7.75 % bleibt. Was fällt Ihnen auf, wenn Sie das mit der Kursentwicklung einer gewöhnlichen Kuponanleihe vergleichen, deren Kupon 7.75 DM je 100 DM Nennwert beträgt? Geben Sie eine Erläuterung für die beiden unterschiedlichen Kursverläufe.

3. Termingeschäfte

Was für Termingeschäfte kennen Sie? Geben Sie eine systematische Beschreibung.

4. Einflußgrößen auf den Wert einer Option

Nennen und beschreiben Sie die wichtigsten Größen, von denen der Wert einer Option abhängt. Gehen Sie dabei auch darauf ein, wie sich der Optionswert verändert, wenn die betreffende Einflußgröße sich in eine bestimmte Richtung ändert. Argumentieren Sie vor dem Hintergrund eines Calls auf eine Aktie.

5. Put–Call–Parität

(a) Zeigen Sie, daß ein Marktteilnehmer, der

 • eine Aktie erwirbt,

 • eine Verkaufsoption kauft und

 • eine Kaufoption verkauft,

eine vollkommen risikolose Position einnimmt. Gehen Sie dabei davon aus, daß beide Optionen vom europäischen Typ sind, auf die gleiche Aktie geschrieben werden und das gleiche Verfalldatum haben.

(b) Unterstellen Sie Optionsfristen von einem Jahr. Entwickeln Sie auf dieser Grundlage eine Bestimmungsgleichung für den risikolosen Zins r_f in Abhängigkeit vom Aktienkurs S_0, vom Callpreis C_0, vom Putpreis P_0 und vom Ausübungspreis K.

(c) Welcher Zusammenhang besteht zwischen dem Preis des Puts und den übrigen Größen dieser Bestimmungsgleichung?

6. Einfache und zusammengesetzte Terminpositionen

Jemand erwirbt eine Kaufoption mit dem Basispreis K_1 und verkauft zugleich eine Kaufoption mit dem Basispreis K_2.

(a) Wie verhalten sich die Preise der beiden Kaufoptionen zueinander?

(b) Wie sieht das Gewinn–Verlust–Diagramm aus, wenn davon ausgegangen wird, daß bezüglich der Basispreise $K_1 < K_2$ gilt?

7. Drehen einer Call–Position

Jemand hat sich vor einiger Zeit eine Kaufoption gekauft, weil er auf steigende Kurse der der Option zugrunde liegenden Aktie spekulierte. Leider ist die Hoffnung nicht aufgegangen. Der Investor setzt daher jetzt auf fallende Kurse.

Um in eine für diese Erwartung geeignete Position zu kommen, könnte der Spekulant den Call verkaufen und gleichzeitig einen Put kaufen. Angenommen, er wäre entschlossen, den Call zu behalten und seine Position trotzdem zu drehen, was müßte er dann unternehmen?

8. Floating Rate Notes und Forward Rate Agreements

Was versteht man unter Floating Rate Notes (FRN), was unter Forward Rate Agreements (FRA)? Gehen Sie in diesem Zusammenhang auch auf Caps, Floors und Collars ein.

9. Swaps

Was sind Swaps? Welche Arten von Swapgeschäften gibt es?

10. Ein vorteilhafter Tausch und ein günstiger Zinsswap

(a) Georg Groß pflegt Obst in erheblichen Mengen zu erwerben. Aufgrund dieser Tatsache kauft er günstiger ein als sein Konkurrent Hein Klein. Tabelle 2.2 beschreibt die jeweiligen Einstandspreise der beiden Obsthändler für Äpfel und Birnen.

Tabelle 2.2: Obstpreise für zwei Händler

Händler	Apfelpreis	Birnenpreis
Groß	0.50	0.70
Klein	0.90	0.80

Georg ist bereit, Äpfel zum Preis von 0.50 DM an Hein zu liefern, wenn dieser ihn seinerseits mit Birnen zum Preis von 0.55 DM versorgt. Zeigen Sie, daß ein solches Tauschgeschäft für beide Seiten Vorteile bringt, und beschreiben Sie die Gründe für dieses Ergebnis.

(b) Die Topf & Deckel AG kann sich am Markt zu 8 % festverzinslich finanzieren oder variabel zu LIBOR + 0.3 % Kredit aufnehmen. Dagegen müßte die Mutter & Schraube GmbH 12 % Zinsen zahlen, wenn sie einen festen Zins wünscht, und LIBOR + 2 %, wenn der Zins variabel ist, vgl. Tabelle 2.3. Wie könnte unter diesen Bedingungen ein für beide Seiten vorteilhafter Zinsswap aussehen?

Tabelle 2.3: Zinskonditionen für zwei Firmen

Firma	fester Zins	variabler Zins
Topf & Deckel	0.08	LIBOR + 0.003
Mutter & Schraube	0.12	LIBOR + 0.020

(c) Geben Sie in allgemeiner Form die Voraussetzungen an, welche erfüllt sein müssen, damit ein für beide Seiten attraktiver Zinsswap zustande kommen kann.

11. Ein einfacher Währungsswap

Eine britische und eine deutsche Aktiengesellschaft (BRIMO und DEUMU) mit Sitz in London beziehungsweise Berlin unterhalten Tochtergesellschaften in Deutschland respektive Großbritannien (BRIDAU und DEUTO). Die Töchter müssen in der jeweiligen Fremdwährung finanziert werden. Die Mütter haben in ihren Heimatländern ein relativ gutes Standing, müssen aber im Ausland aufgrund der Tatsache, daß ihr Name dort nicht so gut bekannt ist, verhältnismäßig unvorteilhafte Konditionen hinnehmen, vergleiche Tabelle 2.4. Die BRIMO ist dazu bereit, der

Tabelle 2.4: Zinskonditionen für Kredite in Landeswährung

Land	BRIMO	DEUMU
Deutschland	16 %	15 %
Großbritannien	10 %	13 %

DEUMU einen Währungsswap vorzuschlagen. Zu diesem Zweck würde sie einen Kredit in Großbritannien aufnehmen und das Geld dem deutschen Partner zur Verfügung stellen, wenn dieser seinerseits die britische Gesellschaft mit einem in Deutschland aufgenommenen Kredit versorgt. Der augenblickliche Wechselkurs beläuft sich auf 2.50 DM je Pfund Sterling. Beide Tochtergesellschaften besitzen einen Finanzbedarf von etwa 50 Mio. DM für die nächsten fünf Jahre.

(a) Wie könnte unter diesen Bedingungen ein für beide Seiten vorteilhafter Währungsswap aussehen?

(b) Gehen Sie nun davon aus, daß BRIMO in Deutschland eine Anleihe mit einem Kupon von 14 % ausgeben könnte. Kann es immer noch zu einem für beide Seiten vorteilhaften Währungsswap kommmen? Begründen Sie Ihre Antwort.

(c) Welche markttechnischen Folgen hat die Verbreitung von Zins- und Währungsswaps für die internationalen Kreditmärkte?

2.7   Liquiditätsmessung

Literaturempfehlungen

- *Drukarczyk, Jochen* (1996), Seite 39–140.

- *Perridon, Louis und Manfred Steiner* (1995), Seite 495–607.

- *Wöhe, Günter und Jürgen Bilstein* (1994), Seite 21–30 und 321–338.

Lern– und Verständnisfragen

1. Definieren Sie den Begriff der Zahlungsfähigkeit, und erläutern Sie die betriebswirtschaftliche Bedeutung der Liquidität in diesem Sinne.

2. Erläutern Sie anhand der folgenden Beispiele das Problem der Liquiditätsmessung für externe Personen:

- Ihr Unternehmen besitzt einen Lkw, der steuerlich noch vier Jahre abgeschrieben werden kann (25000 DM je Jahr). Der Marktpreis beträgt 80000 DM.

- Ihre Rechenanlage ist steuerlich bereits abgeschrieben. Da sie noch genutzt wird, wird in der Kostenrechnung ein Abschreibungsbetrag von 10000 DM angesetzt. Der Marktpreis für die gebrauchte Anlage liegt bei 12000 DM. Die Anlage soll in einem Jahr durch eine neue ersetzt werden.

- Sie besitzen einen Wechsel über 15000 DM. Es handelt sich um einen guten Handelswechsel, den Sie jederzeit diskontieren lassen können. Der Diskontsatz beträgt 8 %, die Spesen 6 DM.

Welche Werte würden Sie im Rahmen einer

(a) Zerschlagungsbilanz,

(b) Fortführungsbilanz

ansetzen? Führen diese Werte im Fortführungsfall zu einer realistischen Einschätzung der Liquiditätslage?

3. Welche Informationen versucht man durch eine Bilanzanalyse zu erhalten?

4. Nennen Sie Gründe, warum sich die Bilanz zur Beurteilung der Liquiditätslage nur bedingt eignet.

5. Was ist ein Finanzplan? Erläutern Sie, warum ein externer Interessent regelmäßig nicht dazu in der Lage ist, einen Finanzplan eines Unternehmens aufzustellen.

Übungsaufgaben

1. Einhaltung von Bilanzrelationen als Spielregel

Interpretieren Sie die folgende Aussage: "Die Einhaltung von Bilanzrelationen hat ökonomisch gesehen nur einen geringen Wert, aber sie gehört zu den Spielregeln bei der Vergabe von Krediten in unserer Wirtschaft."

2. Strukturbilanz und Ermittlung wichtiger Kennzahlen

Eine Aktiengesellschaft legt folgende Daten für eine Bilanzanalyse vor (Werte in TDM).

Anlagevermögen		68500	Eigenkapital		87500
Umlaufvermögen		72000	Fremdkapital		53000
• Kasse	500		• kurzfristig	17500	
• Bank	9500		• mittelfristig	2500	
• kurzfristige Forderungen	9000		• langfristig	33000	
• fertige Erzeugnisse	10000				
• langfristige Forderungen	8600				
• Roh-, Hilfs- und Betriebs- stoffe	20000				
• unfertige Erzeugnisse	14500				
		140500			140500

Das Unternehmen erzielte einen Umsatz in Höhe von 166500 TDM. Der Gewinn betrug 25000 TDM, und der Zinsaufwand lag bei 4000 TDM.

(a) Stellen Sie eine Strukturbilanz der Aktiengesellschaft auf.

(b) Berechnen Sie die folgenden Kennzahlen, und erläutern Sie ihren Informationswert.

  – Anlagendeckungsgrade A, B und C,

  – Verschuldungsgrad,

  – Gesamtkapitalrendite,

  – Eigenkapitalrendite,

  – Liquidität ersten, zweiten und dritten Grades,

  – Umsatzrendite,

  – Return on Investment.

3. Eigenkapitalrendite und Verschuldungsgrad

Eine GmbH hat einen Gewinn in Höhe von 5 Mio. DM erzielt. Ihr Gesamtkapital belief sich auf 80 Mio. DM, wovon 35 Mio. fremdfinanziert waren. Der Fremdkapitalzins lag bei 8 %.

(a) Berechnen Sie Eigenkapitalrendite, Gesamtkapitalrendite und Verschuldungsgrad.

(b) Entwickeln Sie allgemein, wie man die Eigenkapitalquote berechnen kann, wenn der Verschuldungsgrad gegeben ist. Was bedeutet das für die Eigenkapitalquote der GmbH?

(c) Leiten Sie nun her, wie man den Verschuldungsgrad ermitteln kann, wenn die Eigenkapitalquote gegeben ist.

(d) Erläutern Sie, warum man bei der Ermittlung der Gesamtkapitalrendite den Gewinn vor Zinsen verwendet.

(e) Was versteht man unter Leverage-Effekt?

(f) Leiten Sie aus der Definition der Eigenkapitalrendite eine Formel her, mit der sich zeigen läßt, daß ein Leverage–Effekt existieren kann.

(g) Was bedeutet ein positiver Leverage–Effekt? Welche Voraussetzungen müssen erfüllt sein, damit der Effekt positiv ist?

(h) Welche Gefahr besteht, wenn man bei positivem Leverage–Effekt versucht, den Verschuldungsgrad bezüglich der Eigenkapitalrendite zu optimieren?

4. Leverage–Effekt

Füllen Sie die nachstehende Tabelle aus:

Fall	Eigen–kapital	Fremd–kapital	Gesamt–kapital–rendite	Fremd–kapital–zinssatz	Eigen–kapital–rendite
1	100	100	10 %	12 %	
2	100	100	10 %	10 %	
3	100	100	10 %	8 %	
4	50	150	10 %	12 %	
5	150	50	10 %	12 %	
6	150	50	10 %	8 %	
7	50	150	10 %	8 %	

5. Noch einmal: Leverage–Effekt

Die Harry Hirsch OHG besitzt Eigenkapital in Höhe von nur 100000 DM. Sie hat keine Möglichkeit, das Eigenkapital aufzustocken. Alle neuen Investitionen müssen daher fremdfinanziert werden. Die Unternehmensleitung plant eine Erweiterung der Anlagen im Wert von 200000 DM. Die Rendite des gesamten eingesetzten Kapitals wird gleichbleibend mit 10 % veranschlagt. Der Fremdkapitalgeber verlangt 8 %.

(a) Wie groß ist die Eigenkapitalrendite nach Vornahme der Investition?

(b) Berechnen Sie die Rendite des Eigenkapitals, wenn unter sonst gleichen Bedingungen die Investitionssumme 400000 DM beträgt.

(c) Stellen Sie die Eigenkapitalrendite sowie die Gesamtkapitalrendite in Abhängigkeit vom Verschuldungsgrad graphisch dar.

(d) Die Unternehmung sieht sich plötzlich gezwungen, die Investitionen zwischenzufinanzieren. Aus diesem Grunde beträgt der Fremdkapitalzinssatz jetzt 12 %. Berechnen Sie die Rendite des Eigenkapitals bei einer Investitionssumme von

    i. 100000 DM,
    ii. 400000 DM.

(e) Stellen Sie die Eigenkapitalrendite sowie die Gesamtkapitalrendite in Abhängigkeit vom Verschuldungsgrad unter den jetzt herrschenden Bedingungen graphisch dar.

(f) Welche entscheidende Voraussetzung muß erfüllt sein, um den Unternehmer im Lichte des Leverage–Effektes zu veranlassen, Fremdkapital aufzunehmen?

(g) Relativieren Sie Ihre Antwort im Hinblick auf unsichere Zukunftserwartungen.

6. Jahresüberschuß und Cash–flow

(a) Bei der Cash–flow–Ermittlung geht man in der Regel vom Jahresüberschuß aus. Inwieweit unterscheiden sich Jahresüberschuß und Cash–flow?

(b) Welche Korrekturen müssen am Jahresüberschuß vorgenommen werden, um den Cash–flow zu ermitteln?

(c) Wie lautet die Praktikerformel zur Ableitung des Cash–flows aus dem Jahresüberschuß, und wie ist sie zu beurteilen?

(d) Ein Bilanzanalytiker stellt beim Vergleich zweier aufeinander folgender Bilanzen fest, daß die Rückstellungen eines Unternehmens gesunken sind. Leider findet er in den Jahresabschlüssen keinerlei Hinweis darauf, ob die Auflösung der Rückstellungen ertragswirksam oder nicht–ertragswirksam vorgenommen wurde. Welche Probleme entstehen dadurch bei der Ableitung des Cash–flows aus dem Jahresüberschuß, und wie kann man sie lösen?

(e) Nennen und interpretieren Sie mindestens zwei Bilanzkennzahlen, die auf dem Cash–flow aufbauen.

7. Aufstellung eines Finanzplans

(a) Am 1. Juni wird ein Betrieb gegründet, für den Sie anhand der folgenden Daten einen Finanzplan für die ersten sechs Monate aufstellen sollen.

- Die Gewerberäume werden für 1800 DM je Monat gemietet. Die Miete ist stets im voraus zu entrichten.

- Die Produktion findet auf einer Anlage statt, die beschafft werden muß. Der Preis einschließlich aller Nebenkosten beläuft sich auf 180000 DM. Davon sind 60000 DM sofort in bar fällig. Der Rest ist in den folgenden drei Monaten in gleichen Raten zu bezahlen.

- Außerdem werden noch ein gebrauchter Pkw sowie eine gebrauchte Betriebsausstattung für 25000 DM erworben, die ebenfalls sofort bar bezahlt werden müssen.

- Für die Produktion werden in jedem Monat Roh–, Hilfs– und Betriebsstoffe für 20000 DM benötigt. Die Bezahlung soll immer sofort vorgenommen werden. Zu Beginn werden noch zusätzliche Stoffe im Wert von 8000 DM bezogen, die als Reserve dienen sollen.

- Die Personalkosten belaufen sich auf 22000 DM im Monat.
- Außerdem werden jeden Monat Handelswaren für 12000 DM gekauft und sofort bezahlt.
- 50 % der Waren werden im Anschaffungsmonat, 50 % im Folgemonat veräußert. Der Verkauf erfolgt gegen bar mit einem Aufschlag von 50 %.
- Der Verkauf von selbst hergestellten Erzeugnissen beginnt im zweiten Monat und wird mit 84000 DM je Monat veranschlagt. Man rechnet damit, daß je ein Drittel der Kunden sofort, nach einem Monat beziehungsweise nach zwei Monaten zahlen werden.
- Die Eigentümer finanzieren das Unternehmen mit 120000 DM. Die Fremdfinanzierung erfolgt über eine Bank, die einen zweijährigen Kredit zu 10 % Zins p.a. sowie einen Kontokorrentkredit zu 1.16 % Zins je Monat bei monatlicher Zinsverrechnung anbietet.

(b) Fertigen Sie mit Hilfe einer Skizze der kumulierten Ein- und Auszahlungen einen Liquiditätsstatus an. (Die Kredite werden dabei nicht berücksichtigt.)

8. Kapitalbedarfsermittlung

Die Schickeria GmbH & Co. KG plant, ihre bisher nur unzureichend ausgelasteten Maschinen und Anlagen dadurch besser zu nutzen, daß sie mit der Produktion von Morgenmänteln für die reifere Dame beginnt. Die eigens zu diesem Zweck entworfene Kollektion erwies sich auf der Durchreise in Düsseldorf als voller Erfolg, so daß mit der Produktionsaufnahme am 1. Juni begonnen werden soll. Man denkt zunächst an eine Tagesproduktion von 30 Mänteln, deren Kosten sich vermutlich auf 40 DM je Stück belaufen werden. Die Mäntel werden durchschnittlich 10 Tage im Lager liegen, und die Kunden werden voraussichtlich nach 30 Tagen ihre Rechnungen bezahlen. Erst wenn diese Zeit überstanden ist, kann damit gerechnet werden, daß die täglichen Einzahlungen aus Verkaufserlösen den täglichen Bedarf an finanziellen Mitteln für die Produktion decken. Die finanzielle Situation der Schickeria ist zur Zeit ausgeglichen. Es gibt keine ernsthaften Liquiditätsprobleme. Da man noch über einen unausgenutzten Kreditspielraum bei der Bank in Höhe von 30000 DM verfügt, gibt man sich recht optimistisch.

Wie beurteilen Sie diese Planung?

9. **Prinzip der Fristenkongruenz**

    (a) Welcher Anspruch verbindet sich mit der Forderung, daß sich die Struktur des Vermögens und des Kapitals am Prinzip der Fristenkongruenz orientieren soll?

    (b) Was versteht man unter "goldener Finanzierungsregel", was unter "goldener Bank– oder Bilanzregel"?

    (c) Was läßt sich am Prinzip der Fristenkongruenz, was an der "goldenen Bilanzregel" kritisieren?

10. **Struktur eines Finanzplans**

Wie sieht die Grundstruktur eines Finanzplans aus? Welche Grundsätze sollte man bei der Aufstellung von Finanzplänen beachten?

11. **Kreditstatus**

Was ist ein Kreditstatus? Welche Vorteile bietet er gegenüber einer Zerschlagungsbilanz?

3 Grundzüge der Investitionsrechnung

Literaturempfehlungen

- *Blohm, Hans und Klaus Lüder* (1995)

- *Götze, Uwe und Jürgen Bloech* (1995)

- *Kruschwitz, Lutz* (1995a)

Lern– und Verständnisfragen

1. Worin sehen Sie die Bedeutung von Investitionsentscheidungen?

2. Gehen Sie auf den zahlungsorientierten Investitionsbegriff (Finanzierungsbegriff) ein.

3. Auf welchen grundsätzlichen Annahmen beruhen die Verfahren der Investitionsrechnung?

4. Stellen Sie die Verfahren der Investitionsrechnung übersichtlich zusammen.

5. Grenzen Sie statische und dynamische Verfahren der Investitionsrechnung voneinander ab.

6. Welche Probleme hat man mit Investitionsrechnungen, wenn man berücksichtigt, daß die Konsequenzen unternehmerischen Handelns nicht genau prognostiziert werden können?

7. Sie sind als Manager in einer Elektrizitätsgesellschaft Mitglied des Investitionsausschusses und stellen fest, daß mit der gegenwärtigen Kraftwerkskapazität die steigende Energienachfrage nicht mehr gedeckt werden kann. Daher wird der Bau eines neuen Kraftwerks vorgeschlagen. Zählen Sie Faktoren auf, die bei dem genannten Entscheidungsproblem wichtig sind und im Rahmen von Investitionsrechnungen nicht oder nicht ausreichend berücksichtigt werden können.

3.1   Statische Investitionsrechnung

Literaturempfehlungen

- *Blohm, Hans und Klaus Lüder* (1995), Seite 157–175.

- *Götze, Uwe und Jürgen Bloech* (1995), Seite 52–69.

- *Kruschwitz, Lutz* (1995a), Seite 30–43.

Lern– und Verständnisfragen

1. Auf welchen Annahmen bezüglich der Kapitalbindung beruhen die statischen Verfahren der Investitionsrechnung?

2. Auf welche Weise könnte man die Kapitalbindung statt dessen berücksichtigen? Nennen Sie mindestens zwei Alternativen.

3. Erörtern Sie die Unterschiede zwischen den statischen Verfahren der Investitionsrechnung. Gehen Sie dabei vor allem auf die Prämissen und die Aussagefähigkeit der Verfahren ein.

Übungsaufgaben

1. Zurechnung von Wartungskosten

Die Schreibfix AG möchte zwei neue Schreibautomaten bei der Schrott & Reif GmbH bestellen und erhält folgende Angebote:

	Kaufpreis	Wartung je Monat
Maschine Nr. 1	2000 DM	400 DM
Maschine Nr. 2	3000 DM	200 DM

Auf telefonische Anfrage erfährt man von der Schrott & Reif GmbH, daß die monatlichen Wartungskosten sich auf 500 DM ermäßigen würden, wenn beide Maschinen gekauft werden. Wie sollte man diesen Betrag Ihrer Meinung nach auf die beiden Schreibautomaten aufteilen?

2. Zurechnung von Erlösen

Die Schrott & Reif GmbH betreibt Maschinenbau und besitzt eine Fertigungsstraße. Der Betriebsingenieur Erwin Emsig klagt ständig über Engpässe in seiner Abteilung und weist darauf hin, daß die drei Stufen seiner Fertigungsstraße vollkommen unharmonisch aufgebaut seien. Nach seinen Berechnungen ergibt sich für die ganze Straße das folgende Kapazitätsbild:

Stufe	Teile je Schicht
1	5000 Stück
2	3000 Stück
3	4000 Stück

Mit der bestehenden Straße wird ein durchschnittlicher Umsatz in Höhe von 24000 DM je Monat erzielt. Durch eine Erweiterungsinvestition in Stufe 2 könnte deren Kapazität auf 6000 Teile je Schicht erhöht werden, was zu einem Umsatz von 30000 DM führen würde, wenn man 4000 Teile je Schicht produziert.

Diplom–Ökonom Harry Hintermeyer vertritt die Ansicht, daß alle drei Stufen zusammenwirken müssen, damit der neue Umsatz tatsächlich erreicht wird. Daher legt er der Geschäftsleitung folgende Zahlen vor:

$$\frac{\text{Umsatz}}{\text{Stufe}} = \frac{30000}{3} = 10000 \text{ DM}$$

$$\frac{\text{Umsatz}}{\text{Kapazitätseinheit in Stufe 2}} = \frac{10000}{6000} = 1.67 \text{ DM}$$

$$\frac{\text{Umsatz}}{\text{investierte Kapazität}} = 1.67 \cdot 3000 = 5000 \text{ DM}$$

Hintermeyer argumentiert, daß man der geplanten Investition einen Umsatz von 5000 DM zurechnen müsse. Wie ist Ihre Meinung?

3. Eigenfertigung und Fremdbezug

Sie sollen prüfen, ob sich die Eigenfertigung eines Spezialteils lohnt, das bisher zu 16 DM je Stück fremdbezogen wird. Für die eigene Herstellung stehen zwei Maschinen zur Auswahl:

Vollautomatische Drehmaschine

Anschaffungsauszahlung	450000 DM
Nutzungsdauer	10 Jahre
Kapazität	16000 Stück/Jahr
Gehälter	60000 DM/Jahr
sonstige Fixkosten	8000 DM/Jahr
Material	72000 DM/Jahr
sonstige variable Kosten	2400 DM/Jahr

Halbautomatische Drehmaschine

Anschaffungsauszahlung	80000 DM
Nutzungsdauer	8 Jahre
Kapazität	10000 Stück/Jahr
Gehälter	16000 DM/Jahr
sonstige Fixkosten	4000 DM/Jahr
Löhne	62000 DM/Jahr

Material   40000 DM/Jahr
sonstige variable Kosten   6000 DM/Jahr

(a) Welche Bezugsart je Fertigungsmaschine wählen Sie, wenn der Jahresbedarf

   i. 5000

   ii. 10000

   iii. 15000

   Stück beträgt?

(b) Ermitteln Sie die kritischen Mengen algebraisch und graphisch.

(c) Diskutieren Sie Vor– und Nachteile der Kostenvergleichsrechnung, und erörtern Sie deren Aussagefähigkeit.

4. Gewinnvergleichsrechnung

(a) Wie lautet das Entscheidungskriterium der Gewinnvergleichsrechnung?

(b) Ein Unternehmer hat zwischen den Anlagen A und B zu wählen. Mit beiden Maschinen kann man das gleiche Produkt herstellen, und es sind folgende Daten gegeben:

Anlage	A	B
Anschaffungsauszahlung	700000 DM	900000 DM
Nutzungsdauer	7 Jahre	6 Jahre
Fixe Kosten je Jahr (ohne Abschreibungen und Zinsen)	65000 DM	110000 DM
Variable Kosten je Stück	9 DM	8 DM
Produktionsmenge je Jahr	40000 Stück	50000 Stück

Welche Anlage schafft der Unternehmer an, wenn das Produkt zum Preis von 15 DM verkauft werden kann, die Absatzhöchstmenge bei 50000 Stück je Jahr liegt und der Planungszeitraum 7 Jahre umfaßt? Die Entscheidung soll mit Hilfe der Gewinnvergleichsrechnung getroffen werden. Der Zinssatz beträgt 10 %.

(c) Halten Sie die hier benutzte Form der Entscheidungsfindung für unproblematisch?

5. Welcher Lastkraftwagen ist am günstigsten?

Transportunternehmer Brause will einen Lastkraftwagen kaufen. Ihm liegen drei Angebote vor. Nach deren Studium stellt Brause folgende Tabelle über die relevanten Kosten zusammen:

Kostenart	A	B	C
Kraftfahrzeugsteuer (jährlich)	4000.00	5000.00	4500.00
Versicherungen (jährlich)	6000.00	6800.00	6200.00
Dieselkraftstoff je 100 km	26.00	30.00	25.00
Öl und Schmierstoffe je 100 km	4.25	4.00	4.20
Verschleißteile je 100 km	3.00	3.20	2.80
Inspektion und Reparaturen je 100 km	21.50	17.00	19.50

Die Anschaffungskosten betragen für jeden Typ 200000 DM. Die Nutzungsdauer wird jeweils mit 5 Jahren veranschlagt. Außerdem muß noch ein Fahrer eingestellt werden, der feste Personalkosten in Höhe von 4800 DM je Monat und variable Kosten in Höhe von 3.10 DM (2.80 DM, 3.00 DM) je 100 km bei Typ A (B, C) verursacht. Die Hausbank stellt Brause einen Ratenkredit zu 12 % Zinsen mit vierjähriger Laufzeit in Aussicht.

(a) Welcher Lastkraftwagen ist am günstigsten, wenn Brause mit einer Leistung von 40000 km je Jahr rechnet?

(b) Brause ist sich nicht sicher, ob die Kilometerleistung wirklich bei 40000 liegen wird. Deshalb will er wissen, bei welcher Fahrleistung die Kosten für die jeweiligen Alternativen gerade gleich groß sind. Wie würden Sie diese Frage beantworten?

(c) Bevor Brause sich entscheidet, bekommt er zwei neue Angebote. Danach kostet der Lastkraftwagen A nur noch 190000 DM, und der Preis von B ist auf 180000 DM reduziert. Ändern sich dadurch die Ergebnisse aus 5a und 5b?

(d) Eine erneute Analyse der Absatzmöglichkeiten hat ergeben, daß mit einer Leistung von 50000 km im Jahr zu rechnen ist. Dabei erwartet Brause folgende Verkaufserlöse:

A	164800 DM
B	152800 DM
C	150800 DM

Welchen Typ sollte Brause unter diesen Umständen bestellen?

6. Gewinn, Rendite und Amortisationsdauer

Entscheiden Sie anhand folgender Daten, welche Investition am günstigsten ist.

	A	B
Nutzungsdauer	5 Jahre	6 Jahre
Absatz (je Jahr)	4000 Stück	8000 Stück
Verkaufspreis (je Stück)	25.00 DM	16.25 DM
Anschaffungspreis	180000.00 DM	250000.00 DM
Anschaffungsnebenkosten	36000 DM	20000.00 DM
Errichtungsaufwand	4000.00 DM	–
Liquidationserlös	20000.00 DM	20000.00 DM
Fixe Kosten ohne Kapitalkosten (je Jahr)	8000.00 DM	23333.33 DM
Materialkosten (je Stück)	2.00 DM	1.80 DM
Lohnkosten (je Stück)	0.80 DM	0.75 DM
Sonstige variable Kosten (je Jahr)	4800 DM	5600 DM

Der Kalkulationszinssatz ist 10 %.

(a) Zu welcher Empfehlung kommen Sie, wenn Sie die Gewinnvergleichsrechnung anwenden?

(b) Was ändert sich an Ihrer Entscheidung, wenn Sie die Renditevergleichsrechnung benutzen?

(c) Zu welchem Ergebnis kommen Sie bei Verwendung der statischen
Amortisationsrechnung (Durchschnittsmethode)?

(d) Können Sie hier auch die Kumulationsmethode der Amortisationsrechnung verwenden?

7. Amortisationsrechnung

(a) Welche Investitionsalternative ist nach der Amortisationsrechnung
günstiger, wenn folgende Daten gelten?

	A	B
Anschaffungsauszahlungen	80000 DM	80000 DM
Nutzungsdauer	4 Jahre	6 Jahre
Jährliche Rückflüsse	30000 DM	25000 DM

(b) Halten Sie es für vernünftig, eine solche Entscheidung auf der Grundlage der Amortisationsrechnung zu treffen?

8. Noch einmal: Gewinn, Rendite und Amortisationsdauer

Lohnt sich die folgende Erweiterungsinvestition?

Anschaffungsauszahlungen	280000 DM
Nutzungsdauer	5 Jahre
Laufende zusätzliche Kosten ohne Kapitalkosten	30000 DM
Laufende zusätzliche Erlöse	
• in den beiden ersten Jahren	90000 DM
• in den folgenden drei Jahren	125000 DM
Liquidationserlös	25000 DM
Kalkulationszinssatz	8 %

Ermitteln Sie Ihr Ergebnis mit Hilfe der

(a) Gewinnvergleichsrechnung,

(b) Renditevergleichsrechnung,

(c) Amortisationsrechnung.

9. Widersprüchlichkeit der statischen Rechnungen

Die Statika KG steht vor der Aufgabe, eine von vier Investitionen auszu-
wählen, über die sie folgende Informationen besitzt.

	I	II
Anschaffungspreis	180000 DM	330000 DM
Liquidationserlös	20000 DM	30000 DM
Nutzungsdauer	8 Jahre	10 Jahre
Jährliche Produktionsmenge	6400 Stück	7000 Stück
Variable Kosten je Stück	3.00 DM	2.00 DM
Jährliche Fixkosten (ohne Kapitalkosten)	10000 DM	4000 DM

	III	IV
Anschaffungspreis	105000 DM	210000 DM
Liquidationserlös	5000 DM	30000 DM
Nutzungsdauer	8 Jahre	6 Jahre
Jährliche Produktionsmenge	7200 Stück	7000 Stück
Variable Kosten je Stück	4.50 DM	2.50 DM
Jährliche Fixkosten (ohne Kapitalkosten)	17000 DM	7000 DM

Der kalkulatorische Zinssatz beträgt 10 %. Aufgrund von Marktstudien
rechnet der Investor maximal mit einem Absatz von 10000 Stück im Jahr
und einem Nettoverkaufspreis von 10 DM je Stück.

(a) Ermitteln Sie, welches der vier Projekte nach der Gewinnvergleichsrechnung optimal ist.

(b) Beurteilen Sie die Brauchbarkeit des unter 9a ermittelten Ergebnis-
ses, indem Sie Investition I und II hinsichtlich Kapitaleinsatz und
Nutzungsdauer miteinander vergleichen.

(c) Beurteilen Sie die Projekte mit Hilfe der Kostenvergleichsrechnung.

(d) Bestimmen Sie die Produktionsmenge, bei der es aus Sicht der
Durchschnittskosten gerade gleichgültig ist, ob man Investition II
oder IV realisiert. Treffen Sie nun eine Entscheidung unter der Voraussetzung, daß maximal 5000 Stück abgesetzt werden können.

(e) Welchen Vorteil hat die Kenntnis einer solchen kritischen Menge
bei der Investitionsentscheidung mit Hilfe der Kostenvergleichsrechnung?

(f) Für welches Projekt würden Sie sich bei Anwendung der Renditerechnung entscheiden?

(g) Vergleichen Sie Ihr Ergebnis aus Aufgabe 9f mit dem Ergebnis aus Aufgabe 9a, und erklären Sie die unterschiedlichen Resultate, indem Sie auf die Prämissen beider Methoden eingehen.

(h) Ermitteln Sie die Amortisationszeiten der vier Projekte, und stellen Sie fest, welche Investition sich am schnellsten amortisiert.

(i) Vergleichen Sie das Ergebnis aus 9h hinsichtlich der Projekte III und IV miteinander. Welche zusätzlichen Informationen bezüglich der Rückflüsse beider Alternativen könnte man dazu benutzen, um unter Risikogesichtspunkten zu einer befriedigenderen Entscheidung zu gelangen?

10. Statische Investitionsrechnungen im Vergleich

Gegeben seien folgende Informationen über eine Investition:

- Investitionssumme: 120000 DM,
- Nutzungsdauer: 6 Jahre
- Jährliche Abschreibung (unter Berücksichtigung eines Liquidations- erlöses nach Beendigung der Nutzungsdauer): 17500 DM
- Zinssatz: 8 %
- Laufende jährliche Einzahlungen aus dem Betrieb der Anlage: 42000 DM
- Laufende jährliche Auszahlungen für den Betrieb der Anlage: 18000 DM

Berechnen Sie unter Verwendung dieser Daten

(a) die (statische) Rendite des Projektes,

(b) den (statischen) Gewinn, den diese Investition verspricht, sowie ihre

(c) Amortisationsdauer.

Gehen Sie in bezug auf jedes der drei genannten Kriterien auch auf die Frage ein, ob sich die Durchführung des Projektes lohnt, und begründen Sie Ihre Antworten.

3.2   Dynamische Investitionsrechnung

Literaturempfehlungen

- *Blohm, Hans und Klaus Lüder* (1995), Seite 54–101.
- *Götze, Uwe und Jürgen Bloech* (1995), Seite 69–101.
- *Kruschwitz, Lutz* (1995a), Seite 43–98.

Lern- und Verständnisfragen

1. Nennen und erläutern Sie die gemeinsamen Merkmale der dynamischen Investitionsrechenverfahren.

2. Definieren Sie den Begriff Kapitalwert.

3. Unter welchen Voraussetzungen ist der Kapitalwert einer Investition die allein entscheidende Grundlage zu ihrer Beurteilung?

4. Welche Funktion haben Ergänzungsmaßnahmen in vollständigen Finanzplänen?

5. Fertigen Sie eine Graphik an, die die Abhängigkeit des Kapitalwerts vom Kalkulationszinsfuß (für den Normalfall) zeigt.

6. Wie kann man den Kalkulationszinssatz festlegen?

7. Wie beeinflußt der Kalkulationszinssatz

   (a) den Kapitalwert,

   (b) die Annuität,

   (c) den internen Zinssatz,

   (d) die Amortisationsdauer

   einer Normal-Investition?

8. Erläutern Sie die Vorgehensweise zur Berechnung von internen Zinsfüßen. Gehen Sie auch auf die Problematik dieses Investitionsrechenverfahrens ein.

9. Vergleichen Sie Kapitalwertmethode und Methode der internen Zinsfüße im Hinblick auf die Wiederanlageprämisse.

10. Nennen Sie Gründe, warum kalkulatorische Abschreibungen und kalkulatorische Zinsen in der dynamischen Investitionsrechnung nicht ausdrücklich berücksichtigt werden.

Übungsaufgaben

1. Endwert bei unvollkommenem Kapitalmarkt

Der Wirtschaftsfachmann Rotrex hat einen Planungshorizont von 4 Jahren und verfolgt das Ziel der Endvermögensmaximierung. Gleichgültig, ob Investitionen durchgeführt werden oder nicht, fallen in den Zeitpunkten $t = 1$ bis $t = 4$ bestimmte Zahlungen an (Basiszahlungen). Sofort und danach am Ende eines jeden Jahres werden Entnahmen gewünscht, die mit 70 DM beginnen und dann ansteigen. Diese Zahlungen sollen sich in den einzelnen Jahren wie 1.0 : 1.2 : 1.3 : 1.5 : 1.6 verhalten. Der Kapitalmarkt ist unvollkommen, wobei sich die Zinssätze, welche für Geldanlagen beziehungsweise Kredite zwischen den Zeitpunkten $t - 1$ und t erwartet werden, aus nachstehender Tabelle ergeben.

Zeitpunkt	0	1	2	3	4
Basiszahlungen	500	130	−140	150	300
Investition A	−1000	750	280	200	−30
Investition B	−800	330	530	−50	200
Investition C	−950	0	0	560	795
Habenzins		7 %	6 %	5 %	5 %
Sollzins		11 %	10 %	10 %	9 %

Berechnen Sie die Endwerte aller Projekte sowie der Unterlassensalternative, und stellen Sie die vollständigen Finanzpläne auf.

2. **Endwert, Entnahmeniveau und Kapitalwert**

Entwickeln Sie aus der Formel für das Endvermögen bei gegebenem Entnahmeniveau eine Formel zur Berechnung des Entnahmeniveaus bei gegebenem Endvermögen. Gehen Sie dabei davon aus, daß der Kapitalmarkt vollkommen ist.

3. **Äquivalenz von Endwert und Kapitalwert**

Bei der San Diego OHG stehen zwei Investitionsalternativen mit den Zahlungsreihen

Zeitpunkt	0	1	2	3	4
Investition A	−700	600	200	150	−80
Investition B	−650	300	400	30	100

zur Debatte. Der Kapitalmarkt ist vollkommen und unbeschränkt mit einem Kalkulationszinssatz von 8 %. Die Inhaber wünschen Entnahmen auf dem Niveau von 50 DM mit der zeitlichen Struktur 1.0 : 1.2 : 1.3 : 1.5 : 1.6. Die Basiszahlungen werden mit

Zeitpunkt	0	1	2	3	4
Basiszahlungen	400	−200	20	130	250

erwartet. Der Planungshorizont erstreckt sich über vier Jahre, und die Eigentümer streben nach Endvermögensmaximierung. Zeigen Sie, daß man in dieser Situation eine zweckmäßige Entscheidung sowohl auf der Grundlage von Endwerten als auch auf der Basis von Kapitalwerten treffen kann.

4. **Kapitalwert und Annuität**

Ein Investitionsprojekt wird durch folgende Daten charakterisiert:

Anschaffungsauszahlung		960000 DM
Nutzungsdauer		6 Jahre
	Betriebseinzahlungen	Betriebsauszahlungen
Periode 1	120000 DM	160000 DM
Periode 2	320000 DM	160000 DM
Periode 3	400000 DM	160000 DM
Periode 4	480000 DM	240000 DM
Periode 5	520000 DM	240000 DM
Periode 6	560000 DM	320000 DM

Der Kalkulationszinssatz beträgt 5 %. Mit Ausnahme der Anschaffungs-
zahlung fallen alle Ein– und Auszahlungen jeweils am Ende der Periode
an. Am Ende der letzten Periode wird außerdem ein Liquidationserlös in
Höhe von 192000 DM erzielt, dem allerdings Abbruchkosten in Höhe von
20000 DM gegenüberstehen.

(a) Entscheiden Sie mit Hilfe der

   i. Gewinnvergleichsrechnung,

   ii. Kapitalwertmethode,

   iii. Annuitätenmethode,

   ob sich die Durchführung des Projektes lohnt.

(b) Zu welchen Ergebnissen kommen Sie bei einem Kalkulationszinssatz
von 8 %?

5. Kapitalwert bei variablem Kalkulationszinsfuß

(a) Wie lautet die Formel zur Berechnung des Kapitalwerts bei variablem Kalkulationszinsfuß?

(b) Sie haben sich zwischen den beiden Investitionen A und B zu entscheiden, wenn die in nachstehender Tabelle genannten Kalkulationszinsfüße gelten.

Zeitpunkt	0	1	2	3
Investition A	−120	60	30	50
Investition B	−150	30	70	90
Kalkulationszinssatz		7.5 %	8.5 %	9.0 %

Ein Kalkulationszinssatz i_t ist derjenige Zinssatz, welcher für einpe-
riodige Geldanlagen (Kredite) gilt, die von $t-1$ bis t laufen. Welche
Investition ist günstiger?

6. Entnahmeniveau bei unvollkommenem Markt

Die Nirwana GmbH möchte bei einem Planungszeitraum von vier Jahren ein Endvermögen von genau 3000 DM erreichen. Im einzelnen sind
folgende Daten gegeben:

Zeitpunkt	0	1	2	3	4
Investitionszahlungen	−1000	300	450	600	650
Basiszahlungen	400	600	540	395	250
Entnahmestruktur	1.0	1.2	1.1	1.3	1.4
Soll–Zinssätze		10 %	10 %	11 %	12 %
Haben–Zinssätze		7 %	8 %	8 %	9 %

Berechnen Sie das Entnahmeniveau, das unter diesen Umständen erreicht werden kann?

7. Barwert und Endwert

Ein Investor hat unter den Bedingungen des Kapitalwertmodells zwischen drei sich gegenseitig ausschließenden Alternativen mit einer einheitlichen Nutzungsdauer von fünf Jahren zu wählen. Die Kapitalwerte der drei Projekte belaufen sich bei einem Kalkulationszinsfuß von 10 % auf

Investition A   325 DM
Investition B   345 DM
Investition C   −50 DM

(a) Welches Projekt sollte der Investor verwirklichen? Warum?

(b) Welchen Wert wird das Endvermögen des Investors nach Ablauf der fünf Jahre annehmen, wenn er sich für Projekt A entscheidet?

(c) Angenommen, die Projekte A und B fielen weg. Sollte man dann Projekt C realisieren?

8. Kapitalwert, Entnahmeniveau und Annuität

Ein Investor hat einen Planungszeitraum von sechs Jahren. Im Zusammenhang mit zwei zueinander in Konkurrenz stehenden Projekten sind folgende Daten ermittelt worden.

Zeitpunkt	0	1	2	3	4	5	6
Projekt A	−800	400	−300	200	600	150	500
Projekt B	−400	−600	600	800	200	0	0
Basiszahlungen	700	10	180	−110	−60	0	400
Entnahmestruktur	1.00	1.06	1.12	1.18	1.24	1.30	1.36

(a) Vergleichen Sie beide Investitionen mit Hilfe der Kapitalwertmethode. 8 % Zins

(b) Berechnen Sie das Entnahmeniveau, welches der Investor bei Wahl der Unterlassensalternative erreicht, wenn das Endvermögen auf 900 DM festgelegt wird.

(c) Wie groß ist das Niveau der zusätzlichen Entnahmen bei Durchführung von Projekt A?

(d) Wie hoch sind die zusätzlichen Entnahmen gegenüber der Unterlassensalternative, wenn Projekt B gewählt wird und der Entnahmestrukturvektor die Form $0 : 1 : 1 : 1 : 1 : 1 : 1$ besitzt?

9. Tücken der Annuitätenmethode

Ein Unternehmen hat zwischen den Investitionen A und B zu wählen.

Zeitpunkt	0	1	2	3	4
Investition A	−10000	6500	6500		
Investition B	−10000	3800	3800	3800	3800

Es gelten die Bedingungen des Kapitalwertmodells. Der Kalkulationszinssatz ist mit 10 % angesetzt. Die Kapitalwerte der Projekte belaufen sich auf 1280.99 DM für A und 2045.49 für B, so daß die Unternehmensleitung zu Projekt B tendiert.

Bevor die endgültige Entscheidung getroffen wird, rechnet Dipl.-Kfm. Schlaumeyer die Zahlen noch einmal nach. Er verwendet allerdings die Annuitätenmethode und legt folgende Zahlen vor:

Projekt	Kapitalwert	Annuitäten-faktor	Annuität
Investition A	1280.99	0.57619	738.09
Investition B	2045.49	0.31547	645.29

Nachdem Schlaumeyer auch diese Zahlen noch einmal überprüft hat, empfiehlt er der Firmenleitung, sich doch lieber zugunsten von Projekt A zu entscheiden, denn die Annuität dieser Investition sei eindeutig größer. Der Kapitalwert führe offensichtlich zu einer Fehlentscheidung. Was soll geschehen?

10. Kapitalwert, Annuität und interner Zins

Es liegen zwei Investitionsprojekte mit folgenden Zahlungsreihen vor:

Zeitpunkt	0	1	2	3	4
Investition A	−70000	40000	30000	20000	10000
Investition B	−70000	10000	20000	30000	52000

Der Kalkulationszinsfuß ist 8 %.

(a) Ermitteln Sie das günstigste Projekt unter Verwendung der

   i. Kapitalwertmethode,

   ii. Annuitätenmethode,

   iii. Methode der internen Zinssätze.

(b) Erklären Sie, wie man den Kapitalwert einer Investition ökonomisch interpretieren kann.

(c) Begründen Sie, warum die Ergebnisse von 10(a)i und 10(a)ii identische Entscheidungen nahelegen.

(d) Worauf führen Sie die widersprüchlichen Ergebnisse zwischen 10(a)i und 10(a)iii zurück?

11. Kaufen oder leasen?

Der Jungunternehmer Armin Jabiehl–Efeldt ist entschlossen, Gummibärchen zu produzieren. Dazu braucht er eine Maschine, die er entweder kaufen oder aber leasen kann.

Im Falle des Kaufs sind heute Anschaffungsauszahlungen in Höhe von 1000 DM fällig. Die betriebsgewöhnliche Nutzungsdauer einer solchen Anlage wird mit fünf Jahren veranschlagt. Herr Jabiehl–Efeldt schätzt, daß sich die laufenden Cash–flows aus dem Betrieb der Maschine jährlich auf 600 DM belaufen würden. Die Anlage soll linear abgeschrieben werden. Es wird davon ausgegangen, daß die Maschine bei vorzeitiger Beendigung der Nutzung zum jeweiligen Restbuchwert veräußert werden kann.

Von einer Leasinggesellschaft wird die gleiche Maschine zu folgenden Bedingungen angeboten: Während einer Grundmietzeit von vier Jahren müßte am jeweiligen Jahresende eine gleichbleibende Mietrate von 280 DM gezahlt werden.

Soll die Maschine geleast oder gekauft werden, wenn der Kalkulationszinsfuß mit 10 % angesetzt wird?

12. Kapitalwert und interner Zins

Mr. Sean Cowder–Welsh ist ein cleverer Unternehmer. Er blickt auf eine lange Zeit erfolgreicher Geschäftätigkeit zurück. Aber jetzt muß er eine Investitionsentscheidung treffen, ohne genau zu wissen, welchen Kalkulationszinsfuß er bei der Berechnung der Kapitalwerte benutzen soll. Er weiß nur, daß der Zinssatz "irgendwo zwischen 7 % und 10 %" liegt. Genauere Informationen kann ihm seine Planungsabteilung nicht geben. Die beiden Investitionsprojekte, zwischen denen Mr. Cowder–Welsh zu wählen hat, haben nachstehende Zahlungsreihen:

Zahlungszeitpunkt	0	1	2	3
Projekt A	−100	20	50	70
Projekt B	−100	60	50	20

Zeigen Sie graphisch und mit Hilfe des Konzepts der Differenzinvestition auch numerisch, daß Mr. Cowder–Welsh ganz beruhigt sein kann, weil sich die Investitionsentscheidung ohne genaue Kenntnis des Kalkulationszinsfußes treffen läßt.

13. Ein Mißverständnis

Paul Profit gewinnt beim Spielen 100000 DM. Er rechnet stets mit einem Kalkulationszinssatz von 10 %. Da ihm eine Sachinvestition zur Zeit problematisch erscheint, will er das Geld auf einem Festgeldkonto für ein Jahr anlegen. Die Bank bietet ihm Zinsen in Höhe von 10000 DM. Paul berechnet den Kapitalwert dieser Investition und entschließt sich dann, das Geld nicht zur Bank zu bringen, sondern in seiner Kasse zu behalten. Halten Sie das für eine vernünftige Entscheidung?

14. Noch einmal: Kapitalwert und interner Zins

Horst Hotte hat beim Pferderennen 100000 DM gewonnen und will den gesamten Betrag anlegen. Sein Planungshorizont umfaßt fünf Jahre. Nach einer eingehenden Prüfung sämtlicher Investitionsmöglichkeiten stellt er folgende Alternativen zusammen.

(1) Darlehensgewährung in Höhe von 80000 DM an einen Freund. Der Freund verspricht Rückzahlung von 120000 DM nach drei Jahren.

(2) Anlage auf einem Festgeldkonto für vier Jahre zu einem Zinssatz von 7.25 %. Einzahlung ist nur jetzt möglich, später nicht mehr.

(3) Beteiligung als stiller Gesellschafter mit 94000 DM an der Unternehmung seines Onkels. Der Onkel verspricht Rückzahlung in fünf Jahresraten zu je 27500 DM.

(4) Gewährung eines Annuitätenkredits für vier Jahre in Höhe von 75000 DM mit 10 % Zinsen an seine Schwester.

(5) Kauf von Kuponanleihen, die mit einem Kurs von 99.01 DM je 100 DM nominal notieren und ihm in den folgenden Jahren jeweils 7.75 % Zinsen bringen. Der erste Kupon ist genau in einem Jahr fällig. Transaktionskosten fallen nicht an.

(6) Durchführung einer Investition mit der Zahlungsreihe

  −100000 23500 30000 30000 60000

(a) Ermitteln Sie die interne Verzinsung der einzelnen Alternativen. Beachten Sie dabei nur das jeweils eingesetzte Kapital.

(b) Ermitteln Sie die interne Verzinsung der einzelnen Alternativen. Gehen Sie aber jetzt davon aus, daß übrigbleibende Beträge im Zeitpunkt $t = 0$ auf dem Festgeldkonto angelegt werden.

(c) Analysieren Sie die Ergebnisse aus 14a und 14b kritisch. Glauben Sie, daß die gefundenen Rangfolgen sinnvoll sind?

(d) Ermitteln Sie die Kapitalwerte der einzelnen Alternativen. Gehen Sie dabei davon aus, daß übrigbleibende Beträge im Zeitpunkt $t = 0$ auf dem Festgeldkonto angelegt werden. Ferner kann in jedem Zeitpunkt eine einjährige Anlage zu 5 % vorgenommen werden. Es sei daran erinnert, daß Horst Hottes Planungszeitraum fünf Jahre umfaßt.

(e) Diskutieren Sie die Ergebnisse noch einmal im Zusammenhang.

15. Interner Zins

(a) Definieren Sie *formal*, was man unter dem internen Zinssatz einer Investition versteht.

(b) Wie würden Sie den internen Zinssatz *ökonomisch* interpretieren?

(c) Nennen und erläutern Sie die Schwierigkeiten, in die jemand kommen kann, der versucht, mit dem internen Zinssatz praktisch zu arbeiten.

(d) Zeichnen Sie die Kapitalwertfunktion in Abhängigkeit vom Zinssatz in ein Koordinatensystem ein, und gehen Sie dabei von der Zahlungsreihe einer *Normalinvestition* aus.

(e) Schneidet die unter 15d gezeichnete Funktion die Ordinate? Wenn ja, an welcher Stelle?

(f) Schneidet die unter 15d gezeichnete Funktion die Abszisse? Wenn ja, an welcher Stelle?

16. Eine Fallstudie zur Kapitalwertmethode

- *Einführung*

Ein bedeutendes Maschinenbauunternehmen (Fertigung von Maschinen und Anlagen für den Bausektor) hatte zu Beginn des Jahres 01 die Entwicklung einer speziellen, gegenüber vergleichbaren Produkten der Konkurrenz wesentlich verbesserten Prüfmaschine (in integrierter Bauform mit verbessertem Bedienungskomfort und erhöhter Meßgenauigkeit) mit Forschungs– und Entwicklungsauszahlungen in Höhe von 550000 DM abgeschlossen. Die schwierige gesamtwirtschaftliche Lage und vor allem die bereits zwei Jahre anhaltende Flaute in der Bauwirtschaft veranlaßte die Geschäftsleitung, im Frühjahr 01 vor dem Beginn der Vorbereitungen für die Fertigung (Vorserie und erste Verkaufsserie) eine Wirtschaftlichkeitsüberprüfung des Investitionsvorhabens durchzuführen. Mit Hilfe der Kapitalwertmethode sollte von dem beauftragten Berater ermittelt werden, ob eine Bruttoverzinsung von 12 % für das einzusetzende Kapital gewährleistet sei. Nur in diesem Fall sollte das Vorhaben realisiert werden.

- *Ausgangsdaten (Frühjahr 01)*

  - *Auszahlungen*
    Da mit dem bisherigen Produktionsprogramm des Unternehmens wenig technische Fertigungsgemeinsamkeiten bestehen, ist der Ausbau einer separaten Werkstatt auf bereits vorhandenem Betriebsgelände mit einem speziellen Maschinenpark erforderlich. Für Bauten und maschinelle Anlagen fallen im Jahr 01 etwa 2.5 Mio. DM und im Jahre 02 ca. 4.0 Mio. DM an.

    * *Auszahlungen für zusätzliches Personal*
      Der Vertrieb der Prüfmaschine kann weitestgehend über die bereits vorhandene Außendienstorganisation des Unternehmens abgewickelt werden. Zur angemessenen Betreuung des neuen Produktes sind spätestens vom Jahre 03 an ein Produktleiter sowie ein kaufmännischer Mitarbeiter (im Innendienst) mit jährlichen Personalauszahlungen in Höhe von insgesamt 100000 DM einzustellen. Die technische Betreuung und Überwachung des Geräts kann von der Abteilung "Forschung und Entwicklung" mit übernommen werden.

    * *Zusätzliche laufende Auszahlungen je Prüfmaschine (Stand Jahr 03)*

Fertigungslöhne	25000 DM
Fertigungsmaterial	55000 DM
Variable Betriebsgemeinkosten	30000 DM

      Eine detaillierte Aufstellung der Fertigungsgemeinkosten zeigt, daß einerseits zum Beispiel die Gewerbe(kapital)steuer und Sachversicherungen mit abnehmendem Buchwert der Anlagen geringer werden, andererseits die erforderlichen Instandsetzungen und Reparaturen im Laufe der kommenden Jahre erheblich steigen. Hierauf soll in dieser Fallstudie nicht näher eingegangen werden. Die Berücksichtigung der fixen Betriebsgemeinkosten bleibt auf die bereits genannten zusätzlichen Personalkosten beschränkt. Es wird angenommen, daß sich alle Auszahlungen jährlich um durchschnittlich 7 % erhöhen, wobei die Planwerte jeweils auf TDM gerundet werden.

    * *Absatzsituation*
      Das Unternehmen rechnet damit, daß sich die Bauwirtschaft aufgrund der besonderen Marktgegebenheiten (Halden im Wohnungsbau, Reduzierung gewerblicher Bauten) erst im Laufe des Jahres 03 wieder erholt. Eine echte Konsolidierung mit anschließendem kräftigen Anstieg der Nachfrage nach Bauleistungen wird nicht vor dem Jahre 04 erwartet. Diese

schwache inländische Nachfragesituation kann nur zum Teil durch vermehrte Anstrengungen im Exportgeschäft kompensiert werden. Trotz erheblichen Wettbewerbs auf diesem Teilmarkt werden Innovationen der Konkurrenz nicht erwartet.

Eine Marktstudie kam zu folgenden Ergebnissen (Absatzzahlen in Stück):

Jahr	03	04	05	06	07	08	09	10
Absatz	30	40	70	80	70	60	40	20

Es ist vorgesehen, diese Mengen in den entsprechenden Jahren nicht nur zu produzieren, sondern auch zu verkaufen.

Die Auszahlungen für die Einführungswerbung und für die spezielle Verkaufsförderung werden mit 400000 DM je Jahr für die ersten beiden Jahre veranschlagt, beginnend mit dem Jahr 03. Die produktbezogenen Auszahlungen für Werbung in den darauffolgenden Jahren werden mit jeweils 200000 DM angesetzt.

— *Einzahlungen*

Der Verkaufserlös (netto nach Abzug von Provisionen usw.) je Prüfmaschine beträgt in den ersten beiden Jahren (Festpreis) 150000 DM. Danach wird mit einer jährlichen Preisanhebung von durchschnittlich 8 % gerechnet, wobei die Werte jeweils auf volle TDM gerundet werden. Nach Einstellung der Fertigung, voraussichtlich im Jahre 10, können die baulichen Einrichtungen und maschinellen Anlagen noch zum Teil für entsprechende Weiterentwicklungen des Produktes oder für mögliche Diversifikationserzeugnisse genutzt werden. Der Restwert wird mit 2 Mio. DM veranschlagt.

Weiterhin wird vereinfachend unterstellt, daß die Zahlungen jeweils am Ende eines Jahres anfallen. Aus diesem Grunde müssen die Investitionsauszahlungen des Jahres 01 auf den Bezugszeitpunkt (d.h. den Beginn der Produktion oder den Anfang des Jahres 03) bezogen werden, indem sie um ein Jahr aufgezinst werden.

Bei der Ermittlung der laufenden Ein– und Auszahlungen in den Jahren 03 bis 10 wird angenommen, daß die in den einzelnen Jahren produzierten Maschinen noch im Jahre der Herstellung abgesetzt werden können.

Führen Sie die erforderlichen Berechnungen durch, und entscheiden Sie dann auf der Grundlage des Kapitalwertes, ob die Investition durchgeführt werden soll. Begründen Sie Ihre Entscheidung kurz.

17. Zahlungsreihe einer Investition, Kapitalwert und interner Zins

Gegeben sei eine Investition mit der Zahlungsreihe

$$-200 \quad +50 \quad +150 \quad +75 \, .$$

(a) Wie sind diese Zahlen inhaltlich zu interpretieren, wenn Sie danach gefragt werden, aus welchen Komponenten sie sich im Detail zusammensetzen?

(b) Berechnen Sie den Kapitalwert dieses Projektes unter Verwendung eines Kalkulationszinsfußes von 12 %.

(c) Ermitteln Sie den internen Zinsfuß der Investition mit Hilfe des *Newtonschen* Verfahrens. Beginnen Sie Ihre Rechnung mit einem Zinssatz von 12 %, und beschränken Sie sich auf zwei Iterationsschritte.

(d) Wie kann man den internen Zinsfuß einer Investition ökonomisch deuten? An welche Voraussetzung ist diese Deutung gebunden?

18. Ein Unfall und seine Folgen

Hans Hastig hat kurz vor Jahresende aufgrund einer Unaufmerksamkeit einen Verkehrsunfall verschuldet. Der Schaden an seinem eigenen Fahrzeug beträgt 450 DM. Für die Reparatur des Autos von Hans' Unfallgegner fallen 750 DM an. Die Haftpflichtversicherung übernimmt diese Kosten vertragsgemäß. Zu Beginn des neuen Jahres erhält Hans folgendes Schreiben:

Sehr geehrter Herr Hastig,

bedauerlicherweise müssen wir Ihnen mitteilen, daß wir Sie aufgrund des im vorigen Jahr von Ihnen verschuldeten Verkehrsunfalls von der Schadenfreiheitsklasse 18 in die Schadenfreiheitsklasse 10 zurückstufen mußten. Dadurch ergibt sich über mehrere Jahre eine höhere Beitragsbelastung.

Deshalb kann es sich lohnen, den Schaden aus eigener Tasche zu bezahlen. Wirtschaftlich sinnvoll ist das in der Regel bei Entschädigungsleistungen bis zu 1000 DM.

Mit freundlichen Grüßen

In den hier relevanten Schadenfreiheitsklassen gelten die in nachstehender Tabelle zusammengestellten Beitragssätze:

Klasse	Beitragssatz
SF 18	30 %
SF 17	30 %
SF 16	35 %
SF 15	35 %
SF 14	35 %
SF 13	35 %
SF 12	40 %
SF 11	40 %
SF 10	40 %

Die Versicherungsprämie in Schadenfreiheitsklasse SF 1 (Beitragssatz 100 %) beläuft sich zur Zeit auf 1531.80 DM. Hans geht davon aus, daß in jedem der kommenden Jahre eine Tariferhöhung von 2.5 % stattfinden wird.

Die Versicherungsbedingungen besagen im übrigen, daß Hans für jedes Jahr unfallfreien Fahrens damit belohnt wird, daß er in die nächst günstige Schadenfreiheitsklasse eingestuft wird. Eine bessere Klasse als SF 18 gibt es nicht.

(a) Analysieren Sie, ob es sich für Hans Hastig auszahlt, den Schaden des Unfallgegners aus der eigenen Tasche zu begleichen. Gehen Sie dabei davon aus, daß die Übernahme der 750 DM sofort erfolgen müßte, und unterstellen Sie ferner, daß die Versicherungsprämien immer zu Jahresbeginn fällig sind.

(b) Was ist in Hans' Fall von der Behauptung der Versicherung zu halten, daß sich die Inanspruchnahme der Versicherungsleistung bei Schäden bis zu 1000 DM nicht lohnt?

19. Fahrkartenabonnement

Die Verkehrsgemeinschaft Berlin–Brandenburg bietet ihren Abonnementkunden die sogenannte "übertragbare Umweltkarte" in folgenden zwei Alternativen an:

Abbuchungsbetrag in 10/12–Raten	820.00 DM
Jahreskarte	760.00 DM

In beiden Fällen können Sie die Umweltkarte ganzjährig nutzen. Während Sie aber bei der ersten Alternative 10 Monate jeweils 82 DM zu zahlen haben, werden die Kosten der Jahreskarte in einem Betrag von Ihrem Konto abgebucht.

(a) Unterstellen Sie, daß der Kalkulationszinsfuß 12 % beträgt. Welche Alternative würden Sie dann wählen?

(b) Bei welchem Kalkulationszinsfuß wären Sie indifferent zwischen den beiden Angeboten?

Teil II

Lösungen

4 Finanzmathematik

4.1 Zinsrechnung

1. **Endkapital bei einfachen Zinsen und glatter Laufzeit**

   Die relevante Gleichung zur Berechnung des Endkapitals bei einfacher Zinsrechnung bei gegebenem Anfangskapital, gegebener Laufzeit und gegebenem Zinssatz lautet

   $$K_n = K_0 \cdot (1 + ni)\,, \tag{4.1}$$

   woraus man nach Einsetzen der Daten der Aufgabe

   $$K_6 = 800 \cdot (1 + 6 \cdot 0.06) = 1088.00 \text{ DM}$$

   gewinnt.

2. **Endkapital bei einfachen Zinsen und gebrochener Laufzeit**

   Gleichung (4.1) darf bei reiner einfacher Zinsrechnung auch dann angewendet werden, wenn es sich um gebrochene Laufzeiten handelt. Daher

   $$K_{2.5} = 1000 \cdot (1 + 2.5 \cdot 0.05) = 1125.00 \text{ DM}.$$

3. **Anfangskapital bei einfachen Zinsen und glatter Laufzeit**

   Um diese Aufgabe zu lösen, muß man Gleichung (4.1) nach K_0 auflösen. Man erhält

   $$K_0 = \frac{K_n}{1 + ni}$$

   und nach Einsetzen der relevanten Zahlen

   $$K_0 = \frac{20000}{1 + 5 \cdot 0.1} = 13333.33 \text{ DM}.$$

4. **Anfangskapital bei einfachen Zinsen und gebrochener Laufzeit**

   Zwischen dem 01.10.00 und dem 31.03.06 liegen 5 Jahre und 6 Monate oder 5.5 Jahre. Daher ermittelt man

   $$K_0 = \frac{8000}{1 + 5.5 \cdot 0.075} = 5663.72 \text{ DM}.$$

5. Zinssatz bei einfachen Zinsen

Zur Berechnung des Zinssatzes muß Gleichung (4.1) nach i aufgelöst werden. Das ergibt

$$i = \frac{1}{n}\left(\frac{K_n}{K_0} - 1\right),$$

was auf

$$i = \frac{1}{6}\left(\frac{24800}{18000} - 1\right) = 6.296\,\%$$

führt, wenn man die angegebenen Zahlen einsetzt.

6. Laufzeit bei einfachen Zinsen

Will man die Laufzeit im Rahmen der einfachen Zinsrechnung ermitteln, so muß man Gleichung (4.1) nach n auflösen. Das Ergebnis lautet, wie man sich leicht klarmacht,

$$n = \frac{1}{i}\left(\frac{K_n}{K_0} - 1\right)$$

und mit den Zahlen des Beispiels

$$n = \frac{1}{0.08}\left(\frac{1000}{333.33} - 1\right) = 25 \text{ Jahre.}$$

7. Noch einmal: Laufzeit bei einfachen Zinsen

Natürlich kann der Fall eintreten, daß die Ermittlung einer Laufzeit im Rahmen der Zinsrechnung auf ein gebrochenes Resultat führt. So erhalten wir mit den Daten

$$n = \frac{1}{0.07}\left(\frac{13000}{7750} - 1\right) = 9.68 \text{ Jahre}$$

und müssen das gebrochene Jahr in Tage umrechnen. Zu diesem Zweck kalkulieren wir

$$0.68 \cdot 360 \approx 245$$

und wissen, daß die Einzahlung am $(360 - 245) = 115$-ten Tage eines Jahres, also am 25.04. erfolgen muß. Rechnet man vom 31.12.22 zehn Jahre zurück und anschließend wieder 115 Tage nach vorn, so stößt man auf den 25.04.13.

8. Endkapital bei Zinseszinsrechnung und glatter Laufzeit

Wer bei gegebenem Anfangskapital, gegebener Laufzeit und gegebenem Zinssatz das Endkapital unter den Bedingungen der Zinseszinsrechnung ermitteln will, bedient sich der Gleichung

$$K_n = K_0 \cdot (1 + i)^n \tag{4.2}$$

beziehungsweise mit den Daten dieser Aufgabe

$$K_{25} = 22000 \cdot (1 + 0.08)^{25} = 150666.45 \text{ DM.}$$

9. Barwert einer Forderung

Löst man Gleichung (4.2) nach K_0 auf, so entsteht

$$K_0 = \frac{K_n}{(1 + i)^n} = K_n \cdot (1 + i)^{-n}.$$

Daraus gewinnt man die Lösung der Aufgabe mit

$$K_0 = \frac{100000}{(1 + 0.04)^8} = 66408.42 \text{ DM.}$$

10. Anfangskapital bei Zinseszinsrechnung

Um in 6 Jahren 10000 DM von einem Konto abheben zu können, das mit 4 % (zinseszinslich) verzinst wird, muß man heute

$$K_0 = \frac{10000}{(1 + 0.04)^6} = 7903.15 \text{ DM}$$

einzahlen.

11. Ökonomische Interpretation von Abzinsungsfaktoren

Um die geforderten Abzinsungsfaktoren zusammenstellen zu können, müssen wir den Ausdruck

$$(1 + i)^{-n}$$

für $i = 0.05$ beziehungsweise $i = 0.10$ mit $n = 1, \ldots, 6$ auswerten. Das ergibt die in Tabelle 4.1 wiedergegebenen Zahlen. Man erkennt leicht, daß diese folgende Eigenschaften haben:

- Jeder Abzinsungsfaktor ist positiv und kleiner als eins,
- Abzinsungsfaktoren sind um so kleiner, je länger die Laufzeit ist,
- Abzinsungsfaktoren sind um so kleiner, je größer der Zinssatz ist.

Löst man die Zinseszinsformel (4.2) nach dem Anfangskapital auf, so lautet sie

$$K_0 = K_n \cdot (1 + i)^{-n},$$

und man kann K_0 als den Preis deuten, der bei einem Zinssatz in Höhe von i heute zu bezahlen ist, wenn man Anspruch auf ein Kapital in Höhe von K_n in n Jahren erwerben möchte. Also können wir den Abzinsungsfaktor bei gegebenem Zinssatz als *heute zu zahlenden Preis für 1 DM in n Jahren* interpretieren. Ein Blick auf die Tabelle zeigt: Wer 1 DM in drei Jahren erhalten will, muß dafür heute bei einem Zins von 10 % genau 75 Pfennig bezahlen.

Tabelle 4.1: Abzinsungsfaktoren

n	i	
	0.05	0.10
1	0.95	0.91
2	0.91	0.83
3	0.86	0.75
4	0.82	0.68
5	0.78	0.62
6	0.75	0.56

12. Zinssatz bei Zinseszinsrechnung

Zum Zwecke der Berechnung des Zinssatzes im Zinseszinsmodell ist es erforderlich, Gleichung (4.2) nach i aufzulösen. Das Resultat lautet

$$i = \sqrt[n]{\frac{K_n}{K_0}} - 1 \,,$$

woraus sich mit den Zahlen der Aufgabe

$$i = \sqrt[20]{3} - 1 = 5.647\,\%$$

ergibt.

13. Noch einmal: Zinssatz bei Zinseszinsrechnung

Wer ein Kapital von 3000 DM besitzt und daraus in sieben Jahren 5000 DM machen will, der muß sein Geld zu

$$i = \sqrt[7]{\frac{5000}{3000}} - 1 = 7.57\,\%$$

anlegen.

14. Laufzeit bei Zinseszinsrechnung

Geht es im Rahmen der Zinseszinsrechnung um die Ermittlung der Laufzeit bei gegebenem Anfangs– und Endkapital sowie bei gegebenem Zins, so ist Gleichung (4.2) nach n aufzulösen. Man erhält

$$n = \frac{\ln \frac{K_n}{K_0}}{\ln(1 + i)}$$

und mit den Zahlen des Beispiels

$$n = \frac{\ln \frac{30000}{15000}}{\ln(1 + 0.065)} = 11.01 \text{ Jahre.}$$

15. Vergleich von Zinssätzen zweier Kapitalanlagen

(a) Gefragt wird nach dem Zinssatz bei gegebenem Anfangs- und End-kapital sowie bei gegebener Laufzeit. Diesen berechnen wir mit

$$i = \sqrt[6]{\frac{130226.01}{100000.00}} - 1 = 4.50\,\%\,.$$

Dieser Zinssatz setzt sich aus der risikolosen Verzinsung und einer Risikoprämie zusammen, wenn die Rückzahlung mit Unsicherheit verbunden ist.

(b) Hätte Pit Zasa–Lami sein Kapital für 2 Jahre zu 6 % und für weitere 4 Jahre zu 3 % Zinseszins angelegt, so würde sein Endkapital

$$100000 \cdot 1.06^2 \cdot 1.03^4 = 126462.17 \text{ DM}$$

betragen, was einer durchschnittlichen Verzinsung von

$$i = \sqrt[6]{1.06^2 \cdot 1.03^4} - 1 = 3.99\,\%$$

entspricht. Die unterschiedlichen Zinssätze können zum Beispiel einen Risikounterschied der beiden Anlagealternativen widerspiegeln. Nur wenn beide Anlageformen risikolos sind (oder das gleiche Risiko besitzen), ist ein Vergleich anhand der Zinssätze unproblematisch.

16. Endkapital bei einfachen Zinsen und Zinseszinsrechnung

Bei Zinseszinsrechnung wird ein Endkapital von

$$K_{40} = 8000 \cdot 1.04^{40} = 38408.17 \text{ DM}$$

erreicht, während man bei einfacher Verzinsung nur auf

$$K_{40} = 8000 \cdot (1 + 40 \cdot 0.04) = 20800.00 \text{ DM}$$

kommt.

17. Effektive Zinsbelastung bei einem Kredit

Der Zinssatz für diesen Kredit ergibt sich aus

$$i = \sqrt[n]{\frac{K_n}{K_0}} - 1 = \sqrt[13]{\frac{35146.06}{15500}} - 1 = 6.50\,\%\,.$$

18. Laufzeit bei Zinseszinsrechnung

Die Wartezeit bis zum Beginn der Reise nach Brasilien wird unter den gegebenen Umständen

$$n = \frac{\ln \frac{10000}{8000}}{\ln (1 + 0.055)} = 4.168 \text{ Jahre}$$

betragen. Das sind 4 Jahre und $0.168 \cdot 12 \approx 2$ Monate.

19. Vergleich von Wachstumsraten

(a) Bezeichnen wir den Stand der derzeitigen Lebensverhältnisse in Ostdeutschland mit $K_{0,o}$, die entsprechende Größe in Westdeutschland
mit $K_{0,w}$ sowie die jeweiligen Wachstumsraten mit i_o beziehungsweise i_w, so gilt aufgrund der Zinseszinsformel für die Lebensverhältnisse in n Jahren

$$K_{n,o} = K_{0,o} \cdot (1 + i_o)^n \quad \text{und} \quad K_{n,w} = K_{0,w} \cdot (1 + i_w)^n \,.$$

Nach jeweils n Jahren soll Gleichheit der Lebensverhältnisse einge-
treten sein. Das bedeutet

$$K_{0,o} \cdot (1 + i_o)^n = K_{0,w} \cdot (1 + i_w)^n \,.$$

Auflösen nach n führt auf

$$\frac{(1 + i_w)^n}{(1 + i_o)^n} = \frac{K_{0,o}}{K_{0,w}}$$

$$\left(\frac{1 + i_w}{1 + i_o} \right)^n = \frac{K_{0,o}}{K_{0,w}}$$

$$n \cdot \ln \frac{1 + i_w}{1 + i_o} = \ln \frac{K_{0,o}}{K_{0,w}}$$

$$n \cdot \Big(\ln(1 + i_w) - \ln(1 + i_o) \Big) = \ln K_{0,o} - \ln K_{0,w}$$

$$n = \frac{\ln K_{0,o} - \ln K_{0,w}}{\ln(1 + i_w) - \ln(1 + i_o)} \,. \quad (4.3)$$

Unterstellt man Nullwachstum in den alten Ländern und ein Wachstum von 30 % in den neuen Ländern, so kommt man mit den relevanten Daten auf

$$n = \frac{\ln 26300 - \ln 88800}{\ln 1.00 - \ln 1.30} = 4.64 \text{ Jahre}$$

und bei einer Wachstumsrate von 12 % in Ostdeutschland unter im
übrigen gleichen Bedingungen auf

$$n = \frac{\ln 26300 - \ln 88800}{\ln 1.00 - \ln 1.12} = 10.74 \text{ Jahre}.$$

Das Statistische Bundesamt spricht im ersten Fall von einer Zeitdauer von fünf Jahren und im zweiten Fall von einer Frist von dreizehn
Jahren für die Dauer des Angleichungsprozesses. Es hat sich folglich
im zweiten Fall deutlich verrechnet.

(b) Unterstellt man im Osten ein dauerndes Wachstum von 6.0 % und im Westen eine Rate von 1.5 %, so kommt man mit Hilfe von Gleichung (4.3) auf eine Zeitdauer von

$$n = \frac{\ln 26300 - \ln 88800}{\ln 1.015 - \ln 1.06} = 28.05 \text{ Jahren},$$

eine Frist für den Angleichungsprozeß, die wesentlich über den Schätzungen des Statistischen Bundesamtes liegt.

20. Endkapital bei unterjährlicher Verzinsung

Wenn i der nominelle Zinssatz je Jahr ist und m für die Zahl der Zinsperioden je Jahr steht, dann geht es bei dieser Aufgabe darum, das Kapital nach Ablauf eines Jahres mit Hilfe von

$$
\begin{aligned}
K_1 &= K_0 \cdot \left(1 + \frac{i}{m}\right)^m \\
&= 20000 \cdot \left(1 + \frac{0.12}{m}\right)^m \qquad \text{für } m = 1, 2, 4, 12
\end{aligned}
$$

auszurechnen. Wir erhalten

(a) 22400.00 DM,

(b) 22472.00 DM,

(c) 22510.18 DM,

(d) 22536.50 DM.

21. Konformer Jahreszins

Zwischen dem konformen Zinssatz i^* und dem relativen (hier: vierteljährlichen) Zinssatz j besteht mit m als Symbol für die Zahl der Zinsperioden pro Jahr die Beziehung

$$i^* = (1+j)^m - 1 \qquad \text{oder} \qquad i^* = 1.023^4 - 1 = 9.52\,\%.$$

Will man den nominellen Zinssatz i aus dem relativen Zinssatz ableiten, so verwendet man

$$i = mj \qquad \text{oder} \qquad i = 4 \cdot 0.023 = 9.20\,\%.$$

22. Stetige Verzinsung

Zunächst sei geklärt, was stetige (oder auch kontinuierliche) Verzinsung bedeutet. Zu diesem Zweck kehren wir am besten zu Aufgabe 20 zurück. Dort wurde danach gefragt, wie groß das Endkapital eines Anlegers bei einem nominellen Jahreszinssatz von i ist, wenn das Jahr in m Zinsperioden geteilt wird, an deren Ende jeweils eine Zinsgutschrift erfolgt. Die Antwort lautet allgemein

$$K_n = K_0 \cdot \left(1 + \frac{i}{m}\right)^{mn} . \tag{4.4}$$

Von stetiger Verzinsung spricht man nun genau dann, wenn die Zahl der Zinsperioden je Jahr über alle Grenzen wächst, also

$$K_n = \lim_{m \to \infty} K_0 \cdot \left(1 + \frac{i}{m}\right)^{mn} .$$

Um zu sehen, was geschieht, betrachten wir folgendes Beispiel: Das Anfangskapital betrage $K_0 = 100$ DM, der nominelle Zinssatz belaufe sich auf $i = 0.1$ und die Laufzeit auf $n = 1$ Jahr. Tabelle 4.2 zeigt, wie sich das Endkapital K_n gemäß Gleichung (4.4) verhält, wenn die Zahl der Zinsperioden je Jahr m zunehmend steigt. Offensichtlich nähert sich das

Tabelle 4.2: Endkapital bei zunehmender Zahl von Zinsperioden je Jahr

m	Zinsgutschrift	K_1
1	jährlich	110.00
2	halbjährlich	110.25
4	vierteljährlich	110.38
12	monatlich	110.47
52	wöchentlich	110.51
360	täglich	110.52
8640	stündlich	110.52

Endkapital einem Grenzwert. Man kann zeigen, daß

$$\lim_{m \to \infty} K_0 \cdot \left(1 + \frac{i}{m}\right)^{mn} = K_0 \cdot e^{in} \tag{4.5}$$

ist, wobei $e \approx 2.71828$ für die Eulersche Zahl steht. Mit den Zahlenangaben des Beispiels erhalten wir

$$K_1 = 100 \cdot 2.71828^{0.1 \cdot 1} = 110.52 \text{ DM}$$

und sehen zugleich, daß unendlich viele Zinsgutschriften je Jahr praktisch keinen erkennbaren Unterschied gegenüber stündlicher Zinsgutschrift bewirken.

(a) Auflösen von Gleichung (4.5) nach K_0 ergibt

$$K_0 = K_n \cdot e^{-in} = 3000 \cdot e^{-0.045 \cdot 8} = 2093.03 \text{ DM} .$$

(b) Wird nach dem Zinssatz gefragt, ist nach i aufzulösen, wobei man

$$i = \frac{\ln \frac{K_n}{K_0}}{n} = \frac{\ln \frac{2694.71}{2500}}{3} = 2.50\,\%$$

erhält.

23. Herleitung der Zinseszinsformel

(a) Die Formeln für das Endkapital lauten bei der einfachen Zinsrechnung

$$K_n = K_0 \cdot (1 + ni)$$

und im Fall der Zinseszinsrechnung

$$K_n = K_0 \cdot (1 + i)^n \,.$$

(b) Um die Endkapitalformel für die Zinseszinsrechnung abzuleiten, beginnt man mit der Berechnung des Kapitals nach Ablauf des ersten Jahres. Dieses beträgt

$$K_1 = K_0 \cdot (1 + i)\,. \tag{4.6}$$

Charakteristisches Kennzeichen der Zinseszinsrechnung ist nun die Tatsache, daß die Zinsen nach Ablauf des ersten Jahres dem zinstragenden Kapital zugeschlagen werden. Daher erhält man das Kapital nach Ablauf des zweiten Jahres aus

$$K_2 = K_1 \cdot (1 + i)\,.$$

Einsetzen von (4.6) führt auf

$$K_2 = K_0 \cdot (1 + i)^2 \,.$$

Entsprechend erhält man

$$\begin{aligned}
K_3 &= K_2 \cdot (1 + i) \\
&= K_0 \cdot (1 + i)^3 \\
K_4 &= K_3 \cdot (1 + i) \\
&= K_0 \cdot (1 + i)^4 \\
\vdots\ &= \ \vdots \\
K_n &= K_0 \cdot (1 + i)^n \,.
\end{aligned}$$

24. Einfacher Zins und Zinseszinsrechnung im Vergleich

Die einfache Zinsrechnung führt auf ein höheres (niedrigeres) Endkapital als die Zinseszinsrechnung, wenn man es mit Laufzeiten zu tun hat, die kürzer (länger) als ein Jahr sind, vgl. Abbildung 4.1.

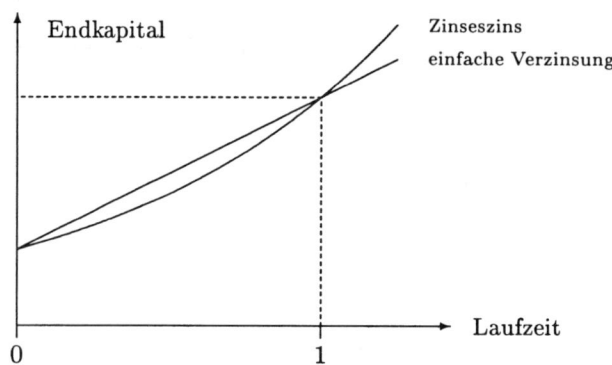

Abbildung 4.1: Einfache Verzinsung und Zinseszins

4.2 Rentenrechnung

1. Herleitung der Rentenendwertformel

Bei einer nachschüssigen Rente wird die erste Rente (r_1) im Zeitpunkt $t = 1$, die zweite Rente (r_2) im Zeitpunkt $t = 2$ und die letzte Rente (r_n) im Zeitpunkt $t = n$ gezahlt, vgl. Abbildung 4.2.

Abbildung 4.2: Nachschüssige Rente

Man kann sich leicht klarmachen, daß die erste Rente über eine Laufzeit von $(n-1)$ Jahren zu verzinsen ist und die Verzinsungsdauer für alle nachfolgenden Renten um jeweils ein Jahr abnimmt. Daher ergibt sich der Rentenendwert aus

$$R_n = r_1 \cdot (1+i)^{n-1} + r_2 \cdot (1+i)^{n-2} + \ldots + r_n \cdot (1+i)^0.$$

Da alle Renten gleich groß sind $(r_1 = r_2 = \ldots = r_n)$, kann man den Zeitindex fortlassen und die Rente ausklammern. Unter Verwendung des Zinsfaktors q anstelle von $(1+i)$ kann man aus diesem Grunde auch

$$R_n = r \cdot \underbrace{(q^0 + q^1 + \ldots + q^{n-1})}_{\text{REFN}}$$

schreiben. Dabei zeigt sich, daß der nachschüssige Rentenendwertfaktor (REFN) nichts anderes als die Summe einer geometrischen Reihe ist. Um diese zu berechnen, gehen wir von

$$\text{REFN} = q^0 + q^1 + \ldots + q^{n-1}$$

aus und multiplizieren diese Gleichung mit q. Das führt auf

$$q\,\text{REFN} = q^1 + q^2 + \ldots + q^n \, .$$

Zieht man von dieser Gleichung die vorige ab, so erhält man

$$
\begin{aligned}
q\,\text{REFN} - \text{REFN} &= q^n - q^0 \\
\text{REFN} \cdot (q-1) &= q^n - 1 \\
\text{REFN} \cdot i &= q^n - 1 \\
\text{REFN} &= \frac{q^n - 1}{i}
\end{aligned}
$$

und ist fertig. Die Rentenendwertformel für gleichbleibende, jährliche, nachschüssige Renten lautet demnach

$$R_n = r \cdot \frac{(1+i)^n - 1}{i} \, . \tag{4.7}$$

2. Barwert, Rente und Laufzeit einer Rente

(a) Um die gestellten Aufgaben lösen zu können, müssen wir uns zunächst das Verhältnis zwischen Rentenendwert (R_n) und Rentenbarwert (R_0) klarmachen. Entsprechend den Regeln der Zinseszinsrechnung gilt

$$R_n = R_0 \cdot (1+i)^n \qquad \text{oder} \qquad R_0 = R_n \cdot (1+i)^{-n} \, .$$

Unter Verwendung dieses Zusammenhangs können wir aus der Rentenendwertformel (4.7) sehr schnell und bequem die Formel zur Berechnung von Barwerten gleichbleibender, jährlicher, nachschüssiger Renten ableiten. Sie lautet

$$R_0 = r \cdot \frac{(1+i)^n - 1}{i \cdot (1+i)^n} \, . \tag{4.8}$$

(b) Um die Frage nach der Höhe einer nachschüssigen Rente bei gegebenem Endwert beantworten zu können, müssen wir nur Gleichung (4.7) nach r aufzulösen. Das ist sehr einfach und führt auf

$$r = R_n \cdot \frac{i}{(1+i)^n - 1} \, .$$

(c) Will man die Laufzeit einer nachschüssigen Rente bei gegebenem Barwert berechnen, muß man Gleichung nach (4.8) nach n auflösen. Zunächst formen wir ein wenig um,

$$
\begin{aligned}
R_0 &= \frac{r \cdot (1+i)^n}{i \cdot (1+i)^n} - \frac{r}{i \cdot (1+i)^n} \\
&= \frac{r}{i} - \frac{r}{i \cdot (1+i)^n} \\
iR_0 &= r - \frac{r}{(1+i)^n} \\
(1+i)^n &= \frac{r}{r - iR_0} \, .
\end{aligned}
$$

Logarithmieren führt schließlich auf

$$
\begin{aligned}
n \ln(1+i) &= \ln\left(\frac{r}{r - iR_0}\right) \\
n &= \frac{\ln\left(\dfrac{r}{r - iR_0}\right)}{\ln(1+i)} \, . \qquad (4.9)
\end{aligned}
$$

3. Endwert einer nachschüssigen Rente

Es ist der Endwert einer nachschüssigen Rente zu berechnen. Wir verwenden Gleichung (4.7) und setzen die in der Aufgabe angegebenen Zahlen ein. Das ergibt

$$
R_{18} = 2500 \cdot \frac{(1+0.07)^{18} - 1}{0.07} = 84997.58 \text{ DM}.
$$

4. Barwert einer nachschüssigen Rente

Jetzt geht es um den Barwert einer nachschüssigen Rente, weswegen wir auf Gleichung (4.8) zurückgreifen. Mit den Zahlen der Aufgabe erhalten wir

$$
R_0 = 8000 \cdot \frac{(1+0.075)^4 - 1}{0.075 \cdot (1+0.075)^4} = 26794.61 \text{ DM}.
$$

Der DAAD muß 26794.61 DM zurücklegen. Daß dieses Ergebnis korrekt ist, zeigt auch Tabelle 4.3.

5. Nachschüssiger Rentenbetrag

Gefragt ist nach der Höhe einer nachschüssigen jährlichen Rente bei gegebenem Barwert. Zu diesem Zweck lösen wir Gleichung (4.8) nach r auf und setzen die gegebenen Zahlen ein. Das ergibt

$$
\begin{aligned}
r &= R_0 \cdot \frac{i \cdot (1+i)^n}{(1+i)^n - 1} \\
&= 18770.15 \cdot \frac{0.04 \cdot (1+0.04)^{12}}{(1+0.04)^{12} - 1} = 2000.00 \text{ DM}.
\end{aligned}
$$

Tabelle 4.3: Proberechnung für den Barwert einer Rente

Jahr	Anfangs-kapital	Zinsen	Rente	End-kapital
1	26794.61	2009.60	−8000.00	20804.21
2	20804.21	1560.32	−8000.00	14364.52
3	14364.52	1077.34	−8000.00	7441.86
4	7441.86	558.14	−8000.00	0.00

6. Laufzeit einer nachschüssigen Rente

Um zu berechnen, wie oft Ferenc aus einem Anfangskapital von 6002.06 DM eine nachschüssige Rente von 1000 DM zahlen kann, wenn das Konto mit 4 % verzinst wird, muß man die nachschüssige Rentenbarwertformel (4.8) nach n auflösen. Das ist oben auf Seite 84 bereits geschehen, weswegen wir nur in Gleichung (4.9) einsetzen müssen. Damit erhalten wir

$$n = \frac{\ln\left(\frac{1000}{1000 - 0.04 \cdot 6002.06}\right)}{\ln(1 + 0.04)} = 7 \text{ Jahre.}$$

7. Barwert einer Rente

Da es um nicht mehr als den Barwert einer nachschüssigen jährlichen Rente geht, verwenden wir wieder Gleichung (4.8) und setzen einfach die gegebenen Zahlen ein.

$$R_0 = 1000 \cdot \frac{(1 + 0.04)^{25} - 1}{0.04 \cdot (1 + 0.04)^{25}} = 15622.08 \text{ DM.}$$

Statt einer Rente in Höhe von 1000 DM über 25 Jahre könnte sich der Schuldner seiner Verpflichtung also auch durch Zahlung eines einmaligen Betrages in Höhe von 15622.08 DM entledigen.

8. Newtons Näherungsformel

Newtons Iterationsformel lautet

$$x_{k+1} = x_k - \frac{f(x_k)}{f'(x_k)}, \tag{4.10}$$

und es gilt: x_{k+1} ist von der Nullstelle weniger weit entfernt als x_k. Um sich das für eine monoton wachsende Funktion $f(x)$ klarzumachen, betrachte man Abbildung 4.3.[1] Die Steigung der Tangente, welche die Funktion an der Stelle x_k berührt, entspricht zum einen dem Wert ihrer ersten

---

[1] *Anmerkung:* Die hier wiedergegebene Begründung für *Newtons* Iterationsformel auf der Basis von Abbildung 4.3 ist intuitiv zwar einleuchtend, aber – wenn man nach Schwächen

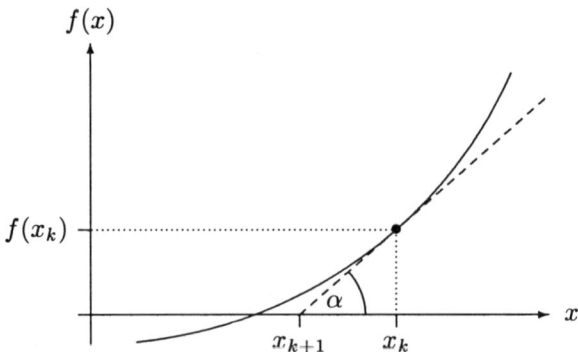

Abbildung 4.3: Nullstellenbestimmung einer monoton wachsenden Funktion mit Hilfe von *Newtons* Tangentenmethode

Ableitung. Diese Steigung ist zum anderen der Tangens des Winkels α. Daher gilt

$$f'(x_k) = \frac{f(x_k)}{x_k - x_{k+1}} \ .$$

Löst man vorstehende Gleichung nach x_{k+1} auf, erhält man Gleichung (4.10) und ist fertig.

9. Zinssatz einer nachschüssigen Rente

In dieser Aufgabe geht es um die Berechnung eines Zinssatzes im Zusammenhang mit dem Endwert einer nachschüssigen jährlichen Rente. Wir

---

sucht – durchaus angreifbar. Eine weniger angreifbare Begründung läßt sich mit Hilfe einer Taylorreihenentwicklung geben. Der Satz von *Taylor* gilt für n–mal differenzierbare Funktionen und lautet

$$f(x) = f(x_k) + f'(x_k) \cdot \frac{(x-x_k)^1}{1!} + f''(x_k) \cdot \frac{(x-x_k)^2}{2!} + f'''(x_k) \cdot \frac{(x-x_k)^3}{3!} + \dots$$

Unter der Voraussetzung, daß sich x in der Nähe von x_k befindet, bricht man die Entwicklung mit gutem Erfolg nach dem ersten Reihenglied ab, so daß man

$$f(x) \approx f(x_k) + f'(x_k) \cdot (x - x_k)$$

schreiben kann. Ist x die gesuchte Nullstelle, so entsteht

$$0 \approx f(x_k) + f'(x_k) \cdot (x - x_k)\,,$$

was man rasch zu dem Ergebnis

$$x \approx x_k - \frac{f(x_k)}{f'(x_k)}$$

umformt.

greifen zu diesem Zweck auf die Endwertformel gemäß Gleichung (4.7)

$$R_n = r \cdot \frac{(1+i)^n - 1}{i}$$

zurück. Da sie sich für beliebige Laufzeiten nicht nach i auflösen läßt, subtrahieren wir auf beiden Seiten die rechte Seite der vorstehenden Gleichung und erhalten

$$R_n - r \cdot \frac{(1+i)^n - 1}{i} = 0\,.$$

Bezeichnen wir die linke Seite dieser Gleichung als Funktion von i, können wir auch

$$f(i) = R_n - r \cdot \frac{(1+i)^n - 1}{i} = 0 \qquad (4.11)$$

schreiben. Damit ist klar, daß es um die Bestimmung der Nullstelle der Funktion $f(i)$ geht. Um die Nullstelle zu berechnen, bedienen wir uns des *Newtonschen* Tangentenverfahrens. Das bedeutet: Wir beginnen mit einem geeigneten Versuchszinssatz i_k (zum Beispiel: $i_0 = 0.15$) und gewinnen daraus einen näher an der Nullstelle liegenden Zinssatz, indem wir

$$i_{k+1} = i_k - \frac{f(i_k)}{f'(i_k)}$$

berechnen. Dabei ist $f'(i)$ die erste Ableitung der Funktion $f(i)$. Also müssen wir die Funktion (4.11) einmal nach i differenzieren. Das führt bei Beachtung der Quotientenregel auf

$$
\begin{aligned}
f'(i) &= -r \cdot \frac{i \cdot (n(1+i)^{n-1} - 0) - ((1+i)^n - 1)}{i^2} \\
&= -r \cdot \frac{in(1+i)^{n-1} - (1+i)^n + 1}{i^2}\,. \qquad (4.12)
\end{aligned}
$$

Tabelle 4.4 zeigt, welchem Wert wir uns für den gesuchten Zinssatz nähern, wenn wir als ersten Versuchszinssatz $i_0 = 0.15$ wählen und zwei *Newtonsche* Iterationsschritte ausführen. Geben wir uns mit dem damit

Tabelle 4.4: Zinsbestimmung mit *Newtons* Methode

k	i_k	$f(i_k)$	$f'(i_k)$
0	0.1500	−41.75	−990.00
1	0.1078	−0.53	−964.70
2	0.1073	0.00	

erreichten Grad an Genauigkeit zufrieden, so beläuft sich der gesuchte Zinssatz (näherungsweise) auf 10.73 %.

Abschließend sei das Resultat im Rahmen einer geeigneten Rechentabelle überprüft, vgl. Tabelle 4.5. Die Rechnung geht tatsächlich auf. Also haben

Tabelle 4.5: Nachschüssige Rente mit $i = 0.1073$

Jahr	Anfangs-kapital	Zinsen	Rente	End-kapital
1	0.00	0.00	300.00	300.00
2	300.00	32.18	300.00	632.18
3	632.18	67.82	300.00	1000.00

wir den Zinssatz korrekt bestimmt.

10. Nachschüssige und vorschüssige Rente

In dieser Aufgabe geht es um den Unterschied zwischen nachschüssigen und vorschüssigen Renten. Nachschüssige Renten werden am Ende eines Jahres, vorschüssige am Anfang eines Jahres gezahlt.

Geht es beispielsweise um die Berechnung von Endwerten, so lautet die Endwertformel einer nachschüssigen Rente gemäß Gleichung (4.7)

$$R_n^{\text{nach}} = r \cdot \frac{(1+i)^n - 1}{i} \, .$$

Um daraus die entsprechende Formel für den Endwert einer vorschüssigen Rente zu gewinnen, bedarf es nur einer einfachen Überlegung. Man stelle sich vor, daß jemand jeweils am Anfang eines Jahres die Rente auf ein Zwischenkonto einzahlt, das mit dem Satz i verzinst wird. Dann kann er von diesem Zwischenkonto am Ende jeden Jahres den Betrag $r \cdot (1 + i)$ abheben, um ihn auf dem eigentlichen Rentenkonto einzuzahlen und bis zum Ende der Laufzeit dort stehen zu lassen. Daraus ergibt sich sofort

$$R_n^{\text{vor}} = r \cdot (1 + i) \cdot \frac{(1+i)^n - 1}{i} \, , \qquad (4.13)$$

und man ist schon fertig.

(a) Mit den Zahlen der Aufgabe ergibt sich bei nachschüssiger Zahlweise ein Endwert von

$$R_{10} = 2000 \cdot \frac{(1 + 0.08)^{10} - 1}{0.08} = 28973.12 \, \text{DM} \, ,$$

(b) während bei vorschüssiger Zahlweise

$$R_{10} = 2000 \cdot (1 + 0.08) \cdot \frac{(1 + 0.08)^{10} - 1}{0.08} = 31290.97 \, \text{DM}$$

erreicht werden.

11. Vorschüssige Rente

Hier haben wir es mit einer vorschüssigen Rente im Zusammenhang mit dem Rentenbarwert zu tun. Will man sich zunächst die Rentenbarwertformel verschaffen, so hilft folgende Überlegung: Zwischen Endwerten und Barwerten herrscht – unabhängig von der Frage, ob die Rente nach– oder vorschüssig gezahlt wird – die Beziehung

$$R_n = R_0 \cdot (1+i)^n \qquad \text{oder} \qquad R_0 = R_n \cdot (1+i)^{-n}.$$

Wegen Gleichung (4.13) gilt daher für den Rentenbarwert einer vorschüssigen Rente

$$R_0^{\text{vor}} = r \cdot (1+i) \cdot \frac{(1+i)^n - 1}{i \cdot (1+i)^n}, \qquad (4.14)$$

eine Darstellung, in der man Kürzungen vornehmen könnte, wenn man daran Interesse hätte. Auflösen nach r ergibt die benötigte Formel,

$$r = R_0^{\text{vor}} \cdot \frac{i \cdot (1+i)^n}{(1+i) \cdot \big((1+i)^n - 1\big)}.$$

Auswerten mit den gegebenen Zahlen führt zu

$$r = 50000 \cdot \frac{0.04 \cdot (1+0.04)^8}{(1+0.04) \cdot \big((1+0.04)^8 - 1\big)} = 7140.76 \, \text{DM}.$$

12. Zusammengesetzte Rente *S. 9*

Wer es mit etwas unübersichtlichen Rentenzahlungen zu tun hat, ist gut beraten, wenn er sich die Zahlungen und Zahlungszeitpunkte am Zahlenstrahl veranschaulicht, vgl. Abbildung 4.4. Unterhalb der Zeitachse findet man die Zahlungszeitpunkte, oberhalb der Achse die Zahlungen. Einzahlungen haben positive, Auszahlungen negative Vorzeichen.

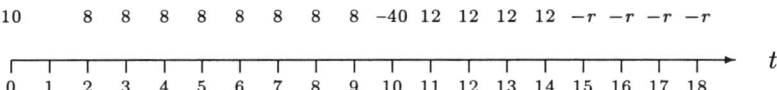

Abbildung 4.4: Rente am Zeitstrahl

(a) Der Beginn des 15. Jahres entspricht dem Zeitpunkt 14 in Abbildung 4.4. Der Kontostand zu diesem Zeitpunkt setzt sich aus vier Komponenten zusammen.

i. Die Einzahlung in Höhe von 10 DM vom Zeitpunkt $t = 0$ ist 14 Jahre lang zu verzinsen, also

$$10 \cdot 1.04^{14} = 17.32 \text{ DM}.$$

ii. Die Renteneinzahlungen in Höhe von 8 DM lassen sich als nachschüssige Rente interpretieren, die im Zeitpunkt $t = 9$ endet. Bezogen auf diesen Zeitpunkt hat sie einen Endwert von

$$8 \cdot \frac{1.04^8 - 1}{0.04} = 73.71 \text{ DM}.$$

Zinst man diesen Betrag auf den Zeitpunkt $t = 14$ auf, so erhält man

$$8 \cdot \frac{1.04^8 - 1}{0.04} \cdot 1.04^5 = 89.68 \text{ DM}.$$

iii. Die im Zeitpunkt $t = 10$ stattfindende Auszahlung in Höhe von -40 DM muß 4 Jahre aufgezinst werden, also

$$-40 \cdot 1.04^4 = -46.79 \text{ DM}.$$

iv. Schließlich ist noch die Rente in Höhe von 12 DM zu berücksichtigen. Faßt man sie als nachschüssige Rente auf, die im Zeitpunkt $t = 14$ endet, so ergibt sich ihr Endwert aus

$$12 \cdot \frac{1.04^4 - 1}{0.04} = 50.96 \text{ DM}.$$

Alles in allem ergibt sich daraus ein Kontostand von

$$17.32 + 89.68 - 46.79 + 50.96 = 111.16 \text{ DM}.$$

(b) Aus der Sicht des Zeitpunktes $t = 14$ handelt es sich bei der Rente, die ab dem 01.01. des sechzehnten Jahres viermal abgehoben wird, um eine nachschüssige Rente. Ihr Barwert muß dem Kontostand im Zeitpunkt $t = 14$ entsprechen, also

$$r \cdot \frac{1.04^4 - 1}{0.04 \cdot 1.04^4} = 111.16.$$

Auflösen nach der Rente ergibt $r = 30.62$ DM.

(c) Tabelle 4.6 zeigt die Entwicklung des Kontos über den gesamten Betrachtungszeitraum von 18 Jahren.

13. Verzögerte Rente

Zunächst ist zu berechnen, was aus dem Lottogewinn in Höhe von 200000 DM bei 4 % in 8 Jahren wird. Das Kapital beträgt dann

$$K_8 = 200000 \cdot 1.04^8 = 273713.81 \text{ DM}.$$

Tabelle 4.6: Kontoentwicklung bei einer zusammengesetzten Rente

Jahr	Anfangs-kapital	Zinsen	Rente	End-kapital
0	0.00	0.00	10.00	10.00
1	10.00	0.40	0.00	10.40
2	10.40	0.42	8.00	18.82
3	18.82	0.75	8.00	27.57
4	27.57	1.10	8.00	36.67
5	36.67	1.47	8.00	46.14
6	46.14	1.85	8.00	55.98
7	55.98	2.24	8.00	66.22
8	66.22	2.65	8.00	76.87
9	76.87	3.07	8.00	87.95
10	87.95	3.52	−40.00	51.46
11	51.46	2.06	12.00	65.52
12	65.52	2.62	12.00	80.14
13	80.14	3.21	12.00	95.35
14	95.35	3.81	12.00	111.16
15	111.16	4.45	−30.62	84.99
16	84.99	3.40	−30.62	57.76
17	57.76	2.31	−30.62	29.45
18	29.45	1.18	−30.62	0.00

Für die sich anschließende nachschüssige Rente über den Zeitraum von 12 Jahren muß gelten, daß ihr Barwert dem eben berechneten Betrag entspricht, also

$$R_0 = r \cdot \frac{(1+i)^n - 1}{i \cdot (1+i)^n}$$

$$273713.81 = r \cdot \frac{(1+0.04)^{12} - 1}{0.04 \cdot (1+0.04)^{12}} \cdot$$

Auflösen nach r ergibt

$$r = 273713.81 \cdot \frac{0.04 \cdot (1+0.04)^{12}}{(1+0.04)^{12} - 1} = 29164.80 \text{ DM}.$$

14. Rentenein– und auszahlungen

Wir ermitteln zunächst das Kapital, welches der Selbständige an seinem 65. Geburtstag braucht, um daraus bei einem Zins von 6 % zehn Jahre lang eine Rente in Höhe von 9000 DM zahlen zu können. Es handelt sich um den Barwert einer nachschüssigen Rente, den wir mit

$$R_{65} = 9000 \cdot \frac{1.06^{10} - 1}{0.06 \cdot 1.06^{10}} = 66240.78 \text{ DM}$$

feststellen. Im Anschluß daran fragen wir, wie groß eine nachschüssige Rente r sein muß, damit sie nach dreißigjähriger Laufzeit bei einem Zinssatz von 6 % genau auf den eben berechneten Betrag führt. Wir verwenden daher die Rentenendwertformel gemäß Gleichung (4.7)

$$R_n = r \cdot \frac{(1+i)^n - 1}{i}$$

$$66240.78 = r \cdot \frac{1.06^{30} - 1}{0.06}$$

und lösen mit dem Ergebnis

$$r = 66240.78 \cdot \frac{0.06}{1.06^{30} - 1} = 837.87 \text{ DM}$$

nach der Rente auf.

15. Ewige Rente

Gefragt ist nach dem Barwert einer (nachschüssigen) ewigen Rente. Um die Berechnungsformel zu finden, betrachten wir den Grenzwert des Rentenbarwerts für $n \to \infty$, also

$$R_0 = \lim_{n \to \infty} r \cdot \frac{(1+i)^n - 1}{i \cdot (1+i)^n} \, .$$

Man formt zweckmäßigerweise so um, daß

$$R_0 = r \lim_{n \to \infty} \left(\frac{1}{i} - \frac{1}{i \cdot (1+i)^n} \right)$$

entsteht. Unter der wirklichkeitsnahen Annahme, daß $i > 0$ ist, wächst $(1+i)^n$ über alle Grenzen, wenn n gegen unendlich geht. Daher erhalten wir für den Barwert einer ewigen Rente die einfache Formel

$$R_0 = \frac{r}{i} \tag{4.15}$$

und mit den Zahlen unseres Beispiels

$$R_0 = \frac{1800}{0.08} = 22500 \text{ DM}.$$

16. Aufbau eines Stiftungskapitals

Da 10 Jahre lang 100000 DM an die Bibliothek gezahlt werden sollen und die erste Zahlung in genau sechs Jahren erfolgt, beläuft sich der Barwert dieser Zahlungen bei beliebigem Zinssatz auf

$$100000 \cdot \frac{(1+i)^{10} - 1}{i \cdot (1+i)^{10}} \cdot \frac{1}{(1+i)^6} \, .$$

Die Einzahlungen sollen zehn Jahre lang erfolgen, und zwar jährlich nachschüssig. Ihr Barwert beträgt somit

$$r \cdot \frac{(1+i)^{10} - 1}{i \cdot (1+i)^{10}} \, .$$

Setzt man beide Ausdrücke gleich, so erhält man

$$
\begin{aligned}
r \cdot \frac{(1+i)^{10} - 1}{i \cdot (1+i)^{10}} &= 100000 \cdot \frac{(1+i)^{10} - 1}{i \cdot (1+i)^{10}} \cdot \frac{1}{(1+i)^6} \\
r &= 100000 \cdot \frac{1}{(1+i)^6} \\
&= 100000 \cdot 0.6950665 \\
&= 69506.65 \text{ DM.}
\end{aligned}
$$

Diesen Betrag muß Johannes Beere jährlich in die Stiftung einzahlen.

17. Mütterliche Vorsorge

Um die jährlich wiederkehrende Zahlung zu berechnen, welche die Mutter leisten muß, beginnt man zweckmäßigerweise mit dem Barwert der Rente, welche die Tochter nach Vollendung ihres achtzehnten Lebensjahres erhalten soll. Bezogen auf deren siebzehnten Geburtstag beläuft sich dieser auf

$$R_{17} = r \cdot \frac{(1+i)^n - 1}{i \cdot (1+i)^n} = 12000 \cdot \frac{1.0675^4 - 1}{0.0675 \cdot 1.0675^4} = 40876.99 \text{ DM.}$$

Für die von der Mutter jährlich einzuzahlenden Renten ergibt sich der Endwert, bezogen auf den siebzehnten Geburtstag der Tochter, aus

$$R_{17} = r \cdot \frac{(1+i)^n - 1}{i} \, .$$

Einsetzen und Auflösen nach r ergibt

$$r = 40876.99 \cdot \frac{0.0675}{1.0675^{10} - 1} = 2993.69 \text{ DM.}$$

Diesen Betrag muß die Mutter an jedem Geburtstag auf das Konto ihrer Tochter einzahlen.

18. Zinssatz einer nachschüssigen Rente

Zu bestimmen ist die Nullstelle der Funktion

$$
\begin{aligned}
f(i) &= -R_0 + r \cdot \frac{(1+i)^n - 1}{i \cdot (1+i)^n} \\
&= -15000 + 3000 \cdot \frac{(1+i)^7 - 1}{i \cdot (1+i)^7} \, .
\end{aligned}
$$

Newtons Iterationsformel lautet

$$i_{k+1} = i_k - \frac{f(i_k)}{f'(i_k)}.$$

Im Rahmen des vereinfachten *Newtonverfahrens* substituiert man den Differentialquotienten durch den Differenzenquotienten

$$f'(i) \approx \frac{f(i + \Delta i) - f(i)}{\Delta i}$$

und wählt ein hinreichend kleines Δi. Verwendet man als ersten Versuchszinssatz $i_0 = 0.1$ und benutzt ferner $\Delta i = 0.001$, so erhält man die in Tabelle 4.7 angegebenen Ergebnisse. Der gesuchte Zinssatz beläuft sich also auf 9.20 %.

Tabelle 4.7: Zinsbestimmung mit *Newtons* Methode (vereinfacht)

k	i_k	$f(i_k)$	$f(i_k + \Delta i)$	$\frac{f(i_k+\Delta i)-f(i_k)}{\Delta i}$
0	0.1000	−394.74	−442.71	−47961.67
1	0.0918	9.62	−40.44	−50063.03
2	0.0920	−0.02		

19. Zinssatz einer nachschüssigen Rente unter etwas erschwerten Bedingungen

In diesem Fall geht es um die Nullstelle der Funktion

$$f(i) = -R_0 + K_n \cdot \frac{1}{(1+i)^n} + r \cdot \frac{(1+i)^n - 1}{i \cdot (1+i)^n},$$

wobei K_n für den positiven Betrag steht, der nach Ablauf der Frist auf dem Konto verbleiben soll. Mit den Zahlen der Aufgabe hat man also

$$f(i) = -15000 + 2500 \cdot \frac{1}{(1+i)^7} + 3000 \cdot \frac{(1+i)^7 - 1}{i \cdot (1+i)^7},$$

und die Rechnung lautet im einzelnen so, wie in Tabelle 4.8 dargestellt. Jetzt muß ein höherer Zins verlangt werden, da nach Ablauf der sieben Jahre noch ein Restkapital in Höhe von 2500 DM übrigbleiben soll. Die Rechnung führt auf 11.65 %.

20. Ein unglaubliches Angebot?

Der Bankkunde soll zehnmal eine Rente in Höhe von 1000 DM einzahlen. Deren Endwert beläuft sich auf

$$R_{10} = 1000 \cdot \frac{(1+i)^{10} - 1}{i}. \tag{4.16}$$

Tabelle 4.8: Zinsbestimmung mit *Newtons* Methode (vereinfacht)

k	i_k	$f(i_k)$	$f(i_k + \Delta i)$	$\frac{f(i_k+\Delta i)-f(i_k)}{\Delta i}$
0	0.1000	888.15	832.06	−56095.94
1	0.1158	34.88	−16.61	−51481.96
2	0.1165	−0.03	−51.33	

Im Anschluß will die Bank ewig an den Kunden zahlen, und zwar 1000 DM am jeweiligen Jahresende. Bezogen auf den Zeitpunkt $t = 10$ hat diese Rente den Barwert (vgl. Aufgabe 15 auf Seite 92)

$$R_{10} = \frac{1000}{i}\,. \tag{4.17}$$

Gleichsetzen von (4.16) und (4.17) führt zu

$$1000 \cdot \frac{(1+i)^{10} - 1}{i} = \frac{1000}{i}\,,$$

was man mit dem Ergebnis

$$
\begin{aligned}
(1+i)^{10} - 1 &= 1 \\
(1+i)^{10} &= 2 \\
i &= \sqrt[10]{2} - 1 = 7.18\,\%
\end{aligned}
$$

nach dem Zinssatz auflöst.

21. Ein nicht ganz so unglaubliches Angebot

Am Endwert der Kundeneinzahlungen ändert sich gar nichts, weswegen nach wie vor Gleichung (4.16) gilt. Da die Bank aber nicht ewig, sondern nur 20 Jahre lang zahlen will, müssen wir nun anstelle von Gleichung (4.17)

$$R_{10} = 1000 \cdot \frac{(1+i)^{20} - 1}{i \cdot (1+i)^{20}} \tag{4.18}$$

verwenden. Gleichsetzen von (4.16) und (4.18) bringt uns nach wenigen Umformungen zu

$$2 \cdot (1+i)^{20} - (1+i)^{30} - 1 = 0\,.$$

Will man die Nullstelle der Funktion

$$f(i) = 2 \cdot (1+i)^{20} - (1+i)^{30}$$

mit Hilfe des *Newtonschen* Tangentenverfahrens bestimmen, so benötigt man die erste Ableitung,

$$f'(i) = 40 \cdot (1 + i)^{19} - 30 \cdot (1 + i)^{29}.$$

Starten wir das Iterationsverfahren mit $i_0 = 0.1000$, so erreichen wir nach fünf Verbesserungsschritten einen Zinssatz von 4.93 %, vgl. Tabelle 4.9.

Tabelle 4.9: Zinsbestimmung mit *Newtons* Methode

k	i_k	$f(i_k)$	$f'(i_k)$
0	0.1000	−4.99	−231.26
1	0.0784	−1.58	−99.94
2	0.0626	−0.45	−47.82
3	0.0533	−0.10	−27.95
4	0.0498	−0.01	−22.07
5	0.0493	0.00	

4.3   Tilgungsrechnung

1. Vollständiger Ratentilgungsplan

Um einen Tilgungsplan mit Ratentilgung aufstellen zu können, muß man wissen, daß er sich durch im Zeitablauf gleichbleibende Tilgungsbeträge auszeichnet,

$$T_1 = T_2 = \ldots = T_n = T.$$

Diese ergeben sich (wenn von tilgungsfreien Zeiten und Aufgeld abgesehen werden kann) einfach dadurch, daß man die ursprüngliche Schuld des Kreditnehmers K_0 durch die Laufzeit n dividiert,

$$T = \frac{K_0}{n},$$

und mit den Zahlen unserer Aufgabe

$$T = \frac{180000}{5} = 36000 \text{ DM}.$$

Die Zinsbeträge ergeben sich, indem man die jeweilige Restschuld mit dem Zinssatz multipliziert,

$$Z_t = i \cdot K_{t-1}.$$

Den jeweils noch verbleibenden Kreditbetrag leitet man aus der Restschuld des Vorjahres ab, indem man den Tilgungsbetrag abzieht,

$$K_t = K_{t-1} - T \,,$$

und die Annuität erhält man, indem man den Zinsbetrag zum Tilgungsbetrag addiert,

$$A_t = Z_t + T \,.$$

Unter den Bedingungen der vorliegenden Aufgabe können wir daraus den in Tabelle 4.10 dargestellten Tilgungsplan ohne Probleme ableiten.

Tabelle 4.10: Ratentilgung

Jahr	Schuld am Jahresbeginn	Zinsen	Tilgung	Annuität
1	180000.00	12600.00	36000.00	48600.00
2	144000.00	10080.00	36000.00	46080.00
3	108000.00	7560.00	36000.00	43560.00
4	72000.00	5040.00	36000.00	41040.00
5	36000.00	2520.00	36000.00	38520.00

2. Elemente eines Ratentilgungsplans

In dieser Aufgabe geht es wieder um einen Ratenkredit, und es wird danach gefragt, welche Höhe die Restschuld (die Annuität, der Zinsbetrag) in einem bestimmten Jahr annehmen. Solche Fragen lassen sich auf zwei Wegen beantworten: Entweder stellt man den kompletten Tilgungsplan auf und liest die Antworten aus diesem Plan ab, oder man nutzt gewisse mathematische Zusammenhänge und wertet entsprechende Berechnungsformeln aus. Wir gehen hier zunächst den zweiten Weg und überprüfen unsere Resultate anschließend mit Hilfe des vollständigen Tilgungsplans.

(a) Zur Ermittlung des Schuldbetrages am Ende des t-ten Jahres eignet sich bei Ratentilgung immer

$$K_t = K_0 \cdot \left(1 - \frac{t}{n}\right) ,$$

was mit unseren Zahlen auf

$$K_5 = 120000 \cdot \left(1 - \frac{5}{8}\right) = 45000.00 \text{ DM}$$

führt.

(b) Soll die Annuität am Ende des t-ten Jahres im Rahmen eines Ratentilgungsplans ermittelt werden, so eignet sich

$$A_t = \left(i \cdot \left(1 - \frac{t-1}{n} \right) + \frac{1}{n} \right) \cdot K_0$$

oder mit den Zahlen unserer Aufgabe für die Annuität am Ende des sechsten Jahres

$$A_6 = \left(0.075 \cdot \left(1 - \frac{6-1}{8} \right) + \frac{1}{8} \right) \cdot 120000 = 18375.00 \text{ DM} .$$

(c) Geht es schließlich um den Zinsbetrag am Ende des t-ten Jahres, läßt sich

$$Z_t = i \cdot \left(1 - \frac{t-1}{n} \right) \cdot K_0$$

verwenden, was für den Zinsbetrag am Ende des achten Jahres mit unseren Beispielszahlen

$$Z_8 = 0.075 \cdot \left(1 - \frac{8-1}{8} \right) \cdot 120000 = 1125.00 \text{ DM}$$

liefert.

Tabelle 4.11 zeigt, daß unsere Berechnungen einwandfrei sind.

Tabelle 4.11: Ratentilgung

Jahr	Schuld am Jahresbeginn	Zinsen	Tilgung	Annuität
1	120000.00	9000.00	15000.00	24000.00
2	105000.00	7875.00	15000.00	22875.00
3	90000.00	6750.00	15000.00	21750.00
4	75000.00	5625.00	15000.00	20625.00
5	60000.00	4500.00	15000.00	19500.00
6	45000.00	3375.00	15000.00	18375.00
7	30000.00	2250.00	15000.00	17250.00
8	15000.00	1125.00	15000.00	16125.00

3. Vollständiger Annuitätentilgungsplan

Einen Tilgungsplan, bei dem die Summe aus Zins- und Tilgungsbetrag in jedem Jahr gleich groß ist, nennt man annuitätisch. Um die gleichbleibenden Annuitäten,

$$A_1 = A_2 = \ldots = A_n = A$$

zu ermitteln, verwendet man

$$A = \frac{i \cdot (1+i)^n}{(1+i)^n - 1} \cdot K_0 \,.$$

Man kann auch sagen: Multiplikation der ursprünglichen Schuld mit dem Kehrwert des nachschüssigen Rentenbarwertfaktors (mit dem Annuitätenfaktor) ergibt die Annuität. Auswerten der in dieser Aufgabe zu verwendenden Zahlen führt auf

$$A = \frac{0.1 \cdot 1.1^2}{1.1^2 - 1} \cdot 100000 = 57619.05 \text{ DM} \,.$$

Ebenso wie bei der Ratentilgung gilt für den Zinsbetrag immer

$$Z_t = i \cdot K_{t-1} \,,$$

woraus man wegen der Tatsache, daß die Summe aus Zinsen und Tilgung der (bereits bekannten) Annuität entspricht, mit Hilfe von

$$T_t = A - Z_t$$

ableiten kann. Die neue Restschuld schließlich berechnet man aus dem Vorjahresbetrag mit Hilfe von

$$K_t = K_{t-1} - T_t \,.$$

Unter Verwendung der beschriebenen Zusammenhänge läßt sich der vollständige Tilgungsplan leicht entwickeln, vgl. Tabelle 4.12.

Tabelle 4.12: Annuitätentilgung

Jahr	Schuld am Jahresbeginn	Zinsen	Tilgung	Annuität
1	100000.00	10000.00	47619.05	57619.05
2	52380.95	5238.10	52380.95	57619.05

4. Herleitung des Annuitätenfaktors

Für jede beliebige Tilgungsform gilt, daß der Barwert der Annuitäten der ursprünglichen Schuld des Kreditnehmers entspricht. Man kann sich sozusagen vorstellen, daß der Kreditgeber den Preis K_0 bezahlt, um damit Anspruch auf Cash–flows in Höhe von $A_1, A_2, \ldots, A_n$ zu erwerben. Der Marktpreis dieser Zahlungsansprüche, ihr Barwert, muß demzufolge der anfänglichen Schuld des Kreditnehmers entsprechen,

$$K_0 = \sum_{t=1}^{n} A_t \cdot (1+i)^{-t} \,.$$

Speziell für Annuitätentilgung gilt aber nun, daß die Annuitäten in jedem Jahr gleich groß sind, $A_1 = A_2 = \ldots = A_n$. Aus diesem Grunde können wir den Zeitindex fortlassen und die Annuität ausklammern. Das bedeutet

$$K_0 = A \sum_{t=1}^{n} (1+i)^{-t}. \qquad (4.19)$$

Konzentrieren wir uns auf die rechte Seite der Gleichung und dort auf den Term, mit dem die Annuität multipliziert wird. Offenkundig handelt es sich um eine Summe von Abzinsungsfaktoren

$$\sum_{t=1}^{n} (1+i)^{-t} = (1+i)^{-1} + (1+i)^{-2} + \ldots + (1+i)^{-n}.$$

Multiplizieren wir diese Gleichung mit dem Faktor $(1+i)$, so entsteht

$$(1+i) \cdot \sum_{t=1}^{n} (1+i)^{-t} = 1 + (1+i)^{-1} + \ldots + (1+i)^{-n+1}.$$

Subtrahieren wir von dieser Gleichung die vorige, erhalten wir

$$
\begin{aligned}
i \cdot \sum_{t=1}^{n} (1+i)^{-t} &= 1 - (1+i)^{-n} \\
&= \frac{(1+i)^n - 1}{(1+i)^n} \\
\sum_{t=1}^{n} (1+i)^{-t} &= \frac{(1+i)^n - 1}{i \cdot (1+i)^n}.
\end{aligned}
$$

Kommen wir auf Gleichung (4.19) zurück und setzen unser Ergebnis ein. Auflösen nach der Annuität liefert das Resultat

$$A = K_0 \cdot \underbrace{\frac{i \cdot (1+i)^n}{(1+i)^n - 1}}_{\text{Annuitätenfaktor}}.$$

5. Raten– versus Annuitätentilgung

(a) Wir beginnen damit, den jährlichen Tilgungsbetrag zu berechnen. Er ergibt sich zu

$$T = \frac{630000}{5} = 126000.00 \, \text{DM}.$$

Damit lautet der Tilgungsplan so wie in Tabelle 4.13 gezeigt.

Tabelle 4.13: Ratentilgung

Jahr	Schuld am Jahresbeginn	Zinsen	Tilgung	Annuität
1	630000.00	28350.00	126000.00	154350.00
2	504000.00	22680.00	126000.00	148680.00
3	378000.00	17010.00	126000.00	143010.00
4	252000.00	11340.00	126000.00	137340.00
5	126000.00	5670.00	126000.00	131670.00

(b) Bei annuitätischer Tilgung beginnt man damit, zunächst einmal die Annuität zu ermitteln. Mit den dafür relevanten Daten erhalten wir

$$A = 50000 \cdot \frac{0.095 \cdot 1.095^3}{1.095^3 - 1} = 19929.00 \text{ DM.}$$

Daraus läßt sich ohne weiteres der Tilgungsplan gemäß Tabelle 4.14 ableiten.

Tabelle 4.14: Annuitätentilgung

Jahr	Schuld am Jahresbeginn	Zinsen	Tilgung	Annuität
1	50000.00	4750.00	15179.00	19929.00
2	34821.00	3308.00	16621.00	19929.00
3	18200.00	1729.00	18200.00	19929.00

6. Elemente eines Annuitätentilgungsplans

Analog zu Aufgabe 2 auf Seite 97 geht es jetzt darum, Detailergebnisse eines Tilgungsplans zu ermitteln, jedoch jetzt unter der Voraussetzung, daß wir es mit Annuitätentilgung zu tun haben. Wir lösen die gestellten Aufgaben zuerst mit geeigneten Formeln auf direktem Wege und überprüfen die Resultate anschließend anhand eines vollständigen Tilgungsplans.

(a) Bei annuitätischer Tilgung kann man die Restschuld am Ende des t-ten Jahres mit Hilfe von

$$K_t = \frac{(1+i)^n - (1+i)^t}{(1+i)^n - 1} \cdot K_0$$

oder bei Verwendung der Zahlen unserer Aufgabe mit

$$K_5 = \frac{1.075^8 - 1.075^5}{1.075^8 - 1} \cdot 120000 = 53277.60 \text{ DM}$$

berechnen.

(b) Die Annuität am Ende des t-ten Jahres erhalten wir dagegen aus

$$A_t = \frac{i \cdot (1+i)^n}{(1+i)^n - 1} \cdot K_0.$$

Es handelt sich – der Natur der Sache nach – um einen im Zeitablauf konstanten Betrag, und mit den Zahlen unserer Aufgabe sind es

$$A_6 = \frac{0.075 \cdot 1.075^8}{1.075^8 - 1} \cdot 120000 = 20487.24 \text{ DM}.$$

(c) Will man den Zinsbetrag am Ende des t-ten Jahres errechnen, muß man nur die Restschuld mit dem Zinssatz multiplizieren. Das führt zu der Gleichung

$$Z_t = i \cdot \frac{(1+i)^n - (1+i)^{t-1}}{(1+i)^n - 1} \cdot K_0$$

und mit den Zahlen der Beispielsaufgabe

$$Z_8 = 0.075 \cdot \frac{1.075^8 - 1.075^{8-1}}{1.075^8 - 1} \cdot 120000 = 1429.34 \text{ DM}.$$

Anhand des vollständigen Tilgungsplans gemäß Tabelle 4.15 läßt sich überprüfen, daß wir korrekt gerechnet haben.

Tabelle 4.15: Annuitätentilgung

Jahr	Schuld am Jahresbeginn	Zinsen	Tilgung	Annuität
1	120000.00	9000.00	11487.24	20487.24
2	108512.76	8138.46	12348.79	20487.24
3	96163.97	7212.30	13274.94	20487.24
4	82889.03	6216.68	14270.57	20487.24
5	68618.46	5146.38	15340.86	20487.24
6	53277.60	3995.82	16491.42	20487.24
7	36786.18	2758.96	17728.28	20487.24
8	19057.90	1429.34	19057.90	20487.24

7. Raten– und Annuitätentilgung mit tilgungsfreien Jahren

Es sind zwei Tilgungspläne aufzustellen, bei denen – abgesehen von der Tilgungsform – identische Konditionen herrschen. Die ursprüngliche Schuld beläuft sich auf $K_0 = 6000000$ DM, die Gesamtlaufzeit auf sechs Jahre, von denen zwei Jahre tilgungsfrei bleiben sollen, und der Zinssatz beträgt 6.25 %.

(a) Bei Ratentilgung ist die entscheidende Größe der jährliche Tilgungsbetrag. Er beläuft sich auf

$$T = \frac{6000000}{4} = 1500000 \text{ DM},$$

woraus man leicht den Tilgungsplan gemäß Tabelle 4.16 ableitet.

Tabelle 4.16: Ratentilgung mit tilgungsfreien Jahren

Jahr	Schuld am Jahresbeginn	Zinsen	Tilgung	Annuität
1	6000000.00	375000.00	0.00	375000.00
2	6000000.00	375000.00	0.00	375000.00
3	6000000.00	375000.00	1500000.00	1875000.00
4	4500000.00	281250.00	1500000.00	1781250.00
5	3000000.00	187500.00	1500000.00	1687500.00
6	1500000.00	93750.00	1500000.00	1593750.00

(b) Bei Annuitätentilgung gibt es während der tilgungsfreien Zeit gar keinen Unterschied zur Ratentilgung. Im Anschluß daran muß aber die Summe aus Zins– und Tilgungsbeträgen im Zeitablauf gleich bleiben. Die entscheidende Größe ist daher die Annuität während der Tilgungsphase. Wir ermitteln sie mit Hilfe von

$$A = K_0 \cdot \frac{i \cdot (1+i)^n}{(1+i)^n - 1},$$

wobei das Symbol n für Zahl der Tilgungsjahre steht. Damit erhalten wir

$$A = 6000000 \cdot \frac{0.0625 \cdot 1.0625^4}{1.0625^4 - 1} = 1741472.06 \text{ DM}.$$

Daraus leiten wir ohne weitere Probleme den Tilgungsplan gemäß Tabelle 4.17 ab.

8. Annuitätentilgung mit Aufgeld

Wenn im Zusammenhang mit einem Tilgungsplan ein Agio (Aufgeld) vereinbart wurde, dann muß der Schuldner am Ende eines Jahres nicht nur Zinsen (Z_t) zahlen und Tilgungsleistungen (T_t) erbringen. Vielmehr muß außerdem noch ein fester Aufschlag auf die jährliche Tilgungsleistung (αT_t) gezahlt werden. Dabei gibt es im Rahmen der annuitätischen Tilgung zwei verschiedene Varianten.

- Entweder wird vorgesehen, daß die Summe aus Zinsbetrag und Tilgungsleistung im Zeitablauf konstant ist,

$$Z_t + T_t = \text{const},$$

Tabelle 4.17: Annuitätentilgung mit tilgungsfreien Jahren

Jahr	Schuld am Jahresbeginn	Zinsen	Tilgung	Annuität
1	6000000.00	375000.00	0.00	375000.00
2	6000000.00	375000.00	0.00	375000.00
3	6000000.00	375000.00	1366472.06	1741472.06
4	4633527.94	289595.50	1451876.56	1741472.06
5	3181651.38	198853.21	1542618.85	1741472.06
6	1639032.53	102439.53	1639032.53	1741472.06

- oder man regelt die Zahlungen des Schuldners so, daß die Summe aus Zinsbetrag, Tilgungsbetrag und Aufgeld im Zeitablauf unveränderlich ist,

$$Z_t + T_t \cdot (1 + \alpha) = \text{const}.$$

Im ersten Fall spricht man von zusätzlichem, im zweiten Fall von einbezogenem Aufgeld.

(a) Im Rahmen dieser Aufgabe geht es um den ersten Fall. Um den Tilgungsplan aufstellen zu können, berechnet man die gleichbleibende Summe aus Zinsen und Tilgungsleistungen S mit Hilfe der üblichen Annuitätenformel aus

$$
\begin{aligned}
S &= \frac{i \cdot (1 + i)^n}{(1 + i)^n - 1} \cdot K_0 \\
&= \frac{0.055 \cdot 1.055^6}{1.055^6 - 1} \cdot 700000 = 140125.26 \, \text{DM}.
\end{aligned}
$$

Den Zinsbetrag ermittelt man problemlos aus

$$Z_t = i \cdot K_{t-1},$$

den Tilgungsbetrag mit Hilfe von

$$T_t = S - Z_t.$$

Das Aufgeld beläuft sich definitionsgemäß auf αT_t, woraus man dann schließlich die Annuität mit

$$A_t = i \cdot K_{t-1} + (S - i \cdot K_{t-1}) \cdot (1 + \alpha)$$

gewinnt. Unter Verwendung dieser Gleichungen läßt sich der in Tabelle 4.18 angegebene Tilgungsplan ohne größere Schwierigkeiten entwickeln.

Tabelle 4.18: Annuitätentilgung mit zusätzlichem Aufgeld

Jahr	Schuld am Jahresbeginn	Zinsen	Tilgung	Aufgeld	Annuität
1	700000.00	38500.00	101625.26	2032.51	142157.77
2	598374.74	32910.61	107214.65	2144.29	142269.56
3	491160.08	27013.80	113111.46	2262.23	142387.49
4	378048.63	20792.67	119332.59	2386.65	142511.92
5	258716.04	14229.38	125895.88	2517.92	142643.18
6	132820.15	7305.11	132820.15	2656.40	142781.67

(b) Soll unter den gleichen Bedingungen wie eben ein Tilgungsplan aufgestellt werden, jedoch mit dem Unterschied, daß das Aufgeld in die Annuität einbezogen wird, so berechnen wir die gleichbleibende Annuität mit Hilfe von

$$A = \frac{i \cdot (1+k)^n}{(1+k)^n - 1} \cdot K_0 \qquad \text{mit} \quad k = \frac{i}{1+\alpha} \, .$$

Dabei ergibt sich die Zahl k unter Verwendung der hier gegebenen Ausgangsdaten zu

$$k = \frac{0.055}{1.02} = 0.0539 \, ,$$

woraus sich eine konstante Annuität von

$$A = \frac{0.055 \cdot 1.0539^6}{1.0539^6 - 1} \cdot 700000 = 142439.56 \text{ DM}$$

ergibt. Die Zerlegung dieser Annuität in ihre drei Teilkomponenten gelingt mit Hilfe von

$$Z_t = i \cdot K_{t-1}$$

für den Zinsbetrag,

$$T_t = \frac{A - Z_t}{1 + \alpha}$$

für die Tilgungsleistung und

$$\alpha T_t = \alpha \cdot \frac{A - Z_t}{1 + \alpha}$$

für das Aufgeld. Hieraus läßt sich auch jetzt wieder der vollständige Tilgungsplan schrittweise ableiten, vgl. Tabelle 4.19.

Tabelle 4.19: Annuitätentilgung mit einbezogenem Aufgeld

Jahr	Schuld am Jahresbeginn	Zinsen	Tilgung	Aufgeld	Annuität
1	700000.00	38500.00	101901.52	2038.03	142439.56
2	598098.48	32895.42	107396.21	2147.92	142439.56
3	490702.26	26988.62	113187.19	2263.74	142439.56
4	377515.07	20763.33	119290.42	2385.81	142439.56
5	258224.66	14202.36	125722.74	2514.45	142439.56
6	132501.91	7287.61	132501.91	2650.04	142439.56

9. Prozentannuität

(a) In der vorliegenden Aufgabe geht es darum, die Laufzeit einer Prozentannuität zu berechnen. Hierunter versteht man eine gleichbleibende Annuität, deren Betrag man mit p als Symbol für den Tilgungsprozentsatz aus

$$A = (i + p) \cdot K_0$$

oder bei Verwendung der gegebenen Daten

$$A = (0.0575 + 0.0175) \cdot 100000 = 7500.00 \text{ DM}$$

ermittelt. Wer die Laufzeit berechnen will, erinnert sich zweckmäßigerweise daran, daß der Barwert der Annuitäten der anfänglichen Kreditsumme entspricht, also

$$K_0 = \sum_{t=1}^{n} (i + p) \cdot K_0 \cdot (1 + i)^{-t}.$$

Dividieren durch K_0 und Ausklammern führt rasch auf

$$
\begin{aligned}
1 &= (i + p) \sum_{t=1}^{n} (1 + i)^{-t} \\
\frac{1}{i + p} &= \frac{(1 + i)^n - 1}{i \cdot (1 + i)^n} \\
\frac{i}{i + p} &= 1 - \frac{1}{(1 + i)^n} \\
(1 + i)^n &= \frac{i + p}{p}.
\end{aligned}
$$

Logarithmieren und Auflösen nach n liefert schließlich für die Laufzeit einer Prozentannuität

$$n = \frac{\ln \frac{i+p}{p}}{\ln(1 + i)}$$

und mit den hier angegebenen Daten

$$n = \frac{\ln \frac{0.0575 + 0.0175}{0.0175}}{\ln 1.0575} = 26.03 \text{ Jahre}.$$

(b) Nein. Die Annuität bleibt gleich. Da der Zinsanteil mit zunehmender Tilgung sinkt, muß der Tilgungsanteil steigen.

10. Prozentannuität mit Ausgleichszahlung

Wir beginnen wieder damit, zunächst die Höhe der Annuität und die Laufzeit des Kredits zu ermitteln. Unter Verwendung der Formeln, welche wir schon in der vorangegangenen Aufgabe benutzt haben, ermitteln wir die Annuität jetzt mit

$$A = (0.0625 + 0.1025) \cdot 680000 = 112200.00 \text{ DM},$$

während sich die Laufzeit mit

$$n = \frac{\ln \frac{0.0625 + 0.1025}{0.1025}}{\ln 1.0625} = 7.85 \text{ Jahren}$$

ergibt. Da gebrochene Laufzeiten nicht verwirklicht werden können, müssen wir 8 Jahre wählen und Ausgleichszahlungen vornehmen.

(a) Sehen wir die Ausgleichszahlung am Ende der Laufzeit vor, so beläuft sie sich auf

$$\left(K_0 \cdot (1+i)^{n_1} - A \cdot \frac{(1+i)^{n_1} - 1}{i} \right) (1+i),$$

wobei n_1 der ganzzahlige Teil der gebrochenen Gesamtlaufzeit ist, in unserem Fall also $n_1 = 7$. Im einzelnen berechnen wir die betreffende Zahlung mit den gegebenen Daten zu

$$\left(680000 \cdot 1.0625^7 - 112200 \cdot \frac{1.0625^7 - 1}{0.0625} \right) \cdot 1.0625 = 96125.51 \text{ DM}.$$

Daraus folgt insgesamt der Tilgungsplan gemäß Tabelle 4.20.

(b) Will man die Ausgleichszahlung bereits im ersten Jahr vornehmen, so ermittelt man die betreffende Annuität aus

$$A_1 = K_0 \cdot (1+i) - A \cdot \frac{(1+i)^{n_1} - 1}{i \cdot (1+i)^{n_1}},$$

was mit den Daten dieser Aufgabe zu dem Resultat

$$A_1 = 680000 \cdot 1.0625 - 112200 \cdot \frac{1.0625^7 - 1}{0.0625 \cdot 1.0625^7} = 101684.39 \text{ DM}$$

führt. Daraus entwickeln wir den in Tabelle 4.21 angegebenen Tilgungsplan.

Tabelle 4.20: Prozentannuität mit Ausgleichszahlung am Schluß

Jahr	Schuld am Jahresbeginn	Zinsen	Tilgung	Annuität
1	680000.00	42500.00	69700.00	112200.00
2	610300.00	38143.75	74056.25	112200.00
3	536243.75	33515.23	78684.77	112200.00
4	457558.98	28597.44	83602.56	112200.00
5	373956.42	23372.28	88827.72	112200.00
6	285128.70	17820.54	94379.46	112200.00
7	190749.24	11921.83	100278.17	112200.00
8	90471.07	5654.44	90471.07	96125.51

Tabelle 4.21: Prozentannuität mit Ausgleichszahlung zu Beginn

Jahr	Schuld am Jahresbeginn	Zinsen	Tilgung	Annuität
1	680000.00	42500.00	59184.39	101684.39
2	620815.61	38800.98	73399.02	112200.00
3	547416.59	34213.54	77986.46	112200.00
4	469430.13	29339.38	82860.62	112200.00
5	386569.51	24160.59	88039.41	112200.00
6	298530.10	18658.13	93541.87	112200.00
7	204988.24	12811.76	99388.24	112200.00
8	105600.00	6600.00	105600.00	112200.00

11. Annuitätische Tilgung einer Schuldverschreibung

Falls bei einer Anleihe annuitätische Tilgung vorgesehen ist, müssen die Stückelungsverhältnisse beachtet werden. Das geschieht in der Weise, daß zunächst die Annuität mit der üblichen Formel

$$A = K_0 \cdot \frac{i \cdot (1+i)^n}{(1+i)^n - 1}$$

berechnet wird. Auch die Zinsbeträge ermittelt man wie gewohnt aus

$$Z_t = i \cdot K_{t-1},$$

jedoch lassen sich die Tilgungsraten nicht mehr so festlegen, daß man einfach die Differenz zwischen Annuität und Zinsbetrag wählt. Man ermittelt einen vorläufigen Tilgungsbetrag aus

$$T_t = \left\{ \begin{array}{ll} A - Z_t & \text{wenn } t = 1 \\ A - Z_t + R_{t-1}(1+i) & \text{wenn } t > 1 \end{array} \right\},$$

wobei R_t für einen Rückstand am Ende des t–ten Jahres steht, der gleich noch definiert werden wird. Wenn Anleihestücke mit einem Nennwert von jeweils 1000 DM ausgegeben wurden, so leitet man aus der vorläufigen Tilgungsleistung den gerundeten Tilgungsbetrag mit Hilfe von

$$T_t^* = \text{int}\left(\frac{T_t}{1000}\right)$$

ab. Daber steht int $(\cdot)$ für die Ganzzahligkeitsfunktion. Weicht die vorläufige Tilgungsrate von der gerundeten Tilgungsleistung ab, so bildet man einen Tilgungsrückstand in Höhe von

$$R_t = T_t - T_t^*\,,$$

der auf das kommende Jahr vorgetragen wird. Die neue Restschuld bekommt man aus

$$K_t = K_{t-1} - T_t^*\,.$$

Bei Befolgung dieser Rechenanweisungen erhalten wir mit den Daten der vorliegenden Aufgabe den Tilgungsplan gemäß Tabelle 4.22.

Tabelle 4.22: Rückzahlungsplan einer annuitätisch zu tilgenden Anleihe unter Berücksichtigung der Stückelung

Jahr	Schuld am Jahresbeginn	Zinsen	Tilgung	Annuität
1	10000000.00	625000.00	1182000.00	1807000.00
2	8818000.00	551125.00	1256000.00	1807125.00
3	7562000.00	472625.00	1335000.00	1807625.00
4	6227000.00	389187.50	1418000.00	1807187.50
5	4809000.00	300562.50	1507000.00	1807562.50
6	3302000.00	206375.00	1601000.00	1807375.00
7	1701000.00	106312.50	1701000.00	1807312.50

12. Vervollständigung eines annuitätischen Tilgungsplans

Um den Tilgungsplan zu vervollständigen, benutzt man die Tatsache, daß im Falle annuitätischer Tilgung stets die Rekursionsgleichung

$$T_t = (1+i)\,T_{t-1} \tag{4.20}$$

gilt. Daraus folgt

$$\begin{aligned}
T_t &= (1+i)^2\,T_{t-2} \\
T_4 &= (1+i)^2\,T_2 \\
79036.88 &= (1+i)^2 \cdot 68776.52\,,
\end{aligned}$$

was man mit dem Ergebnis

$$i = \sqrt[2]{\frac{79036.88}{68776.52}} - 1$$
$$= 0.072$$

nach dem Zinssatz auflöst. Bei bekanntem Zinssatz kann man dann unter Verwendung von Gleichung (4.20) zunächst die komplette Reihe der Tilgungsbeträge entwickeln. Sind die Tilgungsraten sämtlich bekannt, so kann man unter Verwendung der grundsätzlichen Gleichung

$$K_0 = \sum_{t=1}^{n} T_t$$

den anfänglichen Schuldbetrag ausrechnen. Man erhält

$$K_0 = 64157.20 + \ldots + 104377.99 = 663000.00.$$

Ist dieser Betrag bekannt, so ist die restliche Komplettierung des Tilgungsplans vorgezeichnet. Der vollständige Tilgungsplan sieht so aus, wie in Tabelle 4.23 gezeigt.

Tabelle 4.23: Vervollständigung eines Tilgungsplans (Annuitätentilgung)

Jahr	Schuld am Jahresbeginn	Zinsen	Tilgung	Annuität
1	663000.00	47736.00	64157.20	111893.20
2	598842.80	43116.68	68776.52	111893.20
3	530066.27	38164.77	73728.43	111893.20
4	456337.84	32856.32	79036.88	111893.20
5	377300.96	27165.67	84727.53	111893.20
6	292573.43	21065.29	90827.92	111893.20
7	201745.51	14525.68	97367.53	111893.20
8	104377.99	7515.22	104377.99	111893.20

4.4   Kurs– und Renditerechnung

1. Kurs einer Anleihe

Verwendet man die Symbole K für den Kupon, N für den Nennwert, n für die Zahl der noch ausstehenden Kupons, b für die (in Jahren gemessene) Zeit, die seit der letzten Kuponzahlung verstrichen ist, und i

für den Marktzinssatz, so ermittelt man den Preis P_0 einer Anleihe mit Jahreskupon grundsätzlich aus

$$P_0 = (1+i)^b \cdot \left(K \cdot \frac{(1+i)^n - 1}{i \cdot (1+i)^n} + \frac{N}{(1+i)^n} \right) . \qquad (4.21)$$

(a) Bewerten wir die fragliche Anleihe zum 01.01.00, so kommen wir zu dem Ergebnis

$$P_0 = 7.75 \cdot \frac{1.055^8 - 1}{0.055 \cdot 1.055^8} + \frac{100}{1.055^8} = 114.25 \text{ DM},$$

wobei wir die oben angegebene Gleichung in verkürzter Form anwenden können, weil $b = 0$ ist.

(b) Wenn wir nichts außer dem Bewertungsdatum wechseln, so muß der Preis der Anleihe steigen, denn alle Zahlungstermine rücken näher, und frühere Zahlungen sind allemal attraktiver als spätere. Zwischen dem 1. Januar 00 und dem 1. März des gleichen Jahres liegen 2 Monate oder $b = 0.1667$ Jahre. Infolgedessen beläuft sich der Preis der Anleihe auf

$$\begin{aligned} P_0 &= 1.055^{0.1667} \cdot \left(7.75 \cdot \frac{1.055^8 - 1}{0.055 \cdot 1.055^8} + \frac{100}{1.055^8} \right) \\ &= 1.00896 \cdot 114.25 = 115.27 \text{ DM}, \end{aligned}$$

und unsere Vermutung erweist sich als zutreffend.

2. Restlaufzeit, Stückzinsen und Kurs einer Anleihe

Die Restlaufzeit der Anleihe beträgt

$$T = 2 + 6 \cdot 12 = 74 \text{ Monate} = 6.167 \text{ Jahre.}$$

Daher beläuft sich die Zahl der noch ausstehenden Zinstermine auf $n = 7$. Seit der letzten Kuponzahlung sind

$$b = n - T = 7 - 6.167 = 0.833 \text{ Jahre}$$

vergangen. Die Stückzinsen betragen daher

$$0.833 \cdot 6.25 = 5.21 \text{ DM.}$$

Der Preis ergibt sich unter Verwendung von Gleichung (4.21),

$$P_0 = 1.058^{0.833} \cdot \left(6.25 \cdot \frac{1.058^7 - 1}{0.058 \cdot 1.058^7} + \frac{100}{1.058^7} \right) = 107.46 \text{ DM.}$$

Nach Abzug der Stückzinsen erhalten wir den Börsenkurs in Höhe von 102.25 DM.

3. Effektivrendite einer Anleihe

Bei gegebenem Zins kann man den Preis der hier zu betrachtenden Anleihe mit

$$P_0 = K \cdot \frac{(1+i)^n - 1}{i \cdot (1+i)^n} + \frac{N}{(1+i)^n}$$

berechnen. Infolgedessen geht es bei der Ermittlung der Effektivrendite um die Suche nach der Nullstelle der Funktion

$$f(i) = -P_0 + K \cdot \frac{(1+i)^n - 1}{i \cdot (1+i)^n} + \frac{N}{(1+i)^n}$$

oder mit den Zahlen der Aufgabe

$$f(i) = -96 + 9 \cdot \frac{(1+i)^7 - 1}{i \cdot (1+i)^7} + \frac{100}{(1+i)^7}.$$

Starten wir die Suche nach der Effektivrendite mit einem Satz von $i_0 = 0.0400$ und wählen wir $\Delta i = 0.0001$, so erhalten wir nach drei Iterationsschritten eine Rendite von 9.82 %, vgl. Tabelle 4.24.[2]

Tabelle 4.24: Zinsbestimmung mit *Newtons* Methode (vereinfacht)

k	i_k	$f(i_k)$	$f(i_k + \Delta i)$	$\frac{f(i_k + \Delta i) - f(i_k)}{\Delta i}$
0	0.0400	34.01	33.94	−710.86
1	0.0878	5.09	5.04	−510.47
2	0.0978	0.16	0.12	−477.52
3	0.0982	0.00	−0.05	−476.42

4. Kursänderungen aufgrund von Zinsänderungen

(a) Geht man von der Annahme aus, daß der Markt arbitragefrei ist, so entspricht der Preis der Anleihen dem Barwert aller künftigen Zahlungen, die der Anleihegläubiger erwarten darf. Unter der Voraussetzung, daß die Zinskurve flach ist, eignet sich die Formel

$$P_0 = (1+j)^b \cdot \left(\frac{K}{m} \cdot \frac{(1+j)^n - 1}{j(1+j)^n} + \frac{(1+\alpha)N}{(1+j)^n} \right)$$

zur Berechnung des Barwertes einer Anleihe, und zwar gleichgültig, ob es sich um ein Papier mit Jahres– oder Halbjahreskupon handelt. In der Formel bezeichnen P_0 den Barwert, K den jährlichen Zinskupon, m die Zahl der Kuponzahlungen je Jahr, N den Nennbetrag

---

[2]Zur Vorgehensweise beim vereinfachten *Newton*–Verfahren vgl. Aufgabe 18 auf Seite 93.

und α den Aufgeldprozentsatz. Verwendet man T als Symbol für die in Jahren gemessene Restlaufzeit, so ist n die kleinste ganze Zahl, für die gilt $n \geq mT$, während die Zahl b mit $b = n - mT$ definiert ist. Schließlich steht j für den Subperioden–Zinsfuß $j = \sqrt[m]{1+i} - 1$. Für Anleihe 1 haben wir

$$\begin{array}{llllll} \alpha & = & 0 & m & = & 2 & T & = & 5.25 \\ n & = & 11 & b & = & 0.5 & j & = & \sqrt[2]{1.09} - 1 = 0.044. \end{array}$$

Einsetzen ergibt

$$P_{0,1} = 1.044^{0.5} \cdot \left(\frac{7}{2} \cdot \frac{1.044^{11} - 1}{0.044 \cdot 1.044^{11}} + \frac{100}{1.044^{11}} \right) = 94.27 \text{ DM}.$$

Für die Anleihe 2 mit Jahreskupon belaufen sich die relevanten Parameter auf

$$\begin{array}{llllll} \alpha & = & 0.05 & m & = & 1 & T & = & 9.3333 \\ n & = & 10 & b & = & 0.6667 & j & = & \sqrt[1]{1.09} - 1 = 0.09\,. \end{array}$$

Einsetzen in die Bewertungsgleichung ergibt

$$P_{0,2} = 1.09^{0.6667} \cdot \left(6 \cdot \frac{1.09^{10} - 1}{0.09 \cdot 1.09^{10}} + \frac{1.05 \cdot 100}{1.09^{10}} \right) = 87.76 \text{ DM}.$$

Die zu erwerbenden Stückzahlen für die erste beziehungsweise zweite Anleihe belaufen sich bei diesen Preisen auf

$$x_1 = \frac{50000}{94.27} = 530.4 \text{ Stück} \quad \text{und} \quad x_2 = \frac{50000}{87.76} = 569.7 \text{ Stück}.$$

(b) Ein Jahr später ist nicht nur der Marktzinssatz auf $i = 8$ % gefallen, sondern die Restlaufzeit hat sich außerdem um ein Jahr verkürzt. Bewertet man die erste Anleihe mit den neuen Daten, so kommt man auf

$$P_{0,1} = 1.039^{0.5} \cdot \left(\frac{7}{2} \cdot \frac{1.039^9 - 1}{0.039 \cdot 1.039^9} + \frac{100}{1.039^9} \right) = 98.72 \text{ DM}$$

beziehungsweise

$$P_{0,2} = 1.08^{0.6667} \cdot \left(6 \cdot \frac{1.08^9 - 1}{0.08 \cdot 1.08^9} + \frac{1.05 \cdot 100}{1.08^9} \right) = 94.75 \text{ DM}.$$

Aufgrund der Tatsache, daß der Marktzinssatz fällt, steigen die Preise der beiden Papiere, wobei die relative Preissteigerung der zweiten Anleihe heftiger ausfällt. Daher empfiehlt es sich, dieses Papier zu verkaufen. Der Erlös, welcher dabei erzielt wird, beläuft sich auf das

Produkt aus Menge mal Preis. Hinzu kommt aber noch der Kuponertrag in Höhe von 6 DM je Stück. Daher errechnet man den Gesamtbetrag, der in Aktien investiert werden kann, aus

$$569.7 \cdot (94.75 + 6.00) = 57399 \text{ DM}.$$

5. Kurs und Effektivrendite einer Anleihe mit Aufgeld

(a) Zur Berechnung des Preises der Zinsschuld bei gegebener Effektivverzinsung eignet sich

$$
\begin{aligned}
P_0 &= K \cdot \frac{q^n - 1}{iq^n} + \frac{(1 + \alpha)N}{q^n} \\
&= 7 \cdot \frac{1.09^6 - 1}{0.09 \cdot 1.09^6} + \frac{1.05 \cdot 100}{1.09^6} \\
&= 94.01 \text{ DM}.
\end{aligned}
$$

(b) Will man die Effektivrendite der Anleihe bei gegebenem Preis berechnen, so muß man die Nullstelle der Funktion

$$f(i) = -P_0 + K \cdot \frac{q^n - 1}{iq^n} + \frac{(1 + \alpha)N}{q^n}$$

beziehungsweise mit den Daten der Aufgabe

$$f(i) = -95 + 7 \cdot \frac{(1 + i)^6 - 1}{i \cdot (1 + i)^6} + \frac{1.05 \cdot 100}{(1 + i)^6}$$

ermitteln. Die *Newtonsche* Formel zur Verbesserung eines gegebenen Versuchszinssatzes i_k lautet

$$i_{k+1} = i_k - \frac{f(i_k)}{f'(i_k)}.$$

Im Rahmen des vereinfachten *Newtonverfahrens* arbeitet man anstelle des Differentialquotienten $f'(i)$ mit dem Differenzenquotienten

$$\frac{f(i + \Delta i) - f(i)}{\Delta i}$$

und wählt Δi genügend klein. Verwendet man dabei die in der Aufgabe vorgegebenen Werte und führt zwei Iterationsschritte aus, so erhält man eine Effektivverzinsung in Höhe von 8.78 %, vgl. Tabelle 4.25.

Tabelle 4.25: Zinsbestimmung mit *Newtons* Methode (vereinfacht)

k	i_k	$f(i_k)$	$f(i_k + \Delta i)$	$\frac{f(i_k+\Delta i)-f(i_k)}{\Delta i}$
0	0.0900	−0.99	−1.43	−436.93
1	0.0877	0.01	−0.43	−442.97
2	0.0878	0.00	−0.44	−442.91

6. Kreditvergleich anhand der Effektivverzinsung

Die Effektivverzinsung des ersten Angebots entspricht der Nominalverzinsung und beläuft sich auf 11.00 %. Um die Effektivverzinsung des zweiten Angebots zu berechnen, hat man die Nullstelle der Funktion

$$f(i) = -97 + 10.5 \cdot \frac{(1+i)^4 - 1}{i \cdot (1+i)^4} + \frac{100}{(1+i)^4}$$

zu bestimmen. Mit den in der Aufgabe vorgegebenen Zahlen führt das vereinfachte *Newtonverfahren* auf die in Tabelle 4.26 angegebenen Resultate. Die effektive Verzinsung beim zweiten Kreditangebot beläuft sich

Tabelle 4.26: Zinsbestimmung mit *Newtons* Methode (vereinfacht)

k	i_k	$f(i_k)$	$f(i_k + \Delta i)$	$\frac{f(i_k+\Delta i)-f(i_k)}{\Delta i}$
0	0.1050	3.00	2.69	−312.91
1	0.1146	0.05	−0.25	−300.34
2	0.1148	0.00	−0.30	−300.11

demnach auf 11.48 %. Damit erweist sich das erste Angebot als vorteilhafter.

5 Grundzüge der Finanzierung

5.1 Grundprobleme der Finanzierung

1. Ein für zwei Seiten vorteilhafter Vertrag

Die Finanzierungsbeziehung kommt zustande, denn sowohl der Kapitalgeber als auch der Kapitalnehmer profitieren davon.

Die Aktiengesellschaft hat einen Ertrag in Höhe von 30000 DM (Bruttoertrag aus der Investition minus Zinsaufwand).

Die Investmentgesellschaft kann ihren Gewinn um 20000 DM steigern, wenn sie die Kapitalanlage zu 5 % aufgibt und dafür die Aktiengesellschaft finanziert.

2. Finanzierung bei Sicherheit und Risiko

(a) Ja, denn beide Vertragspartner haben einen Vorteil. Der Unternehmer kann die Investition realisieren und hat einen Ertrag von 500 DM (Bruttoertrag aus der Investition minus Zinsaufwand). Der Freund erhält einen um 100 DM höheren Zinsertrag.

(b) Besteht die Möglichkeit, daß der Bruttoertrag unter 400 DM sinkt, dann steht aus der Sicht des Freundes einer Chance auf höhere Zinserträge auch ein Risiko auf niedrigere Einnahmen gegenüber. Ob er die Finanzierungsbeziehung unter diesen Umständen eingeht, hängt letztlich von seiner Einschätzung der künftigen Situation und von seiner Risikobereitschaft ab.

3. Ein riskanter Finanzierungsvertrag

(a) Die erwarteten Rückflüsse ergeben sich, indem man die zustandsabhängigen Zahlungen mit den Eintrittswahrscheinlichkeiten der Zustände gewichtet. So erhält man für den Erwartungswert der Investitionsrückflüsse

$$
\begin{aligned}
E[CF] &= 50000 \cdot 0.3 + 55000 \cdot 0.2 + 60000 \cdot 0.2 + 65000 \cdot 0.3 \\
&= 57500 \, DM \, .
\end{aligned}
$$

Die erwarteten Rückflüsse des Rechtsanwalts betragen im Falle seines Engagements an den Geschäften der Russisch–Roulette GmbH

$$E[CF] = 0.3 \cdot 50000 + (0.2 + 0.2 + 0.3) \cdot 55000 = 53500 \text{ DM},$$

während für die GmbH

$$E[CF] = (0.3 + 0.2) \cdot 0 + 0.2 \cdot 5000 + 0.3 \cdot 10000 = 4000 \text{ DM}$$

übrig bleiben.

(b) Cash wäre schlecht beraten, wenn er sein Geld der Russisch–Roulette GmbH zur Verfügung stellen würde, denn er könnte nur eine Rendite von

$$E[r] = \frac{53500}{50000} - 1 = 7\%$$

erwarten, während er risikolos 8 % verdienen könnte, wenn er sein Geld in öffentliche Anleihen investieren würde. Im Falle der Übernahme von Risiko müßte man ihm schon mehr als 8 % versprechen. 7 % sind jedenfalls nicht verlockend.

(c) Cash würde jetzt ohne Risiko eine Rendite von 10 % erhalten. Das ist natürlich besser als eine sichere Verzinsung von 8 %, und daher würde er sein Kapital der Russisch–Roulette GmbH zur Verfügung stellen.

4. Finanzierung als Partenteilung und als Interaktionsproblem

(a) Um "Finanzierung als Partenteilung" zu verstehen, ist folgende Überlegung hilfreich: Ein Unternehmer plant eine Investition, die heute sichere Ausgaben in Höhe von 100 verursacht und ein Jahr später unsichere Einnahmen in Höhe von 200 oder 50 verspricht, je nachdem wie die Konjunktur sich entwickelt. Bei guter Geschäftsentwicklung verdoppelt der Investor das einzusetzende Kapital, bei schlechter Konjunktur wird das Kapital halbiert. Zu finanzieren ist also eine Investition mit unsicheren Zukunftserträgen.

Der Unternehmer, so wird weiter angenommen, habe nun entweder nicht genügend eigenes Kapital, um die Investition allein zu finanzieren, oder seine Risikobereitschaft sei nicht genügend groß, um das Projekt allein zu wagen. Daher sucht er einen Partner, der sich daran beteiligt, die Durchführung des Projekts zu ermöglichen. Er findet eine Bank, die bereit ist, ein Jahr lang Kredit in Höhe von 40 zu geben, wenn man ihr bei 10 % Zins eine risikolose Position einräumt. Die Bank würde also heute 40 zur Verfügung stellen, wenn der Unternehmer sich verpflichtet, ein Jahr später (mit Sicherheit) 44 zurückzuzahlen.

Der Finanzierungsvertrag kommt zustande, da das Investitionsprojekt auch bei ungünstiger Konjunkturentwicklung gestattet, der Bank gegenüber eine solche Position einzugehen, vgl. Tabelle 5.1. Partenteilung bedeutet nun, daß im Rahmen der Finanzierung einer

Tabelle 5.1: Finanzierung als Partenteilung

	Preis $t = 0$	Cash–flows im Zeitpunkt $t = 1$	
		gute Konjunktur	schlechte Konjunktur
Investition	100	200	50
Fremdkapital	40	44	44
Eigenkapital	60	156	6

Investition mit unsicheren Erträgen Verträge geschlossen werden, die darauf hinauslaufen, daß die unsicheren Gesamterträge in Teile (Parten) mit unterschiedlichem Risikograd zerlegt werden. Da die Kreditgeber vertragsgemäß zuerst bedient werden, nehmen sie eine sicherere Position ein als die Eigentümer. Im vorliegenden Beispielsfall ist die Stellung des Kreditgebers sogar vollkommen risikofrei.

(b) Sieht man "Finanzierung als Partenteilung", so betrachtet man ausschließlich leistungswirtschaftliche Risiken (zum Beispiel gute und schlechte Konjunktur mit den entsprechenden Auswirkungen), aber keine Verhaltensrisiken. Das ist anders, wenn man "Finanzierung als Interaktionsbeziehung" anschaut.

In unserem eben diskutierten Fall könnte es beispielsweise sein, daß der Unternehmer die zustandsabhängigen Cash–flows der von ihm geplanten Investition anders einschätzt als die Kredit gebende Bank, weil der Unternehmer mit den Geschäften besser vertraut ist. Die Informationen wären dann asymmetrisch verteilt.

In diesem Zusammenhang muß die Bank die Möglichkeit beachten, daß der Unternehmer sich opportunistisch verhält, indem er beispielsweise die zu erwartenden Cash–flows günstiger darstellt als sie aus seiner Sicht tatsächlich einzuschätzen sind. Der Unternehmer könnte nach Kreditvergabe und Inangriffnahme der Investition ferner auf den Gedanken kommen,

- ein riskanteres Investitionsprojekt zu realisieren als bei den Kreditverhandlungen zur Debatte stand, um den Fremdkapitalgeber an den Risiken zu beteiligen und sich dadurch selbst in eine bessere Position zu bringen,
- zwar das ursprünglich zur Diskussion stehende Projekt durchzuführen, später aber die Cash–flows nicht redlich zu teilen.

Ein rationaler Finanzier sieht voraus, daß der Kapitalnehmer Interesse daran haben könnte, sich opportunistisch zu verhalten. Wenn die Durchführung der riskanten Investition dennoch ermöglicht werden soll, so besteht die Aufgabe der Finanzierung darin, die angedeuteten Probleme effizient unter Kontrolle zu bringen.

5. Zustandsabhängige Cash–flows

(a) Der Erwartungswert der Rückflüsse beläuft sich auf

$$E\,[\mathrm{CF}] = 80 \cdot 0.2 + 140 \cdot 0.6 + 200 \cdot 0.2 = 140 \text{ DM}.$$

(b) Ertragsrisiken sind der Inbegriff aller Risiken im rein leistungswirtschaftlichen Bereich. Fragt man beispielsweise nach den Komponenten der Rückflüsse des Dosenherstellers, so kann man sich vorstellen, daß darin Umsatzeinzahlungen als positive Komponenten und Auszahlungen für Fertigungsmaterial, Arbeitslohn, Energieverbrauch, Miete und so weiter als negative Komponenten enthalten sind. Keine dieser Größen läßt sich mit Sicherheit vorhersagen. Die Gründe für unsichere Absatzzahlen können zum Beispiel mit konjunkturellen Entwicklungen (Boom, Stagnation, Depression), mit dem Auftreten eines innovativen Konkurrenten oder einer neuartigen Verpackungstechnologie zu tun haben. Eine Ursache für Unsicherheiten auf der Auszahlungsseite kann etwa die Tatsache sein, daß der Ausgang der Lohntarifverhandlungen des kommenden Jahres heute noch nicht feststeht.

6. Risikolose und riskante Kredite

Man stelle sich vor, daß es sich bei der Kommanditgesellschaft um ein Unternehmen auf Zeit handelt, das in einem Jahr liquidiert werden wird. Die in einem Jahr an die Kapitalgeber verteilbaren Rückflüsse sollen sich brutto auf 4.1 oder 1.6 Mio. DM belaufen, je nachdem ob die Dinge sich gut oder schlecht entwickeln. Jedem der beiden Zustände wird eine Chance von 50 % eingeräumt. Vor Aufnahme des neuen Kreditgebers haben wir es dann mit Ansprüchen gemäß Tabelle 5.2 zu tun.

Tabelle 5.2: Verteilung von zustandsabhängigen Cash–flows vor Aufnahme eines neuen Kreditgebers

		Zustandsabhängige Ansprüche	
		gute Entwicklung	schlechte Entwicklung
Fremdkapital	1.0	1.10	1.10
Eigenkapital	1.5	3.00	0.50
Total	2.5	4.10	1.60

Die erwartete Rendite der Fremdkapitalgeber beläuft sich auf risikolose
10 %, während die Eigenkapitalgeber auf

$$E\left[r\right] = \frac{3.0 \cdot 0.5 + 0.5 \cdot 0.5}{1.5} - 1 = 16.67\,\%$$

hoffen dürfen. Es wird nun weiter davon ausgegangen, daß mit dem Zu-
satzkredit in Höhe von 0.5 Mio. DM eine Investition durchgeführt wird,
die bei guter Entwicklung Rückflüsse in Höhe von 1.2 Mio. DM verspricht,
während der Kapitaleinsatz bei schlechter Entwicklung verloren sein wird.
Insgesamt sind damit bei guter Konjunktur 5.3 Mio. DM zu verteilen,
während es bei schlechter Konjunktur bei 1.6 Mio. DM bleibt. Wenn der
neue Gläubiger das nicht vorhersieht und sich mit einer Renditeforde-
rung von 10 % zufrieden gibt, so entsteht die in Tabelle 5.3 dargestellte
Situation.

Tabelle 5.3: Verteilung von zustandsabhängigen Cash–flows nach Aufnahme
eines neuen Kreditgebers

		Zustandsabhängige Ansprüche	
		gute Entwicklung	schlechte Entwicklung
Fremdkapital alt	1.0	1.10	1.07
Fremdkapital neu	0.5	0.55	0.53
Eigenkapital	1.5	3.65	0.00
Total	3.0	5.30	1.60

Laufen die Dinge gut, so erhalten beide Gläubiger die Zahlungen, welche
ihnen versprochen wurden, und für die Eigentümer bleiben 3.65 Mio. DM
übrig. Bei schlechter Entwicklung können die Ansprüche der Gläubiger
in Höhe von 1.65 Mio. DM nicht vollständig befriedigt werden. An beide
Gläubigergruppen zusammen können nicht mehr als 1.6 Mio. DM verteilt
werden. Wenn sich auch die alten Gläubiger gegen solch eine Entwicklung
nicht vorbereitet haben, dann werden die 1.6 Mio. DM im Verhältnis
2 : 1 auf beide Gläubigergruppen aufgeteilt, so daß beide Kreditgeber
Nachteile hinnehmen müssen. Ihre erwartete Rendite beläuft sich nicht
auf 10 %, sondern nur auf

$$E\left[r\right] = \frac{1.65 \cdot 0.5 + 1.60 \cdot 0.5}{1.0 + 0.5} - 1 = 8.33\,\%.$$

Die Eigentümer profitieren dagegen von der unvorsichtigen Kreditvergabe, denn sie können nun eine Rendite von

$$E\left[r\right] = \frac{3.65 \cdot 0.5 + 0.00 \cdot 0.5}{1.5} - 1 = 21.67\,\%$$

erwarten.

5.2   Finanzierungsmärkte

1. Organisierte und nicht–organisierte Märkte

Wir verstehen unter Finanzmärkten Orte, an denen sich Kapitalgeber und Kapitalnehmer treffen, um Finanzierungsverträge zu schließen. Mit Blick auf die Laufzeit der Verträge unterscheidet man die (kurzfristigen) Geld– und die (eher langfristigen) Kapitalmärkte.

Die Marktteilnehmer müssen sich im Rahmen der Verträge in bezug auf eine ganze Reihe von Vertragselementen (Beispiele: Zinshöhe, Laufzeit, Finanzierungsvolumen, Kontroll– und Informationsrechte beziehungsweise –pflichten, Besicherung usw.) verständigen. Das ist auf organisierten Kapitalmärkten verhältnismäßig einfach. Im Gegensatz zu den nicht–organisierten Märkten besitzen diese nämlich drei nützliche Eigenschaften:

- Es gibt Marktplätze, an denen sich potentielle Vertragspartner regelmäßig treffen (z.B. Wertpapierbörsen).

  Wer beispielsweise Aktien einer gelisteten Gesellschaft kaufen oder verkaufen will, weiß genau, wohin er sich wenden muß. Wer dagegen einen GmbH–Anteil verkaufen will, ist in einer deutlich schwierigeren Position, weil es in Deutschland dafür keine festen Treffpunkte gibt.

- Es gibt Finanzintermediäre, die Kapitalgebern und –nehmern ihre Dienste anbieten, damit Finanzierungsverträge zustande kommen.

  Beispielsweise helfen Banken den Kapital suchenden Unternehmen, junge Aktien am Kapitalmarkt zu günstigen Bedingungen unterzubringen und an den Wertpapierbörsen einzuführen. Auf der anderen Seite sind sie dem privaten Publikum behilflich, wenn diese einen Teil ihres Vermögens in Aktien anlegen wollen.

- Es gibt standardisierte Finanzierungsverträge.

  Das ist vorteilhaft, wenn es darauf ankommt, daß sich die Vertragspartner rasch einigen können. An den Börsen ist die Standardisierung in der Regel so weit fortgeschritten, daß man sich nur noch über das Volumen (die Zahl der Verträge) und den Preis verständigen muß. Das erlaubt, daß Verträge gegebenenfalls innerhalb von Sekunden geschlossen werden können.

2. Finanzintermediäre

Finanzintermediäre sind Personen oder Institutionen, die Finanzierungsverträge zwischen potentiellen Kapitalgebern und –nehmern vermitteln oder ihr Zustandekommen erleichtern. Wichtige Intermediäre an deutschen Kapitalmärkten sind

- Banken und Sparkassen,

- Versicherungen,

- Wertpapierbörsen,

- Kapitalbeteiligungsgesellschaften,

- Investmentfonds.

3. Transformationsleistungen der Intermediäre

Kapitalgeber und Kapitalnehmer haben oft divergierende Vorstellungen von wichtigen Gesichtspunkten in den Finanzierungsverträgen. Das kann sich beispielsweise auf Elemente wie das Volumen, die Fristigkeit, das Risiko oder die Publizität beziehen. Finanzintermediäre erbringen Transformationsleistungen in bezug auf diese vier Tatbestände, die im folgenden exemplarisch beschrieben werden.

- *Volumentransformation:* Banken sammeln recht bescheidene Einzelbeträge von den Sparern als Einlagen ein, um diese zusammenzubündeln und in Form von verhältnismäßig großen Beträgen an Firmenkunden auszuleihen. Entsprechend erhalten Lebensversicherer Monat für Monat relativ geringe Versicherungsprämien, um dieses Kapital (unter anderem) in Form von umfangreichen Schuldscheindarlehen anzulegen.

- *Fristentransformation:* Banken nehmen Einlagen mit kurzer Laufzeit herein, um den Bodensatz anschließend mittel- bis langfristig an Kreditnehmer auszureichen. Ein weiteres Beispiel ist die Aufteilung der Zahlungen einer Kuponanleihe in Zero Bonds verschiedener Laufzeiten (coupon stripping).

- *Risikotransformation:* Die Kreditinstitute geben den Einlegern die Möglichkeit, ihr Geld auf Sparbüchern relativ sicher, dafür allerdings mit ziemlich bescheidener Verzinsung anzulegen. Gleichzeitig können sie mit den eingesammelten Sparguthaben verhältnismäßig riskante Investitionen ihrer Firmenkunden finanzieren, weil sie das Risiko über viele Firmen streuen (Diversifikationseffekt). Den Sparern wird weitere Sicherheit durch die wirtschaftliche Sachkenntnis der Bank im Zusammenhang mit der Kreditwürdigkeitsprüfung, die Haftungsfunktion des Bank–Eigenkapitals, den Haftungsverbund zwischen den Kreditinstituten, die Einlagensicherungsfonds und die staatliche Bankenaufsicht geboten.

- *Publizitätstransformation:* Kapitalgeber und –nehmer sind in der Regel nicht gleich gut informiert, wenn man an die Risiken der Investitionen denkt, welche von den Kapitalnehmern geplant werden (asymmetrische Informationsverteilung). Probleme der Informationsübermittlung können von den Finanzintermediären entschärft oder abgebaut werden. Das gelingt beispielsweise, wenn Sparer darauf vertrauen können, daß Banken das Geschäft der Kreditwürdigkeitsprüfung professionell beherrschen und seriös durchführen. Auch das sogenannte Rating durch entsprechende Rating–Agenturen oder die Zulassung eines Finanztitels zum Börsenhandel sind geeignet, Informationsasymmetrien zwischen Kapitalnehmern und Kapitalgebern abzubauen.

4. Merkmale von Finanztiteln

Finanztitel sind Ansprüche, die die Kapitalgeber eines Unternehmens gegenüber dem Kapitalnehmer besitzen. Sie unterscheiden sich in vielerlei Hinsicht voneinander. Im folgenden werden sechs wichtige Unterscheidungsmerkmale diskutiert.

- *Verzinsung:* Die Finanziers erwarten als Gegenleistung für die Kapitalüberlassung eine Gegenleistung in Form von Zinsen oder Renditen. Je nachdem, ob die Kapitalgeber bereit sind, sich an den Risiken des Kapitalnehmers zu beteiligen, unterscheidet man gewinnabhängige und gewinnunabhängige Formen der "Entlohnung" mit mehr oder minder fließenden Übergängen.

  Typischerweise verlangen Fremdkapitalgeber eine feste Verzinsung, während Eigenkapitalgeber Renditen erwarten, deren Höhe mit der Ertragssituation des Unternehmens schwankt. Der frühere Saarbrücker Ökonom *Wolfgang Stützel* hat das anschaulich zum Ausdruck gebracht, indem er Kreditgeber als "Festbetragsbeteiligte" und Eigentümer als "Restbetragsbeteiligte" bezeichnete.

- *Risikoverteilung:* Es gibt Finanziers, die bereit sind, sich an den Ertrags– und Liquiditätsrisiken des kapitalnehmenden Unternehmens zu beteiligen, und solche, die daran im Grunde kein Interesse haben.

  Kapitalgeber der ersten Gruppe verlangen, daß sie für die Übernahme von Verlustrisiken die Chance bekommen, bei günstiger Geschäftsentwicklung von den Erträgen zu profitieren. Kapitalgeber der zweiten Gruppe geben sich mit einer festen, dafür allerdings bescheidenen Verzinsung zufrieden. Um die unvermeidbaren Risiken aus einer schlechten Entwicklung des Unternehmens unter Kontrolle zu bringen, legen sie im Gegensatz zu risikobereiten Finanziers Wert auf eine Besicherung ihrer Ansprüche (Kreditsicherheiten).

- *Laufzeit:* Manche Finanziers wollen sich langfristig engagieren, andere nur kurz– oder mittelfristig. Dem trägt man Rechnung, indem man Finanztitel mit unterschiedlichen Laufzeiten anbietet. Das kann von sehr kurzen (Beispiel: 1 Monat) bis zu außerordentlich langen

Fristen (Beispiel: 30 Jahre) gehen. Es werden auch Finanzierungsverträge geschlossen, die zeitlich ganz unbefristet sind (Beispiel: Finanzierung mit Stammaktien) oder ausdrücklich ewig laufen (Beispiel:
Konsols).

- *Fungibilität:* Es gibt Finanziers, die sich zunächst längerfristig binden wollen, später aber ihre Absichten revidieren. Wenn ein Finanztitel dann nicht fungibel ist, müssen sich Kapitalgeber und Kapitalnehmer direkt über eine Änderung des ursprünglich geschlossenen
  Vertrages einigen. Dieser Einigungszwang und die damit einherge-
  henden Probleme entfallen, wenn ein Finanztitel fungibel (handel-
  bar) ist. Ein Aktionär, der sich aus seinem Engagement lösen will,
  verkauft seinen Anteil einfach über die Wertpapierbörse. Der Erwerber der Aktie tritt die Rechtsnachfolge an. Die Aktiengesellschaft
  bleibt – im Falle einer gewöhnlichen Inhaberaktie – von dem Geschäft völlig unberührt. Das Aktienkapital bleibt für die Gesellschaft
  langfristig erhalten, auch wenn die Eigentumsverhältnisse der Aktien
  sich rasch ändern.

- *Informationsbeziehungen:* Die Informationsbeziehungen zwischen
  Kapitalgebern und Kapitalnehmern können sehr unterschiedlich ge-
  regelt sein.

  Bei manchen Finanztiteln räumt man den Kapitalgebern Mitspra-
  cherechte bei der Geschäftsführung ein. Das kann ganz direkt (Beispiel: Übernahme eines Anteils an einer Offenen Handelsgesellschaft) oder indirekt (Beispiel: Erwerb von Aktien und Teilnahme an
  Wahlen von Aufsichtsräten, die ihrerseits den Vorstand bestimmen)
  geschehen.

  Neben diesen direkten und/oder indirekten Mitspracherechten sind
  mit den Finanztiteln gegebenenfalls Kontroll– und Informationsrechte verbunden. Letztere können vertraglich ausbedungen (Beispiel:
  Bank verlangt von einem Unternehmen, dem sie Kredit gewährt, re-
  gelmäßige Berichte über den Geschäftsverlauf) oder auch gesetzlich
  vorgeschrieben sein (Beispiel: Publizitätsvorschriften bei den großen
  Kapitalgesellschaften).

- *Tilgungsstruktur:* Es gibt Finanztitel, bei denen der Kapitalgeber
  auf präzise Regeln hinsichtlich der Rückzahlung (Beispiele: Anleihen, große langfristige Bankkredite) drängt, und Finanztitel, bei denen man die Tilgungsmodalitäten offen läßt (Beispiel: Einräumung
  einer Kreditlinie auf einem Geschäftsgirokonto). Bei den vertraglich
  fixierten Tilgungsstrukturen gibt es typische Varianten, wie etwa die
  gesamtfällige Tilgung oder die Annuitätentilgung.

5. Wertpapierpensionsgeschäft der Bundesbank

Das Wertpapierpensionsgeschäft wird nicht nur von der Bundesbank, sondern auch von anderen öffentlichen und privaten Kreditinstituten betrieben.

Die rechtlichen Grundlagen liefert § 340 b Abs. 1 HGB, in dem Pensionsgeschäfte als Verträge definiert werden, "durch die ein Kreditinstitut oder der Kunde eines Kreditinstituts (Pensionsgeber) ihm gehörende Vermögensgegenstände einem anderen Kreditinstitut oder einem seiner Kunden (Pensionsnehmer) gegen Zahlung eines Betrages überträgt und in denen gleichzeitig vereinbart wird, daß die Vermögensgegenstände später gegen Entrichtung des empfangenen oder eines im voraus vereinbarten anderen Betrages an den Pensionsgeber zurückübertragen werden müssen oder können." Wirtschaftlich werden durch solch eine Vereinbarung zwei Kaufverträge gleichzeitig geschlossen, und zwar einer per Kasse und ein anderer per Termin. Als Vermögensgegenstände werden in der Regel Wertpapiere eingesetzt.

Für die Bundesbank stellen Wertpapierpensionsgeschäfte Feinsteuerungsinstrumente der Geldpolitik dar, die die klassischen Instrumente der Grobsteuerung mit Hilfe der Diskont- und Lombardpolitik immer mehr verdrängt haben. Man spricht von Offen-Markt-Politik, weil die Bundesbank sich sichtbar am Kauf und Verkauf von Wertpapieren beteiligt und dadurch Einfluß auf die Zinsentwicklung und die Liquidität der Wirtschaft nimmt.

Indem die Bundesbank den Kreditinstituten Wertpapiere per Kasse abkauft, schafft sie Zentralbankgeld, das wieder zurückfließt, wenn der Terminvertrag erfüllt wird. Die Wertpapierpensionsgeschäfte kommen regelmäßig über ein Ausschreibungsverfahren (Tenderverfahren) zustande. Man unterscheidet Mengen- und Zinstender.

Ein Mengentender zeichnet sich dadurch aus, daß die Bundesbank Zinssatz und Laufzeit, nicht jedoch den von ihr vorgesehenen Gesamtbetrag, vorgibt. Nachdem die interessierten Kreditinstitute die von ihnen zu diesen Konditionen gewünschten Volumina genannt haben, teilt die Bundesbank den Instituten entweder die verlangten Beträge zu oder stellt fest, daß der von ihr für zweckmäßig gehaltene Gesamtbetrag überzeichnet ist. Im letzten Fall werden die Banken entsprechend den von ihnen gewünschten Quoten am Gesamtbetrag beteiligt (Repartierung).

Beim Zinstender gibt die Bundesbank die Laufzeit und einen Mindestzins vor, nennt aber wiederum nicht den vorgesehenen Gesamtbetrag. Die Banken geben ihre Angebote unter Nennung eines Zinssatzes ab. Die Zuteilung erfolgt dann an die Bieter einheitlich zu jenem Zinssatz, bei dem das von der Bundesbank gewünschte Volumen realisiert wird. Gebote unter diesem Zinssatz bleiben unberücksichtigt.

Den Zinssätzen der Tendergeschäfte kommt die Funktion eines inoffiziellen Leitzinses für den Geldmarkt zu.

6. Euromarkt

Neben den nationalen Geld– und Kapitalmärkten haben sich seit Beginn der 80er Jahre überregionale Kreditmärkte entwickelt. Einer dieser Märkte ist der Euromarkt (oder Eurodollarmarkt). Unter Eurodollars versteht man US–Dollareinlagen, die in Europa gehandelt werden. Der Handel am Euromarkt ist aber nicht mehr auf Dollar beschränkt. So gibt es inzwischen Euroyen, Eurofranken und so weiter.

Der Handel mit diesen Fremdwährungen und den auf ihnen basierenden Wertpapieren wird über Telefon und Terminal abgewickelt. Ein zentraler Börsenplatz fehlt. Auch gibt es keine Regulierungsbehörde, die für den Handel zuständig ist. Der Euromarkt gehört daher zu den Off–shore Märkten und unterliegt somit dem internationalen Recht.

Der Euromarkt läßt sich in drei laufzeitorientierte Marktsegmente unterteilen:

- *Eurogeldmarkt:* Auf dem Eurogeldmarkt werden Devisenguthaben mit einer Fristigkeit bis zu einem Jahr gehandelt. Dabei ergeben sich eigenständige Marktzinssätze. Zur technischen Erleichterung des Handels wurden Depositenzertifikate (englisch: certificates of deposits, Abkürzung: CD) eingeführt. Das sind marktfähige Quittungen über Termineinlagen bei einem Kreditinstitut. Sie haben den Vorteil, daß es der Bank möglich ist, mittelfristig Geld zu verleihen, während der Anleger seine Einlage kurzfristig durch Kauf oder Verkauf von CDs aufbauen oder auflösen kann.

- *Mittelfristiger Kreditmarkt:* Der Übergang vom Eurogeldmarkt zum mittelfristigen Kreditmarkt ist fließend. Auf diesem Markt werden Kredite hauptsächlich an Nichtbanken vergeben, die revolvierend durch Eurogeldeinlagen finanziert werden. Diese Kredite sind eine wichtige Kapitalquelle des internationalen Handels. Das Zinsänderungsrisiko wird durch die Banken an den Kreditnehmer weitergegeben, indem sie die Zinsen in regelmäßigen Zeitabständen an Referenzzinssätze (LIBOR, LUXIBOR) anpassen (Roll–over–Kredit).

- *Eurokapitalmarkt:* Der Eurokapitalmarkt ist der europäische Markt für internationale Anleihen. Als international werden dabei alle Anleihen bezeichnet, deren Plazierung gleichzeitig in mehreren Ländern erfolgt. Die Laufzeiten liegen zwischen 5 und 15 Jahren.
  Eine Besonderheit des Euromarkts sind die currency bonds (Währungsoptionsanleihen), bei denen der Kreditgeber innerhalb der

Emissionsbedingungen wählen kann, in welcher Währung die Tilgung und Zinszahlung erfolgen soll. Bei multi currency bonds (Dop-
pelwährungsanleihen) erfolgen die laufenden Zahlungen in einer anderen Währung als die Kreditaufnahme. Daneben gibt es natürlich
die normaleren Anleiheformen wie Zero Bonds, Floating Rate Notes,
Wandelschuldverschreibungen, aber auch einfache Fremdwährungs-
anleihen.

Das Anlage– und Kreditvolumen auf dem Euromarkt hat sich in den
letzten Jahren stark ausgeweitet. Das liegt nicht unwesentlich daran, daß
Unternehmen durch den internationalen Charakter des Euromarktes der
zunehmend restriktiven Geldpolitik ihrer Heimatländer ausweichen können, indem sie mit ihrer Kreditnachfrage auf den Euromarkt gehen. Damit wird die nationale Notenbankpolitik unterlaufen, und deswegen gibt
es eine regulative Gegenbewegung, die auf eine intensivere Zusammenar-
beit der nationalen Notenbanken hinausläuft. Die Einführung des Euro
und die Gründung der Europäischen Zentralbank wird hier erhebliche
Auswirkungen haben.

5.3 Fremdfinanzierung

5.3.1 Kreditverträge

1. Bestandteile von Kreditverträgen

Die Parteien müssen sich beim Abschluß eines Kreditvertrages in der
Regel über sechs Fragen einigen.

- *Zins:* Man kann sagen, daß sich die Verzinsung eines Kredites aus
  zwei Bestandteilen zusammensetzt, dem sicheren Marktzins und einer Risikoprämie. Der sichere Marktzins ist jener Satz, zu dem der
  Kreditgeber risikolos am Markt anlegen könnte. Dazu kommt eine
  Risikoprämie, die im wesentlichen von der Bonität des Kreditnehmers abhängt.

- *Laufzeit:* Die Laufzeit ist ein wichtiger Einigungspunkt, da lange
  Laufzeiten oft nur Schuldnern bester Bonität eingeräumt werden.
  Generell unterscheidet man zwischen kurz–, mittel– und langfristigen Krediten. Als kurzfristig gelten Kredite bis zu 90 Tagen. Manchmal werden aber auch Kredite von bis zu einem Jahr noch als kurzfristig bezeichnet. Mittelfristige Kredite haben eine Laufzeit von 90
  beziehungsweise 360 Tagen bis zu vier Jahren. Langfristige Kredite
  beginnen bei vier Jahren Laufzeit. Die gewählte Laufzeit beeinflußt

auch weitere Vertragsbestandteile wie Verzinsung, Tilgung und Kündigung.

- *Volumen:* Das gewählte Volumen hängt nicht allein von den Wünschen des Kreditnehmers ab, sondern meistens auch von der Bonitätseinschätzung durch den Kreditgeber. Bei großen Unternehmen bestimmt das Volumen sehr oft auch, welche Varianten der Fremdfinanzierung überhaupt zur Auswahl stehen. So bleibt bei wirklichen Großkrediten (zum Beispiel Eurotunnel, Disneyland Paris) oft nur der Gang zum Kapitalmarkt .

- *Tilgung:* Es gibt Kreditformen (Beispiel: Kontokorrentkredit), bei denen man auf Absprachen über die Art der Tilgung bewußt verzichtet. Bei großen Krediten mit längerer Laufzeit pflegt man diese Frage jedoch klar zu regeln. Standardformen sind neben der gesamtfälligen Tilgung die Rückzahlung mit gleichbleibenden Tilgungsbeträgen und die Rückzahlung mit gleichbleibenden Annuitäten.

- *Kündigung:* Die vorzeitige Kündigung eines Kreditvertrages kann erhebliche Auswirkungen auf die effektive Verzinsung des Kredites und die Liquidität der Kreditparteien haben. Ein vertraglich vereinbartes Kündigungsrecht wird daher den Risikoanteil der Verzinsung erhöhen, wenn dieses Recht beim Kreditnehmer liegt. Umgekehrt könnte der Kreditnehmer einen niedrigeren Zins fordern, falls er dem Kreditgeber die Möglichkeit einräumt, vorzeitig zu kündigen.

- *Sicherheiten:* Bei der Kreditvergabe spielen Sicherheiten eine große Rolle. Generell unterscheidet man zwischen dinglichen und schuldrechtlichen Sicherheiten. Bei dinglichen Sicherheiten werden konkrete Gegenstände als Sicherheit angeboten, wie Wertpapiere (Effektenlombard), Grundstücke (Hypothek), Maschinen (Sicherungsübereignung) und so weiter. Schuldrechtliche Sicherheiten beziehen sich auf immaterielle Wertgegenstände, wie etwa das Vermögen anderer (Bürgschaft), eigene Forderungen (Zession) oder den eigenen guten Namen (Garantie).

2. Kreditwürdigkeitsprüfungen

Mit jeder Kreditvergabe sind Risiken verbunden, die sich grob in leistungswirtschaftliche Risiken und Verhaltensrisiken unterteilen lassen. Die erste Art des Risikos betrifft die objektive Fähigkeit des Schuldners, seinen Kreditverpflichtungen zu entsprechen, bei der zweiten Art des Risikos handelt es sich um seine subjektive Bereitschaft, die Verpflichtungen zu erfüllen. Der Zweck der Kreditwürdigkeitsprüfung besteht darin, alle im Zusammenhang mit der Kreditvergabe relevanten Risiken zu beurteilen. Dabei empfiehlt sich ein schrittweises Vorgehen.

- In der Regel prüft man zunächst die rechtlichen Verhältnisse des Kreditnehmers. Dazu gehören Rechts– und Geschäftsfähigkeit sowie die Regelung von Vertretungsbefugnissen, wenn es um Kredite für juristische Personen geht.

- Anschließend versucht man, die persönliche Vertrauenswüidigkeit des Antragstellers einzuschätzen, sich also ein Bild über seine Zahlungs- moral und seine Zuverlässigkeit zu machen. Dabei sind Informatio- nen von Auskunfteien (wie beispielsweise der Schufa, Schutzgemein- schaft für allgemeine Kreditsicherung) ebenso hilfreich wie Informa- tionen über die berufliche Qualifikation des Kreditnehmers.

- Entscheidend ist aber schließlich eine Beurteilung der gegenwärtigen und zukünftigen wirtschaftlichen Situation des Kreditnehmers.

Es ist zweckmäßig, die wirtschaftliche Lage zunächst einmal grund- sätzlich einzuschätzcn. Zu diesem Zweck muß man die Haftungsver- hältnisse klären und die allgemeine wirtschaftliche Lage der Branche beurteilen, in welcher das kreditsuchende Unternehmen tätig ist. Nützlich sind in diesem Zusammenhang auch Informationen über einen eventuellen Wechsel im Management oder Kenntnisse über das Forschungs– und Fertigungspotential des Unternehmens.

Hinzutreten muß dann schließlich die Auswertung und Interpreta- tion von Kennzahlen der Jahresabschlüsse des betreffenden Unter- nehmens. Zum Jahresabschluß gehören Bilanz, Gewinn– und Ver- lustrechnung sowie Lagebericht. Man pflegt in der Regel drei bis fünf aufeinander folgende Jahre zu analysieren. Reine Zeitvergle- iche der Kennzahlen liefern Aufschluß über aktuelle Entwicklungen, die das nach Kredit fragende Unternehmen durchgemacht hat. Als aussagefähiger gelten indessen Betriebs– und Branchenvergleiche.

Die wichtigsten Kennzahlenbereiche betreffen

- die Ertragslage (Renditekennzahlen, Umsatzkennzahlen, Kom- ponenten des Gesamterfolgs, Wertschöpfung),
- die Finanzlage (Liquiditätsgrade, Verschuldungskennzahlen, Anlagendeckungsgrade, Cash–flow)
- und die Vermögenslage (Investitionspolitik, Abschreibungspoli- tik, Vermögensstruktur).

3. Rating

Beim Rating handelt es sich um die bonitätsmäßige Einstufung von Un- ternehmen in ein Klassifikationssystem auf der Grundlage einer umfas- senden Kreditwürdigkeitsprüfung.

Das Rating wird von Gesellschaften durchgeführt, die sich auf die Un- ternehmensanalyse zu Kreditwürdigkeitszwecken spezialisiert haben (Ra- tingagenturen). Die bekanntesten Agenturen sind Moody's Investors Ser- vice (New York) und Standard and Poor's (S&P) Corporation (New

York). Auch die Redaktionen international renommierter Zeitschriften (Euromoney, Institutional Investor) sind auf dem Gebiet tätig.

Ratings erfreuen sich inzwischen allgemeiner Anerkennung. Das heißt: die Zinsforderungen der Fremdkapitalgeber sind streng von den Angaben der Ratingagenturen abhängig. Eine Abstufung im Klassifikationssystem führt sofort zu einer Erhöhung der Finanzierungskosten. Ratings spielen daher eine bedeutende Rolle für die Kapitalbeschaffung international agierender Unternehmen.

Das Klassifikationssystem von Moody's für Anleihen ist folgendermaßen aufgebaut:

Aaa — Nur Unternehmen der besten Bonität mit hervorragenden Zukunftsaussichten erhalten das höchste Rating, das Triple A. Anleihen mit dieser Einstufung sind hervorragend abgesichert, und es sind keine Änderungen dieses Status erkennbar.

Aa — Nur hochqualitative Anleihen und Unternehmen erhalten diese Einstufung. Wenn überhaupt, dann gibt es nur langfristig wirksame Risikofaktoren.

A — Anleihen dieser Einstufung sind besser als der Durchschnitt und adäquat abgesichert. Allerdings werden Risikofaktoren gesehen, die sich langfristig auswirken könnten.

Baa — Unternehmen dieser Klasse haben durchschnittliche Zukunftsaussichten. Zins- und Tilgungszahlungen werden zur Zeit geleistet, aber es fehlen weitergehende Sicherheiten, die die fortwährende Zahlung als ganz sicher erscheinen lassen.

Ba — Anleihen dieser Klasse sind spekulative Papiere. Zins- und Tilgungszahlungen werden im Augenblick geleistet, sind aber nur schlecht abgesichert. Die Wahrung der Zahlungsfähigkeit scheint gefährdet.

B — Anleihen mit dem Rating B sind spekulativ. Die weitere Zahlung der Zinsen kann nicht garantiert werden.

Caa — Unternehmen dieser Klasse befinden sich in Zahlungsschwierigkeiten. Zinszahlungen werden im Augenblick nicht geleistet. Es könnte ein Vergleich angemeldet worden sein.

Ca — Unternehmen dieser Kategorie haben Vergleich angemeldet. Wertpapiere dieser Unternehmen sind rein spekulativ.

C — Die weiteren Zahlungsaussichten dieser Unternehmen sind miserabel. Eine Besserung ist nicht zu erwarten.

Anleihen mit einem Rating von Ba oder niedriger werden als junk bonds bezeichnet. Anleihen mit einem Rating von Triple A bis Baa nennt man investment grade bonds.

4. Kreditsicherheiten

(a) Kreditgeber können nicht ausschließen, daß Schuldner ihre vertraglichen Pflichten verletzen, sei es, weil sie nicht zahlen können, oder sei es, weil sie nicht zahlen wollen. Durch Kreditsicherheiten erwirbt der Darlehensgeber – zusätzlich zu den ohnehin bestehenden Ansprüchen aus dem Kreditvertrag – Ansprüche auf die Verwertung von Sachen oder Rechten (Realsicherheiten) oder gegen dritte Personen (Personensicherheiten), die seine Position stärken.

(b) Die Kreditsicherheiten, welche durch Rechtsgeschäfte zwischen den Vertragsparteien bestellt werden, lassen sich in zwei Gruppen einteilen, und zwar Realsicherheiten und Personensicherheiten.

- Personensicherheiten

  - *Bürgschaft:* Durch den Bürgschaftsvertrag verpflichtet sich der Bürge gegenüber dem Kreditgeber, für die Erfüllung der Verbindlichkeiten durch den Schuldner einzustehen. Bei der einfachen Bürgschaft hat der Bürge das Recht der Einrede der Vorausklage. Bei der in der Praxis vorherrschenden selbstschuldnerischen Bürgschaft ist dieses Recht ausgeschlossen. Die Bürgschaft ist streng akzessorisch: sie erlischt, wenn die Hauptschuld nicht mehr besteht.

  - *Garantie:* Bei der Garantie handelt es sich um das abstrakte Zahlungsversprechen (einer Bank) für den Fall, daß bestimmte Voraussetzungen erfüllt sind. Im Gegensatz zur Bürgschaft ist die Garantie nicht akzessorisch.

  - *Wechselbürgschaft:* Das ist eine auf dem Wechselformular gegebene Erklärung, für die Einlösung des Wechsels zu haften. Die Einrede der Vorausklage ist ausgeschlossen.

  - *Patronatserklärung:* Das ist eine Sammelbezeichnung für Erklärungen von Muttergesellschaften in bezug auf die Regulierung der Schulden von Töchtern. Sie reichen von völlig unverbindlichen Erklärungen des Typs "Die Muttergesellschaft hat von der Kreditaufnahme der Tochtergesellschaft Kenntnis genommen" bis zu halbwegs verläßlichen Aussagen des Typs "Die Muttergesellschaft verpflichtet sich, die Tochtergesellschaft stets so auszustatten, daß diese ihren Kreditverpflichtungen in vollem Umfang entsprechen kann".

- Realsicherheiten

  - *Eigentumsvorbehalt:* Hier handelt es sich um eine Vereinbarung zwischen Käufer und Verkäufer, wonach der Käufer bis zur Bezahlung der Ware zunächst nur Besitzer wird, während der Verkäufer Eigentümer bleibt. Bei Zahlungsverzug kann der Verkäufer das Eigentum zurückverlangen und vom Kaufvertrag zurücktreten.

    Um Beschädigungen des Eigentumsrechts durch Verarbeitung oder durch Weiterverkauf entgegenzuwirken, wird häufig mit dem verlängerten Eigentumsvorbehalt gearbeitet.

    Beim erweiterten Eigentumsvorbehalt geht das Eigentum erst über, wenn nicht nur der Gegenstand selbst bezahlt wurde, sondern der Kreditnehmer auch seine anderen Zahlungsverpflichtungen gegenüber dem Verkäufer erfüllt hat.

  - *Pfandrecht an beweglichen Sachen:* Durch die Verpfändung einer beweglichen Sache wird der Pfandgläubiger Besitzer (Prinzip des Faustpfandes), während der Schuldner Eigentümer bleibt. Im Falle des Zahlungsverzugs ist der Pfandgläubiger berechtigt, sich aus der Veräußerung des Pfandes zu befriedigen. Das Pfandrecht ist streng akzessorisch. Der Pfandvertrag kommt durch Einigung und Übergabe zustande.

  - *Sicherungsübereignung:* Das ist ein Vertrag, in dem sich der Schuldner mit dem Kreditgeber darauf einigt, daß der Gläubiger Eigentümer einer beweglichen Sache des Schuldners wird, der Schuldner selbst aber Besitzer dieser Sache bleibt und diese weiter nutzen darf.

  - *Zession:* Das ist die Abtretung von Forderungen zum Zwecke der Absicherung eines Kreditgebers. Der neue Gläubiger tritt an die Stelle des alten. Eine Zustimmung des Drittschuldners ist nicht erforderlich. Zessionen gibt es in verschiedenen Spielarten (Einzelabtretung, Mantel- und Globalzession).

  - *Grundpfandrechte:* Hier handelt es sich um die Verpfändung von Grundstücken. Solche Pfandrechte werden durch Einigung und Eintragung ins Grundbuch bestellt. Im einzelnen unterscheidet man Hypothek und Grundschuld. Die Hypothek ist streng akzessorisch, während das für die Grundschuld nicht gilt, weswegen sie heute in der Praxis vorgezogen wird. Die Verwertung von Grundpfandrechten im Falle des Zahlungsverzugs erfolgt im Wege der gerichtlichen Zwangsvollstreckung.

5.3.2   Langfristige Fremdfinanzierung

1. Wichtige Formen langfristiger Fremdfinanzierung

In Deutschland spielen vor allem folgende drei Formen der Fremdfinanzierung eine wichtige Rolle:

- langfristige Darlehen, insbesondere Bankkredite,
- Schuldscheindarlehen und
- Schuldverschreibungen (Anleihen und Obligationen).

Seit Beginn der 80er Jahre hat darüber hinaus das Finanzierungsleasing an Bedeutung gewonnen.

(a) *Langfristige Darlehen:* Im gewöhnlichen betriebswirtschaftlichen Sprachgebrauch ist ein Darlehen nichts anderes als ein Kredit. "Kredit" und "Darlehen" sind insoweit nur zwei Worte für ein und dieselbe Sache.

Nimmt man es juristisch genauer, so handelt es sich bei einem Darlehen dagegen um eine besondere Form des Kredits. Das Darlehen ist auf Geld und vertretbare Sachen beschränkt, die vom Kreditnehmer nach Ablauf der vereinbarten Laufzeit zurückzugewähren sind. Kann ein Gläubiger seine Leistung *jederzeit* zurückfordern wie etwa beim Überziehungskredit, so fehlt es am Darlehenscharakter.

Langfristige Darlehen haben eine Laufzeit von mehr als vier Jahren. Die wichtigsten Darlehensgeber sind die Banken. Bankkredite sind in der Regel die teuerste Form der langfristigen Fremdfinanzierung. Trotzdem sind sie für kleinere und mittlere Betriebe neben der Innenfinanzierung oft die wichtigste Kapitalquelle, da diese keine Möglichkeiten besitzen, Schuldscheindarlehen oder Schuldverschreibungen auszugeben. Weil die Banken aber langfristige Kredite an kleine und mittelständische Unternehmen nur sehr zurückhaltend vergeben und dann meist nur gegen hervorragende Sicherheiten, leidet der Mittelstand häufig unter einer langfristigen Finanzierungslücke.

(b) *Schuldscheindarlehen:* Das Schuldscheindarlehen ist eine Sonderform des langfristigen Darlehens. Gegenüber gewöhnlichen Darlehen zeichnen sich Schuldscheindarlehen durch einen höheren Formalisierungsgrad, längere Laufzeiten und größere Volumina aus.

Der Schuldschein ist dabei eine beweiserleichternde Urkunde für das Bestehen der Schuld. Im Gegensatz zu einem Wertpapier kann der Gläubiger auch ohne Schuldschein sein Recht geltend machen, während das bei Wertpapieren unmöglich ist.[1] In der Praxis wird oft sogar auf die Ausstellung eines Schuldscheines verzichtet.

---

[1]Man sagt gern: "Das Recht aus dem Papier folgt dem Recht am Papier."

Ein weitere bestimmende Eigenschaft des Schuldscheindarlehens sind die Kreditgeber. Schuldscheindarlehen werden hauptsächlich von Versicherungen, insbesondere Lebensversicherungen, vergeben. Wegen ihrer laufenden Prämieneinnahmen und aufgrund der Tatsache, daß große Lebensversicherungen mit Hilfe von Sterbetafeln ihre Auszahlungen recht verläßlich vorhersagen können, sind diese sehr an langfristigen Anlagemöglichkeiten interessiert. Damit ein Unternehmen allerdings Schuldscheindarlehen aufnehmen kann, muß es strenge Voraussetzungen erfüllen, die sogenannte Deckungsstockfähigkeit.[2] Im allgemeinen kann man sagen, daß nur Unternehmen allerbester Bonität deckungsstockfähig sind.

Im Vergleich zu Anleihen zeichnen sich Schuldscheindarlehen durch eine höhere Verzinsung und geringere Fungibilität aus. Dafür sind die formalen Schwellen für die Ausgabe von Schuldverschreibungen und die damit entstehenden Fixkosten höher.

(c) *Schuldverschreibungen* sind Wertpapiere, die in der Regel an der Börse gehandelt werden. Man unterscheidet zwischen Anleihen (Schuldverschreibungen des Bundes und der Länder sowie von öffentlich.-rechtlichen Körperschaften, zum Beispiel Bahn, Treuhandgesellschaft, Post) und Obligationen (Schuldverschreibungen privater Unternehmen, Banken und so weiter).

Die Besonderheit von Schuldverschreibungen ist das Fehlen eines bestimmten Kreditgebers. Sie werden vielmehr in Teilbeträgen am anonymen Kapitalmarkt verkauft, so daß der einzelne Kreditgeber der Unternehmung unbekannt ist. In der Schuldverschreibung verpflichtet sich der Aussteller zur Rückzahlung des aufgenommenen Geldbetrages (üblicherweise des Nennbetrages) sowie zu regelmäßigen Zinszahlungen (dem Kupon). Die durchschnittlichen Laufzeiten liegen derzeit zwischen 8 und 15 Jahren. Schuldverschreibungen können sowohl in einer Rate am Ende als auch in Jahresraten nach einer gewissen tilgungsfreien Zeit getilgt werden. Die Zinszahlungen erfolgen vierteljährlich, halbjährlich oder jährlich. Anleihen und Obligationen haben sehr hohe einmalige Kosten in Höhe von bis zu 5 % des Nennbetrages, dafür aber niedrigere laufende Kosten als etwa langfristige Darlehen oder Schuldscheindarlehen.

2. Negativklauseln

Negativklauseln (bond covenants) sind spezielle Bestimmungen, die in Kreditverträge aufgenommen werden, um die Interessen der Gläubiger zu schützen. Mit ihrer Hilfe sollen Vermögensverschiebungen zu Lasten der Fremdkapitalgeber verhindert werden.

---

[2]Vgl. Aufgabe 10 auf Seite 143.

Eine häufig verwendete Negativklausel garantiert zum Beispiel, daß keine neuen Gläubiger gleiche oder gar bessere Sicherheiten erhalten dürfen als die Altgläubiger (me first–rule, Rangfestschreibung). Dadurch soll vermieden werden, daß sich das Unternehmen in einem Maße verschuldet, ohne daß zumindest die Altgläubiger ausreichend gesichert sind. Es gibt auch Negativklauseln, die bestimmte Liquiditäts– oder Bilanzkennzahlen festschreiben oder den Verkauf von Anlagevermögen ohne Zustimmung der Gläubiger verbieten.

Solche Bestimmungen verursachen oft versteckte Kosten, beispielsweise aufgrund der Notwendigkeit, die Einhaltung der Vereinbarung zu überwachen. Die meisten Negativklauseln sind mit Sanktionen für den Fall der Nichteinhaltung belegt.

3. Rendite eines Zero Bonds

Nennt man den Preis, welchen Sie am 1.08.00 gezahlt haben, P_0 und bezeichnet man den Rückfluß am 31.07.10 mit dem Symbol X_{10}, dann gilt für die Verzinsung nach der Zinseszinsformel

$$P_0 \cdot (1 + i)^{10} = X_{10} \,.$$

Auflösen nach i führt auf

$$i = \sqrt[10]{\frac{X_{10}}{P_0}} - 1$$

$$= \sqrt[10]{\frac{17675.50}{8000}} - 1 = 0.0825 \,.$$

Die Rendite beläuft sich also auf 8.25 %.

4. Tilgung von Anleihen

(a) Die drei Grundtypen der Tilgung von Anleihen sind folgende:
   - Gesamtfälligkeit,
   - Ratentilgung und
   - Annuitätentilgung.

Gesamtfälligkeit gibt es in zwei Spielarten. Entweder zahlt der Schuldner am Ende eines jeden Jahres nur Zinsen und nimmt die Tilgung der Schuld in einer Summe am Ende der Laufzeit vor, oder die Zahlung der Zinsen wird auch bis zum Ende der Laufzeit aufgeschoben.

(b) • Betrachten wir zunächst ein gesamtfälliges Darlehen und gehen davon aus, daß jährlich Zinsen gezahlt werden. Die Gesamtleistung des Schuldners beläuft sich in diesem Fall auf

$$\underbrace{5 \cdot 0.1 \cdot 200000}_{\text{Zinsen}} + \underbrace{200000}_{\text{Tilgung}} = 300000 \text{ DM} \,.$$

- Werden auch die Zinsen erst am Ende der Laufzeit gezahlt, so muß der Schuldner

$$200000 \cdot 1.1^5 = 322102 \text{ DM}$$

an den Gläubiger leisten. Das ergibt sich aus der Zinseszinsformel.

- Bei Ratentilgung wird die Schuld in jedem Jahr um $\frac{1}{5} \cdot 200000 = 40000$ DM vermindert. Infolgedessen belaufen sich die Zinsen auf

$$0.1 \cdot 200000 + 0.1 \cdot 160000 + \ldots + 0.1 \cdot 40000 = 60000 \text{ DM}.$$

Hinzu kommt noch die Tilgungsleistung am Ende der Laufzeit, so daß sich die Gesamtleistung auf

$$200000 + 60000 = 260000 \text{ DM}$$

aufsummiert.

- Bei Annuitätentilgung muß der Schuldner am Ende eines jeden Jahres eine Zahlung in Höhe von

$$200000 \cdot \frac{0.1 \cdot 1.1^5}{1.1^5 - 1} = 52759.50 \text{ DM}$$

leisten. Die Summe der Zahlungen des Schuldners beträgt daher

$$5 \cdot 52759.50 = 263797.50 \text{ DM}.$$

5. Arten von Schuldverschreibungen

(a) Nach der Rechtsstellung des Emittenten unterscheidet man Anleihen und Obligationen.

Anleihen sind Schuldverschreibungen, die von Staaten und öffentlich–rechtlichen Körperschaften herausgegeben werden. So gibt es zum Beispiel Staatsanleihen, Postanleihen und Kommunalanleihen. Staatsanleihen können vom Bund, den Ländern oder auch von ausländischen Staaten emittiert werden.

Obligationen sind Schuldverschreibungen privater und öffentlich–rechtlicher Unternehmen. Man unterscheidet zwischen Industrieobligationen, Bankobligationen, Pfandbriefen und Kommunalobligationen. Pfandbriefe und Kommunalobligationen werden von Hypothekenbanken und öffentlich–rechtlichen Kreditinstituten herausgegeben. Sie unterliegen strengeren gesetzlichen Vorschriften und müssen durch Grundpfandrechte gesichert sein.

(b) Wählt man als Gliederungsmerkmal die Art der Rechtsansprüche des Erwerbers, so treten neben die gewöhnliche Form der Schuldverschreibung, die ihrem Inhaber nur Ansprüche auf Zahlung von Zinsen und Tilgungsbeträgen gewährt, drei spezielle Varianten.

- *Wandelschuldverschreibungen* (convertible bonds) gewähren zusätzlich zu den normalen Eigenschaften einer Schuldverschreibung das Recht auf Umtausch des Papiers in Aktien. Der Umtausch kann meist erst nach einer bestimmten Sperrfrist vorgenommen werden. Wichtige Eigenschaften einer Wandelschuldverschreibung sind
  - ihr Wandelverhältnis, also wie viele Schuldverschreibungen bei Umtausch eine Aktie ergeben,
  - der Zuzahlungsbetrag, den man zusätzlich bei der Umwandlung entrichten muß und
  - die Umtauschfrist, von der ab der Umtausch vorgenommen werden darf.

  Der Kurs einer Wandelobligation ergibt sich aus dem Kurswert der Obligation und dem Wert des Umtauschrechts.

- *Optionsschuldverschreibungen* gewähren dem Inhaber neben den normalen Gläubigerrechten die Möglichkeit, Aktien oder Anleihen zu vorab festgelegten Bedingungen innerhalb einer bestimmten Frist zu beziehen. Man unterscheidet zwischen Optionsschuldverschreibungen auf Anleihen (interest warrants, bond warrants) und Optionsschuldverschreibungen auf Aktien (stock warrant bonds, equity warrant bonds). Im Gegensatz zur Wandelschuldverschreibung bleibt der Anleiheteil auch bei Ausübung des Optionsrechts bestehen.

  Der Optionsschein kann von der Anleihe getrennt werden. Es werden sowohl Obligationen mit Optionsschein, Obligationen ohne Optionsschein als auch die Optionsscheine allein notiert. Wichtige Eigenschaften einer Optionsschuldverschreibung sind
  - der Kurs, zu dem die Aktien oder Anleihen ausgeübt werden können (Bezugskurs),
  - das Optionsverhältnis (Anzahl der Aktien oder Anleihen, die pro Optionsrecht bezogen werden können) und
  - die Optionsfrist, innerhalb derer die Option ausgeübt werden kann.

  Da die Optionsscheine auch separat gehandelt werden, ergibt sich der Wert der Optionsschuldverschreibung am Markt. Rein rechnerisch besteht er aus der Optionsprämie und dem Wert der Obligation.

- *Gewinnschuldverschreibungen* sind eine Variante der Industrieobligation. Sie unterscheiden sich von normalen Obligationen dadurch, daß der Obligationär einen mit der Dividende gekoppelten Gewinnanspruch hat. Manche Gewinnschuldverschreibungen sind außerdem noch mit einem zusätzlichen Festzins ausgestattet.

(c) Nach dem Emissionsort unterscheidet man nationale Schuldverschreibungen, Auslandsanleihen und internationale Schuldverschreibungen.

- *Nationale Schuldverschreibungen* sind der Standardfall einer Anleihe oder Obligation, die in Heimatwährung am nationalen Standort emittiert wird.

- Legt ein Unternehmen oder ein Staat eine Schuldverschreibung in einem fremden Land in dessen Währung auf, so handelt es sich um eine *Auslandsanleihe.*

- *Internationale Anleihen* werden in landesfremder Währung (zum Beispiel in US–Dollar) meistens von einem internationalen Bankenkonsortium in mehreren Ländern gleichzeitig plaziert, zum Beispiel Eurodollaranleihen in der Europäischen Union. Die internationalen Kreditmärkte (Euromarkt, Off–Shore Märkte) haben dabei in den letzten Jahren immer mehr an Bedeutung zugenommen.

6. Emission von Schuldverschreibungen

Allgemein unterscheidet man zwischen Selbstemissionen und Fremdemissionen.

Da bei einer Emission in der Regel Wertpapiere in mehrstelligen Millionenbeträgen innerhalb kürzester Zeit plaziert werden müssen, kann es bei Verzögerungen aufgrund von Marktbewegungen leicht zu hohen Verlusten kommen. Daher sind Selbstemissionen äußerst selten, denn den meisten Emittenten fehlt es an Wissen und Humankapital für eine solche Aufgabe.

Fremdemissionen werden regelmäßig von Kreditinstituten durchgeführt, die das nötige Know–how besitzen. Oft schließen sich auch mehrere Banken zu einem Konsortium zusammen, um die Ausgabe einer Anleihe gemeinsam zu bewerkstelligen. Das Konsortium ist meistens eine BGB–Gesellschaft, die ausschließlich für den Zweck der Emission gebildet wird.

Man unterscheidet zwischen Übernahmekonsortien und Begebungskonsortien. Beim Übernahmekonsortium sind die Banken Zwischenhändler und kaufen die Anleihe dem Emittenten ab. Bei Begebungskonsortien werden die Anleihestücke von den Banken in Kommission genommen und an Dritte vertrieben.

Die Konsortialführung liegt meist bei einer Bank, bei großen Anleihen manchmal auch bei zwei oder mehr Banken. Die Konsortialführung ist

für die Details der Emission verantwortlich und übernimmt die Treu-
händerschaft für die bestellten Sicherheiten. Sie erhält auch den größten
Anteil an der Konsortialprovision.

Die Begebungskosten einer Anleihe machen mit Konsortialkosten, Besi-
cherungskosten und Gebühren oft mehr als 4 % des Nennwerts aus.

7. Nominal– und Effektivzins

(a) Der Inhaber einer Schuldverschreibung besitzt Zahlungsansprüche,
die sich aus mehreren Komponenten zusammensetzen. Das sind in
der Regel Zinsbeträge und Tilgungsleistungen. Darüber hinaus können Aufgelder dazukommen.

Die Zinsbeträge, welche der Anleihegläubiger verlangen kann, ergeben sich, indem man den Nominalzinssatz auf den Nennwert der
Restschuld anwendet.

Um zu begreifen, was unter dem Effektivzinssatz zu verstehen ist,
empfiehlt es sich, sich in die Lage eines Investors zu versetzen, der
eine Schuldverschreibung erwirbt und (bis zum Ende ihrer Laufzeit) behält. Eine solche Person zahlt den Emissionspreis zuzüglich
eventueller Nebenkosten und erhält als Gegenleistung Zinsbeträge,
Tilgungsleistungen und möglicherweise auch noch Aufgelder. Will
man nun die Rendite einer derartigen Investition in Erfahrung bringen, so entspricht das der Frage nach dem Effektivzinssatz. Aus der
Sicht des Anleiheschuldners lassen sich Effektivzinssätze auch als
Kapitalkosten deuten.

(b) Das Verhältnis von Effektivzins zu Nominalzins bei Emissionen ist
von drei Einflußfaktoren abhängig, und zwar der Anzahl der Zinstermine je Jahr, dem Ausgabepreis und dem Rückzahlungspreis.

- Gibt es mehr als einen Zinstermin je Jahr, so ist die effektive Verzinsung einer Anleihe höher als ihr Nominalzinssatz. Der
Anleger kann die unterjährlichen Zinsen zwischenzeitlich wieder
anlegen und erhöht so seine effektive Verzinsung. Der effektive Jahreszins errechnet sich aus der Formel für den konformen
Jahreszins[3] bei unterjährlicher Verzinsung,

$$i_{\text{eff}} = \left(1 + \frac{i_{\text{nom}}}{m}\right)^m - 1.$$

Hierbei sind i_{nom} der nominelle Jahreszinssatz und m die Anzahl
der Zinsperioden je Jahr.

- Man unterscheidet zwischen Emissionen über pari und solchen
unter pari. Bei einer Emission unter pari liegt der Verkaufspreis

---

[3]Vgl. Aufgabe 21 auf Seite 79.

der Anleihe unter dem Nennwert. Die Nominalzinsen berechnen sich aber weiterhin auf den Nennwert. Daher liegt der Effektivzins über dem Nominalzins. Umgekehrt ist es bei einer Emission über pari.

Beispielsweise gehen wir davon aus, daß eine Anleihe mit einjähriger Laufzeit 5 % unter pari verkauft werden soll. Der Nominalzins liegt bei 10 %, der Nennwert bei 100 DM. Damit beläuft sich der Ausgabepreis auf 95 DM. Der Anleger erhält nach einem Jahr einen Zinsbetrag in Höhe von 10 DM Zinsen und eine Tilgungsleistung von 100 DM Tilgung. Für die Effektivverzinsung gilt also

$$95 \cdot (1 + i_{\text{eff}}) = 100 + 10$$
$$i_{\text{eff}} = \frac{100 + 10}{95} - 1 = 15.79\,\%.$$

- Beim Rückzahlungsbetrag liegt der Sachverhalt ganz ähnlich. Das kann man sich leicht an dem obigen Zahlenbeispiel klarmachen. Sollte die einjährige Anleihe mit einem Aufgeld von weiteren 3 % zurückgezahlt werden, erhöht sich die effektive Verzinsung auf

$$i_{\text{eff}} = \frac{100 + 3 + 10}{95} - 1 = 18.95\,\%$$

8. Nominalzins, Effektivzins und Disagio

Das erste Darlehen zeichnet sich dadurch aus, daß der tatsächlich ausgezahlte Kreditbetrag dem Nennwert des Kredits entspricht. Aus der Sicht des Kreditnehmers sehen die Zahlungszeitpunkte und Zahlungen so aus wie in nachstehender Tabelle.

Zeitpunkt	0	1	2	3	4	5
Zahlung	10000	−800	−800	−800	−800	−10800

Sowohl der Nominalzins als auch der Effektivzins dieses Kredits belaufen sich auf 8 %. Der Effektivzins des zweiten Kredits soll 0.25 Prozentpunkte größer sein, also 8.25 % betragen. Da der Nennwert mit ebenfalls 10000 DM vorgegeben ist, sind die erforderlichen Zahlungen des Kreditnehmers an den Gläubiger fixiert, vgl. nachstehende Tabelle. Die an den Schuldner auszuzahlende Kreditsumme muß noch berechnet werden.

Zeitpunkt	0	1	2	3	4	5
Zahlung		−600	−600	−600	−600	−10600

Bei einem Kalkulationszinssatz von 8.25 % beträgt der Barwert dieser Zahlungen

$$600 \cdot \frac{1.0825^5 - 1}{0.0825 \cdot 1.0825^5} + \frac{10000}{1.0825^5} = 9107.53 \text{ DM}.$$

Das entspricht genau der an den Kreditnehmer auszuzahlenden Darlehenssumme. Die Differenz zwischen dem Nennwert dieses Kredits und dem Auszahlungsbetrag, das Disagio, beläuft sich auf

$$10000.00 - 9107.53 = 892.47 \text{ DM}.$$

9. Nominalzins, Effektivzins, Agio und Disagio

Es gibt zwei Möglichkeiten, dafür zu sorgen, daß die Effektivrendite der Anleihe größer ist als ihr Nominalzins.

- Entweder begibt man die Anleihe unter pari, verkauft sie also unter ihrem Nennwert, oder

- man nimmt eine Rückzahlung über pari vor, zahlt also an den Anleihegläubiger mehr als den Nennwert zurück, wenn das Papier fällig ist.

Will man den erforderlichen Emissionspreis P_0 bei einer Ausgabe unter pari aus dem Kupon K, dem Nennwert N, der Laufzeit n und der gewünschten Effektivverzinsung i bestimmen, so rechnet man unter Verwendung des Rentenbarwertfaktors

$$\begin{aligned} P_0 &= K \cdot \frac{(1+i)^n - 1}{i \cdot (1+i)^n} + N \cdot (1+i)^{-n} \\ &= 6.25 \cdot \frac{1.063^{10} - 1}{0.063 \cdot 1.063^{10}} + 100 \cdot 1.063^{-10} = 99.64 \text{ DM}. \end{aligned}$$

Der Emissionskurs der Anleihe beträgt also 99.64 DM je 100 DM nominal, das heißt die Anleihe wird mit einem Disagio von 0.36 DM begeben. Geht es dagegen darum, die Anleihe zum Nennwert zu begeben und eine Rückzahlung über pari vorzunehmen, so muß ein Aufgeldprozentsatz α derart bestimmt werden, daß

$$N = K \cdot \frac{(1+i)^n - 1}{i \cdot (1+i)^n} + N \cdot (1+\alpha) \cdot (1+i)^{-n}$$

gilt. Auflösen nach α ergibt

$$\begin{aligned} \alpha &= \frac{\left(N - K \cdot \frac{(1+i)^n - 1}{i \cdot (1+i)^n}\right) \cdot (1+i)^n}{N} - 1 \\ &= \frac{\left(100 - 6.25 \cdot \frac{1.063^{10} - 1}{0.063 \cdot 1.063^{10}}\right) \cdot 1.063^{10}}{100} - 1 \\ &= 0.006684. \end{aligned}$$

Der Rückzahlungsbetrag muß also mit 100.67 DM je 100 DM nominal festgelegt werden.

10. Deckungsstockfähigkeit

Schuldscheindarlehen werden von Banken und insbesondere von Versicherungen gegeben. Der Begriff der Deckungsstockfähigkeit hat im Zusammenhang mit den Aktivitäten von Versicherungen auf diesem Markt Bedeutung. Es handelt sich dabei um die Eigenschaft von Vermögenswerten (hier: Forderungen aus Schuldscheindarlehen), in den Deckungsstock gemäß § 66 VAG aufgenommen zu werden.

Unter dem Deckungsstock hat man sich denjenigen Teil des Vermögens eines Versicherers vorzustellen, der in erster Linie zur Deckung unmittelbarer Forderungen der Versicherungsnehmer dient. Er wird getrennt vom übrigen Vermögen des Versicherungsunternehmens verwaltet. In den Deckungsstock dürfen nur Vermögenswerte aufgenommen werden, die das Gesetz als deckungsstockfähig bezeichnet. Das gilt für Schuldscheindarlehen unter folgenden Voraussetzungen:

- Die Vermögens– und Ertragslage des Kreditnehmers muß erwarten lassen, daß die vertraglich vereinbarten Rückzahlungen dem Zeitpunkt und der Höhe nach erbracht werden.
- Der Kredit muß durch erststellige Grundpfandrechte gesichert sein.

Sind die genannten Bedingungen nicht erfüllt, so darf ein Versicherer das Schuldscheindarlehen nur mit ausdrücklicher Zustimmung des Versicherungsaufsichtsamtes in den Deckungsstock aufnehmen.

11. Schuldverschreibung und Schuldscheindarlehen

Die Unterschiede zwischen Schuldscheindarlehen und Schuldverschreibungen sind in Tabelle 5.4 auf Seite 144 zusammengestellt. Die drei wichtigsten Unterscheidungsmerkmale betreffen die Volumenfestsetzung, die Besicherung und die Tilgungsmodalitäten.

- *Volumen:* Sinnvollerweise wird beantragt, daß Schuldverschreibungen an der Börse gehandelt werden. Die Börsenzulassung verursacht hohe fixe Kosten für den Zulassungsprospekt, Druckkosten, Genehmigungsgebühren und so weiter. Daher ist die Zulassung erst ab größeren Beträgen (etwa 5 Mio. DM) lohnend. Eine sukzessiv steigende Kapitalaufnahme in mehreren Tranchen verbietet sich fast von selbst.
  Schuldscheindarlehen können bereits ab 100000 DM aufgenommen werden. Es ist auch eine zeitliche Stückelung möglich. Dafür ist der Markt für Schuldscheindarlehen nicht so liquide wie der Kapitalmarkt für Schuldverschreibungen, was die Aufnahme mitunter erschwert und verteuert.

- *Tilgung:* Die Tilgungsmodalitäten einer Schuldverschreibung sind bereits im Börsenzulassungsprospekt festgelegt. Trotzdem ist es dem Emittenten möglich, das fixierte Konzept zu verlassen, da er die Wertpapiere an der Börse frei zurückkaufen kann.

  Die Tilgung eines Schuldscheindarlehens ist vertraglich festgeschrieben. Ein freihändiger Rückkauf ist nicht ohne weiteres möglich.

- *Sicherheiten:* Schuldverschreibungen sind meistens besichert. Die Art der Sicherheit hängt jedoch von der Bonität des Schuldners ab. Bei schlechterem Standing müssen Grundpfandrechte bestellt werden. Emittenten bester Bonität können Anleihen herausgeben, die lediglich durch Negativklauseln gesichert sind.

  Schuldscheindarlehen müssen, um deckungsstockfähig zu sein, durch erstrangige Grundpfandrechte abgesichert werden.

Tabelle 5.4: Vergleich von Schuldverschreibung und Schuldscheindarlehen

Merkmal	Schuldverschreibung	Schuldscheindarlehen
Kreditnehmer	in der Regel nur große Aktiengesellschaften	alle deckungsstockfähigen Unternehmen
Schuldurkunde	Wertpapier	Beweisurkunde
Fungibilität	sehr fungibel, wenn die Wertpapiere zum Börsenhandel zugelassen sind	geringe Fungibilität
Kreditgeber	anonymer Kapitalmarkt	in der Regel Versicherungen
Volumenfestsetzung	rigide	flexibel
Tilgung	wegen der Möglichkeit, die Wertpapiere an der Börse frei zurückzukaufen, variabel	vertraglich festgelegt und nur schwer zu ändern
Sicherheiten	variable Besicherungsmöglichkeiten	erstrangige Grundpfandrechte
Publizität	Publizitätspflicht	keine Publizitätspflicht
Zinsen	kapitalmarktabhängig	wegen mangelnder Fungibilität etwas höher als am Markt für Schuldverschreibungen
Nebenkosten	4 bis 5 % des Nominalbetrages	1 bis 2 % des Nominalbetrages

5.3.3 Kurzfristige Fremdfinanzierung

1. Gezogener Wechsel und Akzept

Ein gezogener Wechsel (Tratte) ist ein Wertpapier. Es enthält die unbedingte Anweisung des Ausstellers an den Bezogenen (Wechselschuldner), bei Fälligkeit einen bestimmten Geldbetrag an eine im Wechsel genannte Person (Remittenten) zu zahlen. Der gezogene Wechsel muß folgende Bestandteile enthalten:

(1) Die Bezeichnung "Wechsel" im Text der Urkunde,

(2) die unbedingte Anweisung, einen bestimmten Geldbetrag zu zahlen,

(3) den Namen der Person, die zahlen soll (Bezogener),

(4) das Fälligkeitsdatum,

(5) den Zahlungsort,

(6) den Namen der Person, an die gezahlt werden soll (Remittent),

(7) Ausstellungstag und −ort und die

(8) Unterschrift des Ausstellers.

Unterschreibt der Wechselschuldner (Bezogene) den Wechsel, akzeptiert er also die Zahlungsverpflichtung, so wird der gezogene Wechsel zum Akzept. In diesem Fall haften sowohl der Aussteller als auch der Bezogene für die Einlösung des Wechsels.

2. Wechselkredite

Sowohl der Diskont− als auch der Akzeptkredit sind Formen der (kurzfristigen) Wechselfinanzierung.

(a) Beim Diskontkredit kauft die Bank einen später fällig werdenden Wechsel auf und zieht für diese Vorfinanzierungsleistung Diskontzinsen und Spesen ab. Die Höhe der Diskontzinsen hängt von der Restlaufzeit des Wechsels sowie dem Diskontsatz (der Geschäftsbank) ab.

Die Geschäftsbanken refinanzieren sich, indem sie die Wechsel ihrerseits bei der Deutschen Bundesbank zum Diskont einreichen. Das gelingt aber nur, wenn der Wechsel die Anforderungen erfüllt, welche die Bundesbank stellt. Sie rediskontiert innerhalb gewisser Kontingente (mit denen sie die Geldpolitik steuert) dann, wenn

- die Restlaufzeit des Wechsels höchstens drei Monate beträgt,

- der Wechsel mindestens drei gute Unterschriften trägt,

- der Wechsel an einem Ort zahlbar ist, an dem die Bundesbank eine Niederlassung unterhält,

- dem Wechsel ein Handels– oder Warengeschäft zugrunde liegt (Handelswechsel).

Der Diskontsatz, den die Geschäftsbanken ihren Kunden in Rechnung stellen, orientiert sich am Diskontsatz der Deutschen Bundesbank. Er liegt für rediskontfähige Wechsel etwa 1 % bis 2 % über dem Satz der Bundesbank.

(b) Beim Akzeptkredit handelt es sich im Gegensatz zum Diskontkredit um eine bloße Kreditleihe. Gegen Zahlung einer Provision akzeptiert die Bank den Wechsel eines Kunden und nimmt die Stellung des Bezogenen ein. Damit ist sie wechselrechtlich der Hauptschuldner, obwohl auch der Aussteller des Wechsels für die Zahlung der Wechselsumme haftet. Die Bank verlangt indessen von ihrem Kunden, daß dieser die Wechselsumme wenige Tage vor Fälligkeit bereitstellt.

Der Aussteller des Wechsels nutzt also beim Akzeptkredit die Kreditwürdigkeit der Bank.

3. Diskontkredit

Zwischen dem 15. März und dem 1. Mai liegen 45 Zinstage. Die Bank zieht Lotte Rielos daher

Diskontzinsen ($\frac{45}{360} \cdot 0.055 \cdot 25000 =$)	171.88 DM
Spesen	10.00 DM
Summe	181.88 DM

ab. Er erhält somit am 15. März $25000.00 - 181.88 = 24818.12$ DM gutgeschrieben. Die effektive Verzinsung unter Verwendung der Zinseszinsrechnung ergibt sich daher aus

$$24818.12 \cdot (1 + i)^{45/360} = 25000.00 ,$$

was man mit dem Ergebnis

$$i = \sqrt[45/360]{\frac{25000.00}{24818.12}} - 1 = \left(\frac{25000.00}{24818.12}\right)^{360/45} - 1 = 6.02\,\%$$

nach dem gesuchten Zins auflöst.

4. Effektivbelastung eines Lieferantenkredits

(a) Um den Skontosatz in Höhe von $S = 2\,\%$, der sich im Beispiel auf eine Frist von $z - s = 30 - 10 = 20$ Tagen bezieht, mit Hilfe einer einfachen Formel auf einen effektiven Jahreszinssatz p umzurechnen, bedient man sich des Dreisatzes. So gewinnt man die Faustformel

$$p = S \cdot \frac{360}{z - s}$$

und mit den Zahlen der Aufgabe

$$p = 0.02 \cdot \frac{360}{30 - 10} = 0.02 \cdot 18 = 36.00\,\%.$$

(b) Bedient man sich der Zinseszinsrechnung, so besteht die Aufgabe darin, einen relativen Zinssatz S in einen konformen Jahreszinssatz p umzurechnen. Dazu verwendet man

$$p = (1 + S)^{\frac{360}{z - s}} - 1$$

und erhält mit den Zahlen der Aufgabe

$$p = 1.02^{\frac{360}{30 - 10}} - 1 = 1.02^{18} - 1 = 42.82\,\%.$$

(c) Unter den veränderten Bedingungen beläuft sich der Jahreszinssatz auf der Grundlage der Faustformel nur noch auf

$$p = 0.02 \cdot \frac{360}{45 - 10} = 20.57\,\%.$$

5. Lieferantenkredit

(a) Unter Verwendung der Faustformel zur Berechnung der Effektivverzinsung eines Lieferantenkredits erhalten wir

$$p = 0.025 \cdot \frac{360}{30 - 10} = 45.00\,\%.$$

(b) Die Gründe dafür, warum der Lieferantenkredit trotz seiner vergleichsweise hohen Kosten so gerne in Anspruch genommen wird, lassen sich schlagwortartig wie folgt benennen:

- keine Kreditwürdigkeitsprüfung,
- keine weiteren Transaktionskosten,
- keine Beeinflussung unternehmerischer Entscheidungen durch den Kreditgeber,
- hohe Effektivzinsbelastung nicht sofort erkennbar.

6. Lieferanten– oder Kontokorrentkredit

(a) Nimmt L. Lederstrumpf & Co. den Skonto in Anspruch, so spart sie

$$10000 \cdot 0.02 = 200.00\ \text{DM},$$

jedoch muß geprüft werden, ob nicht die Zinsen höher sind, welche bei frühzeitiger Zahlung der Lieferantenrechnung an die Bank zu

zahlen sind. Diese Zinsen belaufen sich (bei einfacher Zinsrechnung)
auf

$$10000 \cdot 0.15 \cdot \frac{42 - 14}{360} = 116.67 \, \text{DM} \, .$$

Infolgedessen lohnt es sich, die Lieferantenrechnung nach 14 Tagen
zu bezahlen.

(b) Nach Faustformel beträgt der Jahreszins des Lieferantenkredits

$$0.02 \cdot \frac{360}{42 - 14} = 25.71 \, \% \, .$$

Das ist offensichtlich viel mehr als 15.00 % bei der Bank.

7. Noch einmal: Lieferanten– oder Kontokorrentkredit

Wenn nur die Kosten entscheidungsrelevant sind, dann entscheidet er
sich für den Wechsel. Ist nicht unbedingt sichergestellt, daß die 200000
DM in 90 Tagen zur Verfügung stehen, so sollte der Kontokorrentkredit
vorgezogen werden. Die Nicht–Einlösung eines Wechsels hat in der Regel
gravierende Auswirkungen auf die Kreditwürdigkeit einer Unternehmung.

8. Lombardkredit

Unter dem Lombardkredit versteht man die Gewährung eines kurzfristigen Bankkredits gegen Überlassung eines Faustpfandes. Als Pfänder
kommen bewegliche Sachen oder Forderungen in Betracht. In der Regel wird ein bestimmter Betrag über eine bestimmte Frist als Kredit zur
Verfügung gestellt, der nach Fristablauf in einer Summe zu tilgen ist.

Je nach Art der verpfändeten Sache unterscheidet man zwischen Effektenlombard, Warenlombard, Wechsellombard, Forderungslombard und Edel-
metallombard. Am meisten Verbreitung besitzt der Effektenlombard. Je
nachdem, um was für Wertpapiere es sich handelt, kommen unterschiedliche Beleihungsgrenzen zum Tragen. Diese liegen für festverzinsliche Wertpapiere bei etwa 80 %, für Aktien bei 50 bis 70 %, wenn die Papiere an
der Börse notiert werden. Lombardkredite sind immer teurer als Diskont-
kredite. Der Lombardsatz der Bundesbank liegt im allgemeinen 0.5 bis
2 % über dem Diskontsatz.

9. Akkreditiv

Unter einem Akkreditiv versteht man einen Vertrag zwischen einem Un-
ternehmen und einer Bank. Dabei verpflichtet sich die Bank, gemäß den
Weisungen des Auftraggebers und bei Erfüllung bestimmter Bedingungen
Zahlungen an einen Dritten (den Akkreditierten) zu leisten.

Betrachten wir beispielsweise ein deutsches Unternehmen, das Wein aus
Südafrika importiert. Der südafrikanische Exporteur möchte die Ware

möglichst bald bezahlt bekommen. Der deutsche Importeur will die Rechnung jedoch verständlicherweise erst begleichen, wenn er über den Wein verfügen kann. Das setzt voraus, daß zumindestens der Transportvorgang abgeschlossen sein muß.

Um nun dem Exporteur die Sicherheit zu geben, daß er sein Geld vor Abschluß des Transportvorgangs erhält, verpflichtet sich die Bank, auf Anweisung des Importeurs zu zahlen, wenn im Akkreditivvertrag eindeutig bestimmte Dokumente vorliegen (Dokumenten–Akkreditiv). Das können beispielsweise Rechnungen, Frachtbriefe, Versicherungspolicen und so weiter sein.

Für den Exporteur hat ein solches Akkreditiv einen doppelten Vorteil: erstens erhält er den fälligen Geldbetrag bereits vor Beendigung des Transportvorgangs, zweitens gewinnt er durch die Verpflichtung der Bank einen leistungsfähigen Schuldner. Will man nur den zweiten Effekt erzielen, weil beispielsweise der Exporteur die Bonität des Importeurs nicht gut einschätzen kann, könnte man vereinbaren, daß die Bank bei Vorlage der Dokumente einen Wechsel akzeptiert (Rembourskredit).

10. Kredite im Auslandsgeschäft

Fast alle Kreditsonderformen, die man für das Auslandsgeschäft entwikkelt hat, sind kurzfristiger Natur. Eine Ausnahme stellen lediglich die Kredite der Ausfuhrkredit–Gesellschaft mbH dar, auf die wir am Schluß genauer eingehen.

- *Akkreditiv:* Ein Akkreditiv ist ein Vertrag zwischen einer Bank und einem Unternehmen. Die Bank verpflichtet sich, auf Weisung des Unternehmens (des Importeurs) Zahlungen an einen Dritten (den Exporteur) zu leisten, wenn bestimmte Bedingungen (zum Beispiel Vorlage der Versanddokumente) erfüllt sind. Das Unternehmen verpflichtet sich, der Bank rechtzeitig entsprechende Zahlungsmittel zur Verfügung zu stellen.

  Ein solcher Vertrag ist geeignet, die Risiken sowohl des Exporteurs als auch des Importeurs zu mindern. Der Exporteur kann sich darauf verlassen, daß die Zahlungsverpflichtung des Importeurs von dem Kreditinstitut erfüllt wird, wenn er die Versanddokumente beibringt. Der Importeur hat bei geeigneter Formulierung der Akkreditivbedingungen die Gewißheit, tatsächlich die vertragsgerechte Leistung zu erhalten.

- *Rembourskredit:* Beim Rembourskredit handelt es sich um eine spezielle Wechselfinanzierung im Außenhandelsgeschäft. Er ist die Kombination eines Akzeptkredits und eines Wechseldiskontkredits unter Beteiligung eines Akkreditivs. Der Ablauf ist in seiner Grobstruktur wie folgt zu beschreiben.

- Im Rahmen eines Akkreditivs verpflichtet sich ein Kreditinstitut (Bank des Importeurs) zunächst, einen Wechsel zugunsten des Exporteurs zu akzeptieren.
  Die Akzeptzusage wird einem ausländischen Kreditinstitut (Bank des Exporteurs) mitgeteilt, die ihrerseits dem Exporteur zusagt, daß sie bereit ist, den akzeptierten Wechsel zu diskontieren.
- Der Exporteur zieht nun einen Wechsel auf die Bank des Importeurs, den diese akzeptiert, wenn der Exporteur die im Akkreditiv vereinbarten Dokumente vorlegt.
- Anschließend zahlt die Bank des Exporteurs den Gegenwert des Akzepts unter Abzug der Diskontzinsen an den Exporteur aus.

- *Negoziationskredit:* Der Negoziationskredit ist mit dem Rembourskredit sehr stark verwandt. Während bei diesem der Exporteur ein Bankakzept erhält, das er bei seiner Bank diskontieren kann, ist es beim Negoziationskredit so: Die Bank des Exporteurs wird von der Bank des Importeurs ermächtigt, einen vom Exporteur gezogenen Wechsel aufzukaufen, *bevor* dieser vom Importeur beziehungsweise seiner Bank akzeptiert worden ist. Gegenüber dem Rembourskredit erhält der Exporteur hier die Zahlung noch schneller, weil die Postlaufzeit der Versanddokumente sowie des Wechsels beziehungsweise des Akzepts entfällt.

- *Aval (Zollaval):* Bei einem Avalkredit gibt ein Kreditinstitut einem Gläubiger des Unternehmens ein bedingtes Zahlungsversprechen in Form einer Bürgschaft oder einer Garantie.
  So verbürgt es sich im Rahmen eines Zollavals gegenüber der Finanzverwaltung zur Zahlung des Einfuhrzolls, den ein Importeur schuldet. Auf der Grundlage einer solchen Bürgschaft gewährt die Zollverwaltung Zahlungsaufschub und ermöglicht auf diese Weise einen raschen Umschlag der importierten Waren.

- *Kredite der Ausfuhrkredit-Gesellschaft mbH (AKA):* Die AKA wurde unter Federführung der Deutschen Bank im Jahre 1952 von Kreditinstituten gegründet, die am Export und seiner Finanzierung besonderes Interesse haben. Zur Zeit hat sie über 40 Gesellschafter. Es werden vier Kreditlinien zur langfristigen Finanzierung von Auslandsgeschäften angeboten.
  Die Plafonds A und B dienen der Finanzierung von Herstellern, die im Exportgeschäft tätig sind. Sie werden nur Exporteuren gewährt. Dagegen geht es bei den Plafonds C und D um die Finanzierung von Bestellern. Sie stehen also nur Importeuren zur Verfügung. Die Besicherung der AKA-Kredite erfolgt grundsätzlich durch die staatliche Hermes-Kreditversicherungs-AG.

11. Kontokorrent– oder Diskontkredit

(a) Oscar Petersen & Co. hat während der nachfolgend genannten Zeiten Kredit in Anspruch genommen:

vom 01.07. bis 11.07.,

vom 01.08. bis 28.08. und

vom 01.09. bis 24.09.

(b) Die Zinsbelastung des Unternehmens ergibt sich aus Tabelle 5.5. Wenn Oscar Petersen & Co. im Haben ist, werden Zinsen in Höhe von 5 % p.a. gewährt, ist das Konto dagegen im Soll, so werden Zinsen in Höhe von 15 % p.a. berechnet.

Tabelle 5.5: Zinsen eines Kontokorrentkontos

S/H	Kapital	Zinssatz	Tage	Zinsen
H	400	0.005	1	0.01
S	5000	0.150	10	−20.83
H	1000	0.005	20	0.28
S	5000	0.150	27	−56.25
H	1700	0.005	3	0.07
S	5000	0.150	23	−47.92
Kumulierte Zinsbelastung				−124.64

(c) Der Lieferant ist damit einverstanden, auf Bezahlung seiner Rechnung in Höhe von 5000 DM am 01.07. zu verzichten, wenn er statt dessen einen Wechsel erhält, der am 30.09. fällig ist. Läßt er diesen Wechsel heute diskontieren, so zieht die Bank Diskontzinsen in Höhe von $x \cdot 0.25 \cdot 0.09$ in Rechnung. Infolgedessen muß für die Wechselsumme x

$$x - x \cdot 0.25 \cdot 0.09 = 5000$$

gelten, was man mit dem Ergebnis

$$x = \frac{5000}{1 - 0.25 \cdot 0.09} = 5115.09 \text{ DM}$$

nach dem Wechselbetrag auflöst.

Um die Habenzinsen auf dem Girokonto von Oscar Petersen & Co. zu berechnen, verwendet man die Rechentabelle 5.6.

Will man die gesamte Zinsbelastung bei Inanspruchnahme des Wechselkredits feststellen, muß man diesen Zinsertrag von den Diskontzinsen abziehen. Das ergibt

$$115.09 - 2.38 = 112.71 \text{ DM},$$

Tabelle 5.6: Ermittlung der Habenzinsen

S/H	Kapital	Zinssatz	Tage	Zinsen
H	400	0.005	1	0.01
H	0	0.005	10	0.00
H	6000	0.005	20	1.67
H	0	0.005	27	0.00
H	6700	0.005	3	0.28
H	0	0.005	23	0.00
H	5000	0.005	6	0.42
Kumulierter Zinsertrag				2.38

ein Betrag der deutlich unter dem liegt, was Oscar Petersen
& Co. aufbringen müßte, wenn der Lieferant den Wechselkredit nicht
gewährt und statt dessen der Kontokorrentkredit in Anspruch genommen werden muß.

(d) Der Kontokorrentkredit dient zur Abwicklung des bargeldlosen Zah-
lungsverkehrs und zum Ausgleich von kurzfristigen, unregelmäßigen
Liquiditätsengpässen.

(e) In der Regel wird der Kontokorrentkredit laufend verlängert, so daß
er praktisch langfristigen Charakter hat.

12. Factoring

(a) Die Kosten des Factoring setzen sich aus drei Komponenten zusammen, und zwar der Delkrederegebühr, der Dienstleistungsgebühr und
den Kapitalkosten für die Vorfinanzierung. Die beiden ersten Positionen belaufen sich bei einem Umsatz von $0.6 \cdot 25 = 15$ Mio. DM
auf

$$(0.0125 + 0.025) \cdot 15000000 = 562500 \text{ DM}.$$

Die Kapitalkosten werden ermittelt, indem man den Umsatz zunächst um den Sperrbetrag reduziert und auf den verbleibenden
Betrag einfache Zinsen berechnet, die dem durchschnittlichen Zahlungsziel entsprechen, also

$$0.115 \cdot \frac{30}{360} \cdot (1 - 0.12) \cdot 15000000 = 126500 \text{ DM}.$$

Zählt man alle Kosten zusammen, so erhält man

$$\text{Factor–Kosten} = 562500 + 126500 = 689000 \text{ DM}.$$

(b) Der Factoring–Kunde hat den Vorteil, daß er seinen Kunden Zahlungsziele einräumen kann, ohne Liquiditätsnachteile tragen und ohne Kreditrisiken übernehmen zu müssen. Selbstverständlich sind diese Vorteile nicht kostenlos zu haben.

Ferner ist interessant, daß der Factoring–Kunde Verwaltungskosten und Investitionsausgaben im Verwaltungsbereich einsparen kann, wenn er die Verwaltung der Debitoren und das damit im Zusammenhang stehende Mahnsystem dem Factor überträgt.

13. Forfaitierung

Von Forfaitierung sprechen wir, wenn Auslandsforderungen an spezielle Institute verkauft werden. Weil ein Rückgriff auf den Veräußerer im Falle des Forderungsausfalls regelmäßig ausgeschlossen wird, kommt eine solche Finanzierung nur zustande, wenn eine Bank für den Zahlungseingang bürgt oder das Geschäft durch einen guten Wechsel abgesichert ist. Die Forfaitierungsinstitute übernehmen grundsätzlich keine zusätzlichen Serviceleistungen (Debitorenbuchhaltung, Mahnwesen, Inkasso) wie wir das vom Factoring kennen. Jedoch ist es zumeist möglich, auch nur einzelne Forderungen zu verkaufen.

14. Kundenanzahlungen

Mit Kundenanzahlungen wird gern im Baugewerbe, bei den Werften und im Großmaschinenbau gearbeitet. Sie haben die Funktion, die Vorfinanzierung sehr teurer Projekte mit langer Bauzeit zu erleichtern.

Kundenanzahlungen bergen Vorteile für das Unternehmen und Nachteile für die Kunden. Das Risiko des Unternehmers, daß der Kunde am Ende das Bauwerk, das Schiff oder die Anlage nicht abnimmt, wird deutlich verringert. Der Auftraggeber muß allerdings befürchten, daß die geschuldete Leistung nicht oder wenigstens nicht vertragsgerecht erbracht wird. Um dieses Risiko unter Kontrolle zu bekommen, vereinbart man Konventionalstrafen und läßt die Zahlung dieser Strafe von einer Bank garantieren (Bankgarantie).

15. Alternativen einer Kundenanzahlung

(a) Wenn der Kunde fünf gleiche Raten in Höhe von 0.9 Mio. DM am Ende eines jeden Jahres zahlt, so beläuft sich der Barwert dieser Ansprüche auf

$$A = \frac{0.9}{1.1^1} + \frac{0.9}{1.1^2} + \ldots + \frac{0.9}{1.1^5} = 3.412 \text{ Mio. DM}.$$

(b) Bei Sofortzahlung bekommt das Unternehmen

$$B = 3.200 \text{ Mio. DM},$$

was ungünstiger als Alternative A ist.

(c) Eine einmalige Zahlung in Höhe von 4 Mio. DM nach zweieinhalb Jahren hat heute einen Wert von

$$C = \frac{4}{1.1^{2.5}} = 3.152 \text{ Mio. DM},$$

wodurch sich zeigt, daß A die günstigste Zahlweise des Kunden ist.

16. Lieferanten– oder Kontokorrentkredit

(a) Nach der Faustformel aus Aufgabe 4a beläuft sich der effektive Jahreszins des Lieferantenkredits auf 18 %.

(b) Ausgangslage: Die erste Rechnung bekommt Kluge im Zeitpunkt $t = 0$. Er leistet Zahlungen von jeweils 200000 DM in den Zeitpunkten $t = 3, 6, 9$ und 12. Eine Periode umfaßt 30 Tage.
Alternative:

- In $t = 1$ erfolgt eine Kreditaufnahme von 194000 DM zur Zahlung der Rechnung abzüglich Skonto.
- In $t = 3$ erfolgt der Kontenausgleich durch eine Einzahlung von $194000 \cdot (1 + 0.085 \cdot \frac{60}{360}) = 197762.50$ DM und eine Festgeldanlage der restlichen 2237.50 DM.
- In $t = 4$ bekommt Kluge dafür 2246.82 DM und muß für die zweite Rechnung einen Kredit in Höhe von $194000 - 2246.82 = 191753.18$ DM aufnehmen.
- In $t = 6$ sind für den Kontenausgleich 194469.68 DM erforderlich, so daß 5530.32 DM angelegt werden können.
- In $t = 7$ kann die Einzahlung von 5553.36 DM aus der Festgeldanlage die Kreditaufnahme auf 188446.64 DM senken.
- In $t = 9$ benötigt Kluge zum Kontenausgleich 191116.30 DM und kann 8.883.70 DM anlegen.
- In $t = 10$ erhält Kluge dadurch 8920.72 DM und muß nur noch 185079.28 DM Kredit aufnehmen.
- In $t = 12$ zahlt er 187701.24 DM zurück und hat einen Vorteil von 12298.76 DM erzielt.

5.4   Eigenfinanzierung

1. Abgrenzung zwischen Eigen– und Fremdkapital

In der Literatur findet man vielfältige Vorschläge, eine Trennlinie zwischen Eigen– und Fremdfinanzierung zu ziehen. Alle Vorschläge sind problematisch. Das wird im folgenden anhand von fünf Versuchen gezeigt.

(a) *Eigenkapital wird von Eigentümern zur Verfügung gestellt, Fremdkapital nicht.*

Dieser Definitionsversuch ist klassisch. Eindeutig ist er aber nur, wenn der Begriff des Eigentümers klar von dem des Gläubigers (Nichteigentümers) abgegrenzt werden kann. So scheint klar zu sein, daß ein Aktionär die Stellung des (Mit-)Eigentümers besitzt, während ein Lieferant, dessen Rechnung noch unbezahlt ist, Gläubiger ist.

Nun ist allerdings möglich, daß ein Lieferant zugleich Aktien besitzt. Dann ist er sowohl Gläubiger als auch Eigentümer, und die Grenze zwischen beiden Kapitalgebergruppen verschwimmt.

(b) *Eigenkapitalgeber haften, Fremdkapitalgeber nicht.*

Für Kapitalgesellschaften und Kommanditisten beschränkt sich die Haftung der Eigenkapitalgeber auf die jeweilige Einlage. Einzelkaufleute und vollhaftende Personengesellschafter, das heißt Gesellschafter einer Offenen Handelsgesellschaft und die Komplementäre einer Kommanditgesellschaft, haften auch mit ihrem Privatvermögen.

Auch mit einer solchen Definition wird das Problem der Abgrenzung zwischen Eigen- und Fremdkapital in den rechtswissenschaftlichen Raum verwiesen. Das ist für eine ökonomische Betrachtung nicht besonders hilfreich. Das zeigt sich beispielsweise in Konkursfällen im Zusammenhang mit Gesellschafterdarlehen. Ein solches Darlehen wird von unseren Gerichten wie haftendes Eigenkapital behandelt, wenn es im Zeitpunkt der Darlehenshingabe ökonomisch sinnvoll gewesen wäre, mit Eigenkapital zu finanzieren.

(c) *Eigenkapitalgeber erhalten eine gewinnabhängige Vergütung. Die Zahlungsansprüche der Fremdkapitalgeber sind dagegen von der Ertragslage unabhängig.*

Idealtypisch trifft diese Definition den Kern der Sache, was in der Rede vom Fest- beziehungsweise Restbetragsbeteiligten[4] von *Wolfgang Stützel* besonders treffend zum Ausdruck kommt.

Indessen ist das aber eben nur idealtypisch so. In der Realität beobachten wir fließende Übergänge. So gibt es beispielsweise partiarische Darlehen, die gewinnabhängig verzinst werden, oder Vorzugsaktien mit garantierter Dividende beziehungsweise auch dividendenlose Vorzugsaktien mit mehreren Stimmrechten.

(d) *Eigenkapital verleiht seinem Inhaber Herrschaftsrechte, Vermögensrechte und Gewinnanspruch, Fremdkapital nicht.*

Auch das ist idealtypisch wohl richtig. Man könnte daher sagen, daß "reine Fremdkapitalgeber" lediglich Anspruch auf Rückzahlung und Verzinsung ihres Kapitals besitzen.

---

[4]Vgl. Seite 124.

Die Realität ist indessen bunter. Daß es beispielsweise Darlehen mit gewinnabhängiger Verzinsung gibt, wurde im vorangehenden Abschnitt gerade angemerkt. Und natürlich beobachtet man auch bei den Herrschaftsrechten fließende Übergänge. Ein bedeutender Kreditgeber – man denke an eine Bank, die einem Unternehmen einen mehrstelligen Millionenkredit gibt – verfügt in der Regel über sehr viel bessere Einflußmöglichkeiten auf das Management als ein Kleinaktionär in einer Publikumsaktiengesellschaft.

(e) *Eigenkapital ist Kapital mit nachrangigem Entgeltanspruch.*
Auch dieser Abgrenzungsversuch ist leider nicht immer eindeutig, da es in der Praxis eine sehr differenzierte Hierarchie von Rangbeziehungen zwischen den verschiedenen Kapitalformen gibt, ohne daß klar wird, wo in dieser Hierarchie genau die Grenze zwischen Eigen- und Fremdkapital zu finden ist. So genießen Vorzugsaktionäre Vorrang vor den Stammaktionären. Kreditgeber können sich vertraglich Priorität vor zukünftigen Kreditgebern einräumen lassen (Negativklausel) und so weiter.

2. Schlechte Eigenkapitalausstattung deutscher Unternehmen

(a) Das deutsche Steuersystem fördert Fremdfinanzierungstendenzen. Die Unternehmen können Vermögen– und Gewerbesteuer sparen, wenn sie sich verschulden.

(b) Unzureichende Ertragskraft deutscher Unternehmungen: Niedrige Gewinne bedeuten, daß nur niedrige Dividenden gezahlt werden können. Daher ist die Rendite von Rentenpapieren oft höher als das Verhältnis von ausgeschütteten Dividenden zu Aktienkursen. Für potentielle Kapitalgeber scheint es dann günstiger zu sein, Gläubiger anstelle von Eigenkapitalgebern zu werden. Möglichkeiten zur Gewinnthesaurierung sind durch geringe Gewinne eingeschränkt.

(c) Steuerliche Abschreibungsmöglichkeiten deutscher Unternehmen sind im internationalen Vergleich relativ gering. Höhere steuerliche Abschreibungsmöglichkeiten würden die Vorteilhaftigkeit von Investitionen erhöhen. Wenn die Investitionen attraktiver wären, wären eventuell mehr potentielle Anleger bereit, Eigenkapital zu geben.

3. Eigenkapitalbeschaffung in Abhängigkeit von der Rechtsform

Zu den wichtigsten Rechtsformen, welche sich in Deutschland herausgebildet haben, zählen die Einzelunternehmung, die Offene Handelsgesellschaft, die Kommanditgesellschaft, die Gesellschaft mit beschränkter Haftung und die Aktiengesellschaft. Wesentliche Merkmale der Rechtsformgestaltung sind im Zusammenhang mit der Eigenkapitalbeschaffung die Haftung der Eigentümer, ihre Leitungsrechte und –pflichten sowie die Frage der Unternehmenskontinuität im Falle des Ausscheidens eines Anteilseigners.

- *Einzelunternehmung:* Sie zeichnet sich dadurch aus, daß jemand sein Unternehmen allein oder nur mit einem stillen Gesellschafter führt. Der Einzelunternehmer haftet für die Schulden seines Unternehmens allein und unbeschränkt. Bringt er Privatvermögen in den Betrieb ein, so verbessert das zwar die Liquidität, aber nicht die Haftungsbasis. Die einzige Möglichkeit des Einzelunternehmers, das Eigenkapital ohne fremde Hilfe haftungsverbessernd zu erhöhen, ist in der Einbehaltung von Gewinnen (Selbstfinanzierung) zu sehen.

  Die Aufnahme eines stillen Gesellschafters führt nicht zu einer Personengesellschaft, da die Einlage des stillen Gesellschafters nicht in das Vermögen des Unternehmens, sondern in das Vermögen des Einzelunternehmers erfolgt. Der stille Gesellschafter ist stets von der Geschäftsführung ausgeschlossen und immer am Gewinn beteiligt. Er kann höchstens Verluste in Höhe seiner Einlage erleiden.

  Die Möglichkeiten der Eigenkapitalbeschaffung im Einzelunternehmen sind aus den genannten Gründen stark eingeschränkt.

- *Offene Handelsgesellschaft (OHG):* Bei der OHG handelt es sich um eine Personengesellschaft, deren Eigentümer grundsätzlich unbeschränkt und solidarisch für die Schulden des Unternehmens haften sowie zur Leitung der Gesellschaft berechtigt und verpflichtet sind. Ebenso wie bei der Einzelunternehmung läßt sich die Haftungsbasis also nicht beinflussen, indem Privatvermögen in Firmenvermögen umgewandelt wird.

  Nennenswerte Erhöhungen des Eigenkapitals gelingen also nur durch Selbstfinanzierung oder die Aufnahme weiterer Gesellschafter. Unabhängig von dem Problem, kapitalkräftige Gesellschafter überhaupt zu finden, hat man in der OHG mit der Schwierigkeit zu kämpfen, daß die Vertretungsbefugnisse eines neu hinzutretenden Gesellschafters nach außen nicht beschränkt werden können.

  Weil die Gesellschafter einer OHG nicht nur Kapitalgeberfunktion besitzen, sondern auch die Aufgabe haben, die Geschäfte des Unternehmens zu führen, stellt sich beim Ausscheiden eines Gesellschafters immer die Frage, ob und wie das Unternehmen weiter existieren kann.

- *Kommanditgesellschaft (KG):* Gegenüber der OHG sind die Eigenfinanzierungsmöglichkeiten der KG etwas besser. Charakteristisch für diese Rechtsform sind vollhaftende Gesellschafter (Komplementäre) und nur mit ihrer Einlage haftende Eigentümer (Kommanditisten), die grundsätzlich von der Geschäftsführung ausgeschlossen sind.

Bei der Suche nach weiteren Gesellschaftern hat man es in bezug auf die Kommanditisten wesentlich leichter als in der OHG, weil die Frage, ob sich ein solcher Gesellschafter fachlich und persönlich für die Geschäftsführung eignet, gar nicht erst gestellt werden muß.

Insofern handelt es sich bei der KG um eine Rechtsform, die bereits einen Übergang zur Kapitalgesellschaft erkennen läßt. Das äußert sich auch in der Tatsache, daß das Ausscheiden eines Kommanditisten die weitere Existenz der Gesellschaft bei weitem nicht so gefährdet wie das Ausscheiden eines die Geschäfte führenden Vollhafters.

• *Gesellschaft mit beschränkter Haftung (GmbH):* Diese Rechtsform wird in erster Linie von mittelständischen Betrieben gewählt, deren Gesellschafter ihre Haftung auf die Kapitaleinlage beschränken wollen. Die Leitung des Unternehmens erfolgt durch Geschäftsführer, die von der Gesellschafterversammlung gewählt werden. Um zum Geschäftsführer bestellt zu werden, braucht man nicht Gesellschafter zu sein.

Die Höhe des Stammkapitals (mindestens 50000 DM) wird im Gesellschaftsvertrag festgelegt und ins Handelsregister eingetragen. Spätere Kapitalerhöhungen stellen Änderungen der Satzung dar und bedürfen mindestens einer Dreiviertelmehrheit der Gesellschafterversammlung. Das gilt unabhängig davon, ob alte Gesellschafter ihre Einlage aufstocken oder ob neue Gesellschafter hinzutreten. Da diese grundsätzlich nur als Kapitalgeber tätig werden, aber nicht (notwendigerweise) zu Geschäftsführern gewählt werden, ist es wesentlich leichter, solche Personen zu finden. Der Wechsel eines Gesellschafters gefährdet den weiteren Bestand des Unternehmens nicht. Jedoch muß der Preis bestimmt werden, den der Nachfolger eines ausscheidenden Gesellschafters für dessen Stammeinlage zu zahlen hat.

• *Aktiengesellschaft (AG):* Das ist die Rechtsform, die man für große Unternehmen wählt, wenn deren Eigentümer die Haftung auf die Einlage beschränken wollen. Das Grundkapital der Gesellschaft (mindestens 100000 DM) wird in Anteile (Aktien) zerlegt, die von den Eigentümern zu übernehmen sind. Jede Kapitalerhöhung stellt eine Satzungsänderung dar und muß mindestens mit einer Dreiviertelmehrheit von der Hauptversammlung beschlossen werden.

Die Aktien werden an den Wertpapierbörsen gehandelt, wo man täglich ihren aktuellen Preis ermittelt und öffentlich bekanntmacht. Will ein Aktionär die Gesellschaft verlassen, so sucht er sich auf diesem Markt einen interessierten Nachfolger. Mit diesem muß er sich nur über den Preis und die zu übernehmende Zahl von Aktien verständigen, was äußerst rasch geschehen kann. Die Zustimmung der anderen Aktionäre beziehungsweise die Genehmigung der Geschäftsführung für einen solchen Eigentümerwechsel sind nur dann erforderlich, wenn das die Satzung vorsieht.

Die Leitung der Gesellschaft obliegt dem Vorstand, der vom Aufsichtsrat bestellt und kontrolliert wird. Der Aufsichtsrat wiederum wird – von Mitbestimmungsregelungen abgesehen – von der Hauptversammlung gewählt. Insofern finden wir in der Aktiengesellschaft regelmäßig eine weitestgehende Trennung zwischen Kapitalüberlassung und Geschäftsführung.

Aktiengesellschaften haben es im Verhältnis zu den anderen Rechtsformen relativ leicht, neues Eigenkapital aufzunehmen. Sie müssen sich mit solchen Wünschen an ihre bisherigen Aktionäre wenden und diese davon überzeugen, daß die Kapitalerhöhung betriebswirtschaftlich vernünftig ist. Stimmen die Aktionäre mit der erforderlichen Mehrheit zu, so müssen ihnen die neuen Aktien zum Bezug angeboten werden, damit sie ihre Beteiligungsquote aufrecht erhalten können. Nehmen die Altaktionäre ihre Bezugsrechte nicht wahr, so werden die Aktien an neue Anteilseigner verkauft.

4. **Kapitalerhöhung in der Aktiengesellschaft**

Für die Aktiengesellschaft gibt es vier verschiedene Formen der Kapitalerhöhung, und zwar

- die ordentliche Kapitalerhöhung,
- die bedingte Kapitalerhöhung,
- das genehmigte Kapital und
- die Kapitalerhöhung aus Gesellschaftsmitteln.

Bevor wir darauf näher eingehen, sind einige Vorbereitungen zu treffen. Nach gegenwärtiger Rechtslage muß das Grundkapital einer Aktiengesellschaft mindestens 100000 DM betragen. Das Grundkapital wird in Anteilsscheine (Aktien) zerlegt. Eine einzelne Aktie besitzt einen Mindestnennbetrag von 5 DM. Aktien dürfen nicht unter, sehr wohl aber über ihrem Nennbetrag ausgegeben werden. Die Differenz zwischen dem Ausgabepreis (Emissionspreis) und dem Nennwert bezeichnet man als Agio. Das bei der Emission erzielte Agio ist in die Kapitalrücklage einzustellen, während der Nennbetrag als gezeichnetes Kapital (Grundkapital) auszuweisen ist.

(a) *Ordentliche Kapitalerhöhung:* Kapitalerhöhungen stellen Änderungen der Satzung der Aktiengesellschaft dar und müssen daher stets von der Hauptversammlung beschlossen (Dreiviertelmehrheit) und ins Handelsregister eingetragen werden. Da sich als Folge einer Kapitalerhöhung die Beteiligungsverhältnisse ändern können, steht den Aktionären in der Regel ein Bezugsrecht auf junge Aktien zu.

(b) *Bedingte Kapitalerhöhungen:* dienen vor allem der Gewährung von Umtauschrechten für Gläubiger von Wandel– oder Optionsschuldverschreibungen. Ferner muß man eine solche Kapitalerhöhung beschließen, wenn man den Arbeitnehmern Belegschaftsaktien anbieten will.

(c) *Genehmigtes Kapital:* Eine ordentliche Kapitalerhöhung ist verhältnismäßig zeitaufwendig. Daher ist es zweckmäßig, wenn die Hauptversammlung den Vorstand ermächtigt, das Grundkapital (innerhalb von 5 Jahren um höchstens 50 % des im Zeitpunkt der Ermächtigung vorhandenen Grundkapitals) zu erhöhen (genehmigtes Kapital). Der Vorstand kann dann von der Ermächtigung Gebrauch machen, wenn es die Lage des Unternehmens erfordert oder der Kapitalmarkt in einer Verfassung ist, die die Emission gerade besonders günstig erscheinen läßt.

(d) *Kapitalerhöhung aus Gesellschaftsmitteln:* Sie zeichnet sich dadurch aus, daß kein zusätzliches Eigenkapital in das Unternehmen fließt. Vielmehr werden nur Rücklagen in Grundkapital umgewandelt. Das ist zunächst ein reiner Buchungsvorgang. Die Aktionäre erhalten Berichtigungsaktien ("Gratisaktien"), ohne daß das Firmenvermögen wächst. Infolgedessen müssen die Kurse der Aktien sinken.

5. Aktienarten

Um verschiedene Aktienarten beschreiben zu können, pflegt man auf zwei verschiedene Eigenschaften Bezug zu nehmen, zum einen die Art der Eigentumsübertragung und zum anderen den Umfang der verbrieften Rechte.

- Bei einer Inhaberaktie wird das Eigentum durch Einigung und Übergabe übertragen.

  Demgegenüber kommt bei einer Namensaktie hinzu, daß die Eigentumsübertragung dem Vorstand der Gesellschaft mitgeteilt werden muß und erst wirksam wird, wenn sie im Aktienbuch eingetragen ist.

  Ist die Namensaktie vinkuliert ("gefesselt"), dann bedarf die Eigentumsübertragung der Zustimmung des Vorstandes.

- Stammaktien verbriefen ihren Inhabern sämtliche Rechte, die das Aktiengesetz vorsieht (Teilnahme an der Hauptversammlung, Stimmrecht, Recht auf Dividende, Bezugsrecht auf junge Aktien, Recht auf Beteiligung am Liquidationserlös).

  Vorzugsaktien verbriefen besondere Rechte, die sich auf das Stimmrecht (Mehrstimmrechtsaktie), die Dividende (Aktie mit Vorzugsdividende) oder auf den Liquidationserlös beziehen können. Im Regelfall geht die Bevorzugung hinsichtlich einer Eigenschaft mit einer Benachteiligung bei einer anderen Eigenschaft einher (Beispiel: stimmrechtslose Aktie mit Vorzugsdividende).

6. Bilanzkurs

(a) Unter dem Bilanzkurs versteht man das Verhältnis von bilanziertem Eigenkapital zu gezeichnetem Eigenkapital (in Prozent), also

$$\text{Bilanzkurs} = \frac{\text{bilanziertes Eigenkapital}}{\text{gezeichnetes Eigenkapital}} \cdot 100 \,,$$

wobei das bilanzierte Eigenkapital sich in unserer Beispielsaufgabe als Summe aus gezeichnetem Kapital, Rücklagen und Gewinnvortrag ergibt. Mithin beläuft sich der Bilanzkurs auf

$$\begin{aligned} \text{Bilanzkurs} \quad &= \quad \frac{250000 + 80000 + 25000}{250000} \cdot 100 \\ &= \quad \frac{375000}{250000} \cdot 100 = 150 \,. \end{aligned}$$

(b) Die Aussagefähigkeit kann durch Einbeziehung der stillen Reserven erhöht werden. Um den korrigierten Bilanzkurs zu ermitteln, stellt man daher die Summe aus bilanziertem Eigenkapital und stillen Reserven dem gezeichneten Kapital gegenüber. Das führt mit den Zahlen unseres Beispiels auf

$$\text{Korrigierter Bilanzkurs} = \frac{375000 + 125000}{250000} \cdot 100 = 200 \,.$$

7. Einheitskurs

Der Einheitskurs ist jener Kurs, bei dem es gelingt, die größte Stückzahl zu handeln. Um ihn zu ermitteln, bedient man sich am besten einer Tabelle wie folgender:

Kurs	Angebot (Stück)	Nachfrage (Stück)	Handel (Stück)
300	350	670	350
302	450	550	450
305	450	350	350
307	570	250	250

Man kann leicht erkennen, daß der Einheitskurs bei 302 DM liegen muß.

8. Bezugsrecht und Bezugsrechtsformel

(a) Mit Hilfe des Bezugsrechts sollen die Vermögensinteressen der Aktionäre geschützt werden. Darüber hinaus soll das Bezugsrecht dafür sorgen, daß der Stimmrechtsanteil der Aktionäre unbeschädigt bleibt.

(b) Eine Formel für den Wert eines Bezugsrechts erhält man, indem man sich klar macht, daß ein Altaktionär bei Nichtwahrnehmung des Bezugsrechts für den Wertverlust entschädigt werden muß, der dadurch entsteht, daß die Aktien ursprünglich zum Kurs K_a notieren und später voraussichtlich zum Mischkurs K_m notieren werden. Dieser Mischkurs beläuft sich rechnerisch auf

$$K_m = \frac{aK_a + nK_n}{a + n} \, ,$$

wenn a (n) als Symbol für die Anzahl der alten (neuen) Aktien und K_a (K_n) als Symbol für den Kurs einer alten (neuen) Aktie verwendet werden. Bezeichnet man mit B den Wert eines Bezugsrechts, so erhält man durch Einsetzen und Umformen

$$\begin{aligned} B &= K_a - K_m \\ &= K_a - \frac{aK_a + nK_n}{a + n} \\ &= \frac{K_a - K_n}{1 + \frac{a}{n}} \, . \end{aligned}$$

(c) Die Zahl der alten Aktien beläuft sich mit den Zahlen des Beispiels auf

$$a = \frac{2240000000}{100} = 22400000 \text{ Stück} \, ,$$

während

$$n = \frac{2380000000 - 2240000000}{100} = 1400000 \text{ Stück}$$

neue Aktien ausgegeben werden müssen. Der Wert eines Bezugsrechts beträgt mit diesen Zahlen

$$B = \frac{1125.40 - 200.00}{1 + \frac{22400000}{1400000}} = 54.44 \text{ DM} \, .$$

9. Ökonomischer Wert des Bezugsrechts

Der Wert des Bezugsrechts soll die Differenz zwischen dem gegenwärtigen Kurs und dem erwarteten Kurs nach der Kapitalerhöhung unter Berücksichtigung des Bezugsverhältnisses ausgleichen. Zur Herleitung der Formel siehe Aufgabe 8b.

10. Opération blanche

(a) Der Mischkurs ist ein gewogenes arithmetisches Mittel aus dem bisherigen Kurs der alten Aktien und dem Emissionskurs der jungen Aktien, also

$$
\begin{aligned}
K_m &= \frac{aK_a + nK_n}{a+n} \\
&= \frac{4000000 \cdot 260 + 1000000 \cdot 210}{4000000 + 1000000} = 250 \text{ DM}.
\end{aligned}
$$

(b) Den Wert des Bezugsrechts erhält man entweder als Differenz zwischen dem bisherigen Börsenkurs und dem voraussichtlichen Mischkurs,

$$
B = K_m - K_a = 260 - 250 = 10 \text{ DM}
$$

oder aus der Bezugsrechtsformel

$$
B = \frac{K_a - K_n}{1 + \frac{a}{n}} = \frac{260 - 210}{1 + \frac{4000000}{1000000}} = \frac{50}{5} = 10 \text{ DM}.
$$

(c) Unter einer opération blanche versteht man ein Geschäft, bei dem ein Aktionär seine Bezugsrechte teils verkauft und teils ausübt, und zwar dergestalt, daß die Bezugsrechtserlöse gerade die Ausgaben für den Erwerb der jungen Aktien decken.

Bezeichnet man mit m die Zahl der alten Aktien, welche der hier betrachtete Kapitaleigner besitzt, und verwendet man x als Symbol für die Zahl der zu verkaufenden Bezugsrechte, so belaufen sich die Bezugsrechtserlöse auf

$$
\text{Bezugsrechtserlöse} = xB,
$$

während man für die Ausgaben beim Erwerb der jungen Aktien

$$
\text{Ausgaben für Aktienkauf} = \frac{m-x}{a}nK_n
$$

zu schreiben hat. Die Emissionserlöse betragen insgesamt nK_n, und $\frac{m-x}{a}$ ist die Quote, mit der sich der betrachtete Aktionär nach einem Teilverkauf seiner Bezugsrechte hieran zu beteiligen hat, denn $\frac{m}{a}$ ist der Anteil des Aktionärs am Aktienbestand vor der Kapitalerhöhung. Da bei einer opération blanche die Bezugsrechtserlöse ebenso groß wie die Ausgaben für den Erwerb junger Aktien sein sollen, gilt

$$
xB = \frac{m-x}{a}nK_n.
$$

Auflösen nach x ergibt

$$x = \frac{mnK_n}{aB + nK_n}$$

und mit den Zahlen des Beispiels

$$x = \frac{200 \cdot 1000000 \cdot 210}{4000000 \cdot 10 + 1000000 \cdot 210} = 168 \text{ Stück Bezugsrechte.}$$

Die verbleibenden $200 - 168 = 32$ Bezugsrechte werden ausgeübt. Da man im hier betrachteten Beispiel jeweils vier Bezugsrechte benötigt, um eine junge Aktie kaufen zu dürfen, werden

$$\frac{m - x}{a} n = \frac{m - x}{\frac{a}{n}} = \frac{200 - 168}{4} = 8 \text{ Stück junge Aktien}$$

erworben.

(d) Im Normalfall bekommt man keine so glatten ganzzahligen Lösungen. Dann kann man nur dafür sorgen, daß die Bezugsrechtserlöse *ungefähr* so groß sind wie die notwendigen Ausgaben für den Erwerb junger Aktien. Ergänzend sei angemerkt, daß wir bei unseren obigen Kalkulationen alle Transaktionskosten außer acht gelassen haben.

11. Bilanzkurs und ertragsgerechter Kurs

(a) Der einfache Bilanzkurs ist das Verhältnis des in der Bilanz ausgewiesenen Eigenkapitals zum Nennwert des Eigenkapitals (in Prozent), mit unseren Beispielszahlen also

$$\begin{aligned} \text{Bilanzkurs} \; &= \; \frac{\text{Grundkapital} + \text{offene Rücklagen}}{\text{Grundkapital}} \cdot 100 \\ &= \frac{800000 + 80000 + 280000}{800000} \cdot 100 = 145 \, . \end{aligned}$$

(b) Vom korrigierten Bilanzkurs spricht man dagegen dann, wenn man in die Ermittlung des Eigenkapitals auch die stillen Rücklagen einbezieht, das heißt

$$\begin{aligned} \text{korr. Bilanzkurs} \; &= \; \frac{\text{Grundkapital} + \text{offene und stille Rücklagen}}{\text{Grundkapital}} \cdot 100 \\ &= \frac{800000 + 80000 + 280000 + 200000}{800000} \cdot 100 = 170 \, . \end{aligned}$$

(c) Um den ertragsgerechten Kurs einer Aktie des Unternehmens zu ermitteln, benötigt man den Ertragswert des gesamten Unternehmens und die Zahl der ausgegebenen Aktien. Der Ertragswert ergibt sich durch Diskontierung des als dauerhaft und risikolos angesehenen Gewinns des Unternehmens in Höhe von jährlich 150000 DM mit dem Kalkulationszinsfuß. Unter Verwendung der Formel für die Berechnung des Barwerts einer ewigen Rente erhält man

$$\text{Ertragswert} = \frac{150000}{0.1} = 1500000 \text{ DM}.$$

Die Zahl der umlaufenden Aktien berechnet man, indem man das Grundkapital durch den Nennwert einer Aktie dividiert, also

$$\text{Zahl der Aktien} = \frac{800000}{100} = 8000 \text{ Stück}.$$

Division des Ertragswertes durch diese Zahl führt auf den ertragsgerechten Kurs

$$\frac{1500000}{8000} = 187.50 \text{ DM/Stück}.$$

(d) Um den ertragsgerechten Kurs unter veränderten Bedingungen rasch ermitteln zu können, verschafft man sich am besten eine geeignete Berechnungsformel. Mit X als Gewinn und i als Kalkulationszinsfuß beläuft sich der Ertragswert des gesamten Unternehmens auf $\frac{X}{i}$. Nennt man das Grundkapital G und den Nennwert einer Aktie F, so ist $\frac{G}{F}$ die Zahl der ausgegebenen Aktien. Daraus ergibt sich die gesuchte Formel zur Berechnung des ertragsgerechten Kurses mit

$$\frac{X/i}{G/F} = \frac{X \cdot F}{i \cdot G}.$$

   i. Daraus erhalten wir mit den Beispielszahlen und einem Kalkulationszinsfuß von 5 %

$$\frac{150000 \cdot 100}{0.05 \cdot 800000} = 375,$$

  ii. während sich bei einem Kalkulationszinsfuß von 15 %

$$\frac{150000 \cdot 100}{0.15 \cdot 800000} = 125$$

ergibt.

12. Bezugsrechtsemission

(a) Wenn der alte Börsenkurs die Ertragsaussichten des Unternehmens zutreffend widerspiegelt, so müßte sich nach der Kapitalerhöhung der Mischkurs

$$\begin{aligned} K_m &= \frac{aK_a + nK_n}{a + n} \\ &= \frac{8 \cdot 500 + 1 \cdot 300}{8 + 1} = 477.78 \text{ DM} \end{aligned}$$

einstellen.

(b) Für den rechnerischen Wert des Bezugsrechts gilt unter diesen Bedingungen

$$B \;=\; \frac{K_a - K_n}{1 + \frac{a}{n}}$$

$$=\; \frac{500 - 300}{1 + \frac{8}{1}} = 22.22 \text{ DM} .$$

(c) Die Bezugsrechtsformel läßt sich auch unter der Voraussetzung anwenden, daß die jungen Aktien verschenkt werden. In diesem Fall erhalten wir

$$B = \frac{500 - 0}{1 + \frac{8}{1}} = 55.56 \text{ DM} .$$

13. Funktionen des Bezugsrechts

Das Bezugsrecht auf junge Aktien hat die Aufgabe,

	ja	nein
den Gläubigern der Aktiengesellschaft den Bezug von neu aufgelegten Schuldverschreibungen zu sichern.	◯	⊗
den Aktionären zu ermöglichen, durch Verkauf der Bezugsrechte an der Börse, ihren Stimmrechtsanteil zu erhalten.	◯	⊗
Vermögensverluste auszugleichen, die den Aktionären aufgrund der Kapitalerhöhung drohen.	⊗	◯
den Aktionären zu ermöglichen, ihre bestehenden Stimmrechtsanteile an der Gesellschaft zu erhalten.	⊗	◯
Vermögensverluste auszugleichen, die der Aktiengesellschaft durch die Kapitalerhöhung entstehen.	◯	⊗
der Gesellschaft die Emission junger Aktien zu einem Preis zu ermöglichen, der erheblich unter dem Börsenkurs der alten Aktien liegen kann.	⊗	◯
der Gesellschaft die Emission junger Aktien zu einem Preis zu ermöglichen, der erheblich über dem Börsenkurs der alten Aktien liegen kann.	◯	⊗

14. Finanzierung einer Investition durch Kapitalerhöhung

(a) Das Bezugsverhältnis bringt zum Ausdruck, wie viele alte Aktien jemand braucht, um eine junge Aktie beziehen zu dürfen. Da in der Aufgabenstellung keine Information darüber zu finden ist, welchen Nennwert eine einzelne Aktie hat, wird unterstellt, daß alte und neue Aktien den gleichen Nennwert besitzen. Unter dieser Voraussetzung ergibt sich das Bezugsverhältnis aus der Relation zwischen dem Nennwert der alten Aktien (= bisheriges Grundkapital) und dem Nennwert der jungen Aktien.

$$\text{Bezugsverhältnis} = \frac{\text{Grundkapital}}{\text{Nennwert der neuen Aktien}}$$

$$= \frac{250000000}{50000000} = \frac{5}{1}$$

(b) Der Nennwert einer Aktie beträgt mindestens 5 DM. Ein solcher Nennwert führt auf die stärkste Stückelung. Die Zahl der zu emittierenden Aktien ergibt sich, indem man den Nennwert der Kapitalerhöhung durch den Nennwert einer Aktie teilt. Den Ausgabekurs einer jungen Aktie gewinnt man, indem man den gewünschten Emissionserlös durch die Zahl der jungen Aktien dividiert.

$$\text{Zahl der neuen Aktien} = \frac{\text{Nennwert der Kapitalerhöhung}}{\text{Nennwert je Aktie}}$$

$$= \frac{50000000}{5} = 10000000 \text{ Stück}$$

$$\text{Emissionskurs} = \frac{\text{Emissionserlös}}{\text{Zahl der neuen Aktien}}$$

$$= \frac{80000000}{10000000} = 8 \text{ DM}$$

(c) Die neue Bilanz unterscheidet sich von der Ausgangsbilanz in folgenden Positionen:

- Der Emissionserlös in Höhe von 80 Mio. DM fließt in die Kasse.
- Das Grundkapital steigt um 50 Mio. DM, den Nennwert der jungen Aktien.
- Die Kapitalrücklage steigt um die Differenz zwischen dem Emissionserlös und dem Nennwert der jungen Aktien. Diese Differenz wird auch Agio (Aufgeld) genannt.

Daraus ergibt sich nachstehende Bilanz.

Anlagevermögen	400	Grundkapital	300
Umlaufvermögen (ohne Kasse)	350	Rücklagen	180
Kasse	80	Fremdkapital	350
	830		830

(d) Bezeichnet N den Dividendennachteil, so lautet die Formel zur Ermittlung des rechnerischen Wertes eines Bezugsrechts

$$B = \frac{K_a - (K_n + N)}{1 + \frac{a}{n}}$$
$$= \frac{120 - (80 + 4)}{1 + 5}$$
$$= 6\,\text{DM}.$$

15. Handel mit Aktien am Sekundärmarkt

Wenn zwei Aktionäre sich darauf verständigen, Aktien gegen Geld zu tauschen, so fließt nur ein Zahlungsstrom zwischen diesen beiden Personen. Das Kapital der Aktiengesellschaft bleibt dabei vollkommen unverändert.

5.5 Zwischenformen der Finanzierung

1. Preisuntergrenze einer Wandelanleihe

(a) Der Inhaber der Wandelanleihe kann sein Wandlungsrecht entweder ausüben oder darauf verzichten. Betrachten wir einen Anleger, der 10 DM in der Kasse hat und außerdem 2 Wandelanleihen besitzt, die zum Kurs von 10 DM je Stück notieren.

- Verzichtet dieser Anleger auf die Ausübung seines Wandlungsrechts, so beläuft sich sein Vermögen auf $10 + 2 \cdot 10 = 30$ DM.

- Übt er das Wandlungsrecht aus, so muß er die beiden Anleihestücke hingeben und 10 DM zahlen. Dafür erhält er eine Aktie, die zum Kurs von 35 DM notiert.

Um sich den Vermögensunterschied von 5 DM zu sichern, wird der Anleger von seinem Wandlungsrecht Gebrauch machen.

(b) Eine erste Preisuntergrenze für die Wandelanleihe ergibt sich, wenn man unterstellt, daß nicht gewandelt wird. In diesem Fall beläuft sich der Preis, den man für die Anleihe bezahlen sollte, auf den Barwert aller auf den Betrachtungszeitpunkt diskontierten Zins- und Tilgungsleistungen des Schuldners.

(c) Eine zweite Preisuntergrenze orientiert sich daran, daß von dem Wandlungsrecht Gebrauch gemacht wird. Es ist ökonomisch vorteilhaft zu wandeln, solange die indirekten Beschaffungskosten für die Aktie nicht größer sind als die direkten Beschaffungskosten. Wir verwenden S_0 für den gegenwärtig herrschenden Marktpreis der Aktie und bezeichnen den Preis der Wandelanleihe mit P_0. Geht man weiter von einem Zuzahlungsbetrag von $Z = 10$ DM und einem Wandlungsverhältnis von $g = \frac{2}{1}$ aus, so muß

$$\underbrace{g \cdot P_0 + Z}_{\substack{\text{indirekte Be-}\\\text{schaffungskosten}}} \leq \underbrace{S_0}_{\substack{\text{direkte Be-}\\\text{schaffungskosten}}}$$

gelten. Auflösen nach der Preisuntergrenze liefert in diesem Fall

$$P_0 \leq \frac{S_0 - Z}{g} = \frac{35 - 10}{2} = 12.50 \, \text{DM} \, .$$

2. **Wandelanleihe**

(a) Im Rahmen dieses Aufgabenteils gehen wir davon aus, daß die Anleihe auf jeden Fall gewandelt wird. Dann gibt es zwei Wege, um eine Aktie zu erwerben: Entweder kauft man die Aktie direkt oder man erwirbt vier Wandelanleihen und zahlt 40 DM in bar. Unter der Voraussetzung, daß der Kapitalmarkt arbitragefrei ist, muß demnach

$$424 = 4 \cdot P_0 + 40$$

gelten, wenn P_0 der Preis ist, den man heute für eine Wandelanleihe zu zahlen hat. Auflösen ergibt

$$P_0 = \frac{424 - 40}{4} = 96 \, \text{DM} \, .$$

(b) Jetzt berücksichtigen wir, daß die Wandelanleihe umgetauscht werden *darf*, aber nicht umgetauscht werden *muß*. Wenn auf das Wandlungsrecht verzichtet wird, hat die Wandelanleihe den Charakter einer gewöhnlichen Anleihe, und falls für solche Anleihen derzeit ein Kurs von 99 DM gezahlt wird, wäre man schlecht beraten, von dem Umtauschrecht Gebrauch zu machen. Also beträgt der Wert der Wandelanleihe

$$P_0 = \max(99, 96) = 99 \, \text{DM} \, .$$

(c) Wenn der Aktienkurs auf 480 DM steigt und der Inhaber der Wandelanleihe prüft, ob er das Wandlungsrecht ausüben soll oder nicht, kommt er zu einem positiven Ergebnis. Bezeichnet man den Wert des Umtauschrechts mit x, so gilt jetzt nämlich

$$4 \cdot 99 + 40 + x = 480 \, ,$$

woraus

$$x = 480 - 40 - 4 \cdot 99 = 44 \text{ DM}$$

folgt. Es lohnt sich, von dem Wandlungsrecht Gebrauch zu machen.

3. Optionsanleihe

(a) Wenn davon ausgegangen wird, daß der Aktienkurs in jedem Jahr um $k = 10\,\%$ steigt, und man den heutigen Aktienkurs mit S_0 bezeichnet, so gilt für den Preis der Aktie im Zeitpunkt t

$$S_t = S_0 \cdot (1 + k)^t \, .$$

Daraus läßt sich die Aktienkursentwicklung nachstehender Tabelle ableiten.

Zeitpunkt	0	1	2	3	4
Aktienkurse	140.00	154.00	169.40	186.34	204.97
Paritätskurse	0.00	0.00	44.00	213.40	399.70

(b) Man berechnet den Paritätskurs des Optionsscheins aus

$$W_t = \max \left(g \cdot (S_t - B), 0 \right),$$

wobei g für das Bezugsverhältnis, S_t für den Kurs der Aktie im Zeitpunkt t und B für den Bezugskurs steht. Für den Zeitpunkt $t = 3$ ergibt sich daraus

$$W_3 = \max \left(10 \cdot (186.34 - 165.00), 0 \right) = 213.40 \text{ DM} \, .$$

Die Werte für die anderen Zeitpunkte sind in vorstehender Tabelle zusammengestellt.

(c) Begibt ein Unternehmen eine gewöhnliche Anleihe, so muß sie den im Zeitpunkt der Emission geltenden Marktzins zahlen. Wählt sie dagegen eine Optionsanleihe, so kann sie einen deutlich niedrigeren Zins wählen und damit die Liquiditätsbelastung (zunächst) spürbar verringern. Als Kompensation für den Zinsnachteil muß das Unternehmen den Kapitalgebern allerdings irgendeine Art von Vorteil gewähren. Das tut sie, indem sie das Recht einräumt, später zu im voraus fixierten Konditionen Aktien des Unternehmens zu erwerben. Ob sich die Ausübung dieses Optionsrechts lohnt oder nicht, hängt von der künftigen Entwicklung des Aktienkurses ab. Soll sie sich aber lohnen, so müssen die Manager eine Politik verfolgen, die sie in den Stand versetzt, an die Aktionäre attraktive Dividenden zu zahlen.

4. Umtausch von Wandelanleihen

Die Gläubiger einer Wandelanleihe haben ein Umtauschrecht, aber keine
Umtauschpflicht. Die Emission von Wandelanleihen erfordert daher immer eine bedingte Kapitalerhöhung. Im Verhältnis zur Finanzierung mit
Aktien bietet die Wandelschuldverschreibung den Vorteil, daß die Zinsen
als Betriebsausgabe den Gewinn mindern. Dies führt zu einer geringeren
Steuerbelastung, während Dividenden aus dem versteuerten Gewinn zu
zahlen sind.

Die Umtauschfrist erstreckt sich gewöhnlich über mehrere Jahre. Indessen versuchen die Unternehmen oft, den Zeitpunkt der Wandlung durch
die Rahmenbedingungen zu beeinflussen. Sie setzen dabei folgende Instrumente ein:

- *Staffelung des Zuzahlungsbetrages:* Will die Gesellschaft den Wand-
  lungstermin möglichst lange hinauszögern, so wird sie die Zuzahlung
  anfangs hoch und später immer niedriger festsetzen.

- *Sperrfristen:* Gewöhnlich findet man solche Sperrfristen zu Beginn
  der Laufzeit. Mitunter gibt es aber auch Sperrfristen in der zeitlichen Umgebung von Hauptversammlungen, was damit zu tun haben
  mag, daß das Management vor unvorhergesehenen Verschiebungen
  der Stimmrechtsverhältnisse sicher sein will.

- *Rückzahlung statt Zuzahlung:* Eine niedrige Zuzahlung oder gar eine negative Zuzahlung (Rückzahlung) gibt – ceteris paribus – einen
  Anreiz zum frühen Umtausch. Das Wandlungsverhältnis muß allerdings so festgelegt werden, daß es trotz Rückzahlung im Endeffekt
  nicht zu einer Emission der Aktien unter ihrem Nennwert kommt,
  da diese in Deutschland verboten sind.

5. Options– und Wandelanleihen im Vergleich

(a) Bei beiden Anleiheformen handelt es sich um festverzinsliche Wert-
    papiere, die mit dem besonderen Recht ausgestattet sind, Aktien der
    Gesellschaft zu im voraus festgelegten Konditionen zu erwerben.

    Der Inhaber der Optionsanleihe hat das Recht, innerhalb einer be-
    stimmten Frist zu einem bestimmten Preis junge Aktien zu kau-
    fen. Macht er von diesem Recht Gebrauch, so wird er Anteilseigner,
    bleibt aber zugleich auch Gläubiger. Im Gegensatz dazu wird die
    Wandelschuldverschreibung beim Aktienbezug in Zahlung gegeben
    und geht damit als selbständiger Finanztitel unter. Während also
    bei den Wandelschuldverschreibungen Fremdkapital in Eigenkapital
    umgewandelt wird, tritt bei den Optionsanleihen zum vorhandenen
    Fremdkapital weiteres Eigenkapital hinzu.

(b) Nach dem Umtausch der Wandelanleihe sieht die Bilanz so aus, wie
in Tabelle 5.7 gezeigt. Man erkennt, daß die Wandelschuldverschrei-

Tabelle 5.7: Bilanz nach Kapitalerhöhung (Wandelanleihe)

Aktiva		Passiva	
Anlagevermögen	100	Gezeichnetes Kapital	120
Umlaufvermögen	100	Kapitalrücklage	25
		Gewinnrücklage	5
		Sonstige Passiva	50
	200		200

bung lediglich einen Passivtausch verursacht. Bei Ausübung der Optionsanleihe ergäbe sich dagegen eine Bilanz gemäß Tabelle 5.8, was
deutlich macht, daß diese Form der Kapitalerhöhung zu einer Bi-
lanzverlängerung führt.

Tabelle 5.8: Bilanz nach Kapitalerhöhung (Optionsanleihe)

Aktiva		Passiva	
Anlagevermögen	100	Gezeichnetes Kapital	120
Umlaufvermögen	140	Kapitalrücklage	25
		Gewinnrücklage	5
		Optionsanleihe (ex)	40
		Sonstige Passiva	50
	240		240

6. Optionsscheine

Optionsscheine (warrants) sind Wertpapiere, die in der Regel zusammen
mit einer Anleihe (Optionsanleihe) emittiert und später von ihr getrennt
werden. Sie verbriefen das Recht, innerhalb einer bestimmten Frist zu
einem bestimmten Preis

- Aktien (equity warrants, stock warrants),

- Anleihen (interest warrants, bond warrants),

- Aktien– oder Anleiheportfolios (index warrants),

- Genußscheine,

- fremde Währungen (currency warrants) oder

- Handelswaren (Edelmetalle, Rohöl) (commodity warrants)

zu erwerben. Optionsscheine werden zunehmend auch ohne das früher übliche Begleitpapier ausgegeben (naked warrants). Die Optionsfristen liegen bei Ausgabe der Scheine in der Regel zwischen 12 und 24 Monaten. Wenn die Wertpapiere, die der Optionsscheininhaber im Falle der Ausübung seines Optionsrechts bezieht, bei Ausgabe des Optionsscheins bereits existieren, spricht man von gedeckten Optionsscheinen (covered warrants).

7. Verwässerungsschutz

Die Käufer von Wandelanleihen hoffen darauf, daß es sich in der Zukunft lohnen möge, die Wandlung vorzunehmen.[5] Das ist genau dann der Fall, wenn der Kurs der Aktie im Zeitpunkt der Wandlung größer ist als die Anschaffungskosten für die erforderliche Menge von Wandelanleihen zuzüglich der erforderlichen Zuzahlung.

Der Kurs der Aktie wird durch Angebot und Nachfrage an der Effektenbörse bestimmt, wobei sich die Kapitalmarktteilnehmer vermutlich in erster Linie von einer Einschätzung der Ertragsaussichten der Gesellschaft leiten lassen. Man darf jedoch nicht übersehen, daß die Gesellschaften mit Hilfe von Finanzierungsmaßnahmen massiven Einfluß auf die Kurse ihrer Aktien nehmen können. So ist insbesondere bei Kapitalerhöhungen aus Gesellschaftsmitteln, aber auch bei Kapitalerhöhungen gegen Einlagen, damit zu rechnen, daß die Kurse sinken, wenn der Emissionspreis der jungen Aktien deutlich unter dem bisherigen Börsenpreis liegt. In derartigen Fällen wird der Marktwert des Umtauschrechts unter Umständen erheblich beeinträchtigt, jedenfalls dann, wenn es in den Anleihebedingungen keine geeigneten Verwässerungsschutzklauseln gibt.

Grundsätzlich geeignet sind Verwässerungsschutzklauseln dann, wenn sie darauf hinauslaufen, die Umtauschbedingungen den neuen Verhältnissen anzupassen. Das gelingt, indem man

- das Wandlungsverhältnis und
- den Zuzahlungsbetrag

in geeigneter Weise korrigiert. Bei Kapitalerhöhungen gegen Einlagen könnte man, zumindest theoretisch, auch daran denken, den Inhabern von Wandel– und Optionsanleihen Bezugsrechte auf junge Aktien einzuräumen.

8. Verwässerungsschutz einer Wandelanleihe

Ohne Verwässerungsschutz verschlechtert sich die Vermögensposition der Wandelobligationäre bei jeder Kapitalerhöhung. Das kann man leicht erkennen, wenn man von der (sicher nicht unproblematischen) Annahme ausgeht, daß der Bilanzkurs den wahren Wert der Aktie repräsentiert.

---

[5]Entsprechendes gilt sinngemäß auch für Optionsanleihen.

(a) Der Bilanzkurs stellt das Verhältnis von bilanziertem Eigenkapital zu gezeichnetem Eigenkapital (in Prozent) dar, also

$$\text{Bilanzkurs} = \frac{\text{bilanziertes Eigenkapital}}{\text{gezeichnetes Eigenkapital}} \cdot 100\,.$$

Aus der Sicht des Aktionärs handelt es sich um die Deckung des Nennwerts seiner Aktie durch das Eigenkapital des Unternehmens. Mit den Zahlen unserer Aufgabe erhalten wir

$$\text{Bilanzkurs vor Kapitalerhöhung} = \frac{18}{6} \cdot 100 = 300\,\%\,.$$

Bei einer Kapitalerhöhung aus Gesellschaftsmitteln wird das Grundkapital zu Lasten der Rücklagen erhöht, ohne daß "fresh money" in das Unternehmen fließt. Das insgesamt bilanzierte Eigenkapital bleibt konstant. Der Bilanzkurs sinkt selbstverständlich, weil es unter wirtschaftlich vollkommen unveränderten Bedingungen mehr Aktien gibt,

$$\text{Bilanzkurs nach Kapitalerhöhung} = \frac{18}{8} \cdot 100 = 225\,\%\,.$$

(b) Betrachtet man die Kapitalerhöhung aus Gesellschaftsmitteln aus der Sicht der Altaktionäre, so erleiden diese keine Verschlechterung ihrer Position. Der Kurs ihrer Aktien sinkt zwar, aber dafür erhalten sie zusätzliche Aktien, was sich im Gesamtergebnis vollkommen ausgleicht.

Aus der Sicht der Wandelobligationäre ergibt sich ein anderes Bild. Ihre Position wird beeinträchtigt, da sie keine Bezugsrechte auf die jungen Aktien erhalten und – nach der Kapitalerhöhung – ihre Schuldverschreibungen nur in schlechter gedeckte und damit billigere Aktien umtauschen können.

Um die Behauptung zu belegen, daß der Wohlstand der Wandelobligationäre durch die Kapitalerhöhung verringert wird, muß man den wirtschaftlichen Wert des Wandlungsrechts betrachten. Wir berechnen diesen Wert aus

$$\frac{\text{Bilanzkurs der Aktie} - \text{Umtauschverhältnis} \cdot \text{Anleihekurs}}{\text{Umtauschverhältnis}}\,,$$

wobei wir den Kurs der Anleihe so ermitteln, als dürfte sie niemals gewandelt werden. Davon ausgehend, daß die Anleihe mit einem Kupon von 5 DM je 100 DM Nennwert ausgestattet ist und der Marktzins für sichere Kapitalanlagen ebenfalls gerade bei 5 % liegt, würde die Anleihe zum Nennwert notieren müssen, wenn man sie nicht in Aktien umtauschen könnte. Daher erhalten wir vor der Kapitalerhöhung

$$\frac{300 - 2 \cdot 100}{2} = 50.00 \text{ DM}$$

und nach der Kapitalerhöhung

$$\frac{225 - 2 \cdot 100}{2} = 12.50 \text{ DM}.$$

Die Wandelobligationäre erleiden also durch die Kapitalerhöhung einen Verlust von 37.50 DM je Anleihe.

(c) Die Vermögensposition der Wandelanleihebesitzer bleibt nur dann unverändert, wenn im Rahmen der Kapitalerhöhung auch die Zahl der im Wege der Wandlung zu erwerbenden Aktien im gleichen Verhältnis erhöht wird wie das Grundkapital. Bezeichnen wir das neue, zunächst unbekannte Wandlungsverhältnis mit g, so muß die Gleichung

$$\frac{225 - g \cdot 100}{g} = 50$$

erfüllt sein, wenn Wohlstandseinbußen der Wandelobligationäre vermieden werden sollen. Auflösen führt rasch auf

$$g = \frac{225}{150} = 3 : 2 \, .$$

In unserem Fall wurde das Grundkapital von 6 Mio. DM um 2 Mio. DM aufgestockt, was einem Verhältnis von 3 : 1 entspricht. Daher muß auch das bedingte Kapital um ein Drittel erhöht werden, weil sonst der Anspruch der Wandelobligationäre "verwässert" wird. Ist eine solche Erhöhung des bedingten Kapitals vertraglich vorgesehen, so spricht man von einer Verwässerungsschutzklausel.

Der Wandelobligationär erhält nach der beschriebenen Anpassung des bedingten Kapitals für 2 Schuldverschreibungen nicht mehr nur 1 Aktie, sondern $1\frac{1}{3}$ Aktien. Dies entspricht einem Umtauschverhältnis von 3 : 2, wie wir es oben bereits ausgerechnet hatten.

(d) Wenn man für den Fall der Wandlung vorsieht, daß der Obligationär noch eine Zuzahlung vornehmen muß, so ergibt sich der Wert des Wandlungsrechts aus

$$\frac{\text{Bilanzkurs der Aktie} - \text{Umtauschverhältnis} \cdot \text{Anleihekurs} - \text{Zuzahlung}}{\text{Umtauschverhältnis}} \, .$$

Damit haben wir vor der Kapitalerhöhung

$$\frac{300 - 2 \cdot 100 - 15}{2} = 42.50 \text{ DM}$$

und nach der Kapitalerhöhung

$$\frac{225 - 1.5 \cdot 100 - 15}{1.5} = 40.00 \text{ DM},$$

wenn wir zwar das Wandlungsverhältnis anpassen, aber den Zuzahlungsbetrag unverändert lassen. Daran erkennt man deutlich, daß der Wandelobligationär einen Vermögensnachteil in Höhe von 2.50 DM hinnehmen müßte. Dieser Verlust entsteht dadurch, daß der Obligationär nach der Kapitalerhöhung zwar mehr Aktien beziehen kann als vorher, die Zuzahlungen aber je Aktie erfolgen, womit sich der Gesamtbetrag der erforderlichen Zuzahlungen erhöht.

(e) Diesen Verwässerungseffekt kann man ausgleichen, indem man den Zuzahlungsbetrag an die neuen Bedingungen anpaßt oder zwar den Zuzahlungsbetrag gleich läßt, aber das Wandlungsverhältnis noch einmal korrigiert. Will man den ersten Weg gehen, so müßte für eine faire Zuzahlung Z die Gleichung

$$\frac{225 - 1.5 \cdot 100 - Z}{1.5} = 42.50$$

erfüllt sein, was man mit dem Ergebnis

$$Z = -(1.5 \cdot 42.50 - 225 + 1.5 \cdot 100) = 11.25 \text{ DM}$$

auflöst.

Abschließend sei betont: § 218 Aktiengesetz fordert nur eine Anpassung des Wandlungsverhältnisses. Die Korrektur des Zuzahlungsbetrages ist nicht vorgeschrieben.

9. Paritätskurs eines Optionsscheins

(a) Um den Paritätskurs des Optionsscheins zu ermitteln, verwendet man

$$W_t = \max\big(g \cdot (S_t - B), 0\big),$$

wobei g für das Bezugsverhältnis, S_t für den Kurs der Aktie im Zeitpunkt t und B für den Bezugskurs steht. Mit den Zahlen des Beispiels ergibt sich daraus folgendes Bild für die nächsten 10 Jahre.

t	1	2	3	4	5	6	7	8	9	10
S_t	450	500	550	600	650	700	750	800	850	900
B	600	600	600	600	600	600	600	600	600	600
W_t	0	0	0	0	50	100	150	200	250	300

(b) Wenn der Kurs unter den Paritätskurs sinkt, ergibt sich eine Arbitragemöglichkeit.

10. Inhalt und Formen des Leasing

Mit Leasing bezeichnet man die Vermietung beziehungsweise Verpachtung von Gütern durch darauf spezialisierte Unternehmen (Leasinggesellschaften) oder Hersteller. Es gibt zahlreiche Erscheinungsformen des Leasing, so daß es zweckmäßig erscheint, sie mit Hilfe nachfolgender Kriterien zu ordnen:

- Nach der *Stellung des Leasinggebers* ist zwischen direktem und indirektem Leasing zu unterscheiden. Das erste bezeichnet man auch als Hersteller– oder Produzenten–Leasing. Beim indirekten Leasing schiebt sich zwischen Hersteller und Leasingnehmer eine Leasinggesellschaft, die das Objekt kauft und weitervermietet.

- Nach der *Art des Leasinggegenstandes* pflegt man die Vermietung beweglicher Sachen (Mobilien–Leasing) von der Vermietung von Grundstücken (Immobilien–Leasing) abzugrenzen. Ebenfalls an die Art des Leasinggegenstandes knüpft die Einteilung in Investitionsgüter– und Konsumgüter–Leasing an. Im ersten Fall werden die gemieteten Objekte regelmäßig betrieblich, im zweiten privat genutzt.

- Von großer Bedeutung ist das Merkmal des *Verpflichtungscharakters*. Es führt zu der Einteilung in Operate–Leasing und Financial–Leasing (Finanzierungs–Leasing).
  Operate–Leasing–Verträge sind von beiden Parteien jederzeit kündbar. Es werden keine festen Grundmietzeiten vereinbart. Das Investitionsrisiko, die Gefahr des zufälligen Untergangs sowie die Gefahr des Veraltens infolge technischen Fortschritts trägt regelmäßig der Vermieter. Im Gegensatz dazu zeichnen sich *Finanzierungs–Leasing*–Verträge durch feste Grundmietzeiten aus, innerhalb derer keine der beiden Parteien kündigen darf. Das Investitionsrisiko, die Gefahr des zufälligen Untergangs sowie die Gefahr der Verschlechterung der Mietsache trägt regelmäßig der Leasingnehmer (Mieter). Dieser ist daher zumeist auch gehalten, das Leasingobjekt auf seine Kosten versichern zu lassen.

- Finanzierungs–Leasing–Verträge können so kalkuliert sein, daß sie sich entweder während der Grundmietzeit oder aber erst nach Ablauf derselben amortisieren. Im ersten Fall spricht man von *Vollamortisations*–Verträgen, im zweiten von *Teilamortisations*–Verträgen. Sind die Leasingraten so kalkuliert, daß sich ein Objekt während der Grundmietzeit nicht vollständig bezahlt macht, so muß sich der Leasinggeber nach Ablauf dieser Frist um eine wirtschaftlich ertragreiche Weiterverwendung bemühen. Zu diesem Zweck eignen sich second–hand–Leasing–Verträge (Gebrauchtgüter–Leasing) sowie das Ausüben von Optionsrechten.

- Vor allem Finanzierungs–Leasing–Verträge enthalten häufig *Optionsrechte*. Solche können dem Leasinggeber, dem Leasingnehmer oder auch beiden Parteien gleichzeitig eingeräumt werden. Inhaltlich kann es sich bei den Optionen entweder um Kauf– oder Verkaufsrechte oder aber um das Recht der Fortsetzung des Mietverhältnisses zu im voraus fixierten Bedingungen handeln. So ist es aus der Sicht des Leasinggebers interessant, beim Abschluß des Leasingvertrages zu vereinbaren, daß ihm als Vermieter das Recht zustehen soll, das Objekt nach Ablauf der Grundmietzeit zu einem im voraus bestimmten Preis an den Mieter zu verkaufen (Verkaufs– oder Andienungsrecht). Das kann mit einer Verpflichtung des Mieters einhergehen, die Differenz zu diesem Preis zu ersetzen, wenn der Vermieter das Objekt an einen Dritten zu ungünstigeren Konditionen verkauft.

- Eine besondere Form des Leasing ist das *cross–border–Leasing*. Hier haben die beiden Vertragsparteien ihren Geschäftssitz in zwei verschiedenen Staaten, und es wird versucht, die unterschiedlichen Steuersysteme zum Vorteil der beiden Vertragspartner auszunutzen.

- Weiter ist das *sale–and–lease–back–Verfahren* zu erwähnen. Hier wird ein im Eigentum des Nutzers stehendes Objekt an eine Leasinggesellschaft verkauft und anschließend sofort wieder zurückgemietet. Dieser Vorgang schafft beim ehemaligen Eigentümer zunächst nur Liquidität. Wenn das Objekt aber vorher zu einem Wert bilanziert wurde, der deutlich unter seinem Marktpreis lag, so werden auch stille Reserven aufgelöst, was sich zumindest kurzfristig auch günstig auf die Ertragslage des Unternehmens auswirkt.

- Abschließend ist noch auf das *Spezial–Leasing* hinzuweisen. Hier geht es immer um Objekte, die auf die besonderen Bedürfnisse des Leasingnehmers so zugeschnitten sind, daß ein Dritter damit wenig anfangen kann. In Frage kommen also vor allem hochspezialisierte Maschinen oder Gebäude mit besonderer Technologie.

11. Steuerliche Behandlung des Finanzierungs–Leasing

In den sechziger Jahren nahm das Finanzierungs–Leasing vermutlich deshalb einen so rasanten Aufschwung, weil es einen hervorragenden Weg bot, steuerliche Abschreibungsvorschriften zu unterlaufen. Durch entsprechende Vertragsgestaltung konnte man den Leasingnehmer in eine Lage bringen, die einer massiven zeitlichen Vorverlegung steuerlicher Abschreibungen gleichkam. Durch die Wahl extrem kurzer Grundmietzeiten entstanden nämlich im Fall eines Vertrages mit Vollamortisation hohe Leasingraten, während im Fall des Kaufes über die (wesentlich längere) betriebsgewöhnliche Nutzungsdauer abzuschreiben war. Dieser Mißbrauch und ähnlich gelagerte Techniken wurden jedoch von der Finanzverwaltung nach wenigen Jahren gestoppt. So kam es zu Beginn der siebziger

Jahre zu einer Reihe von Entscheidungen des BFH (Bundesfinanzhof) und nachfolgenden Erlassen des Bundesfinanzministeriums. Die heute geltenden Vorschriften laufen darauf hinaus, daß dem Leasingnehmer das wirtschaftliche Eigentum am Leasinggegenstand zugerechnet wird, wenn

- die Grundmietzeit weniger als 40 % oder mehr als 90 % der betriebsgewöhnlichen Nutzungsdauer beträgt oder

- die Grundmietzeit zwar in den unter (5.5) genannten Grenzen liegt, dafür aber der Kaufpreis im Falle der Einräumung eines entsprechenden Optionsrechtes deutlich kleiner als der Restbuchwert ist oder

- die Grundmietzeit zwar in den unter (5.5) genannten Grenzen liegt, aber die Anschlußmiete unter dem Betrag liegt, der bei Zugrundelegung des Restbuchwertes und der Restnutzungsdauer verlangt werden müßte oder

- ein Gegenstand vermietet wird, der seinen technischen Eigenschaften entsprechend ausschließlich vom Leasingnehmer genutzt werden kann (Spezial–Leasing).

Wird der vermietete Gegenstand dem Leasingnehmer zugerechnet, so kann er nicht mehr die Leasingraten als steuerliche Betriebsausgabe geltend machen. Statt dessen wird ein angemessener Kaufpreis zugrunde gelegt, der – den einkommensteuerlichen Vorschriften folgend – abzuschreiben ist.

12. Gesellschafterdarlehen

Für Eigentümer von Kapitalgesellschaften gibt es starke Anreize, Finanzmittel nicht in Form von Eigenkapital, sondern in Form von Krediten zur Verfügung zu stellen. Dabei handelt es sich zum einen um steuerliche Aspekte, zum anderen um gewisse Vorteile im Zusammenhang mit der Insolvenz einer Gesellschaft.

Steuerlich werden Gesellschafterdarlehen ebenso behandelt wie gewöhnliche Kredite. Sie vermindern die Bemessungsgrundlage der Gewerbekapitalsteuer, und die Zinsen können im Rahmen der Gewerbeertragsteuer sowie der Körperschaftsteuer geltend gemacht werden. Im Gegensatz zu einem Darlehen von dritter Seite entfallen aber Kreditwürdigkeitsprüfungen. Die Vertragsbedingungen können äußerst flexibel gestaltet werden, und Gesellschafterdarlehen können (mit ihren steuerlichen Vorteilen) auch dann noch beschafft werden, wenn Dritte keinen Kredit mehr geben würden.

Wenn eine Gesellschaft insolvent wird, so besitzt das Gesellschafterdarlehen einen höheren Rang als das Eigenkapital. Wenn es in besonderer Weise gesichert wird, kann es sogar werthaltiger sein als ein ungesicherter

Kredit von seiten eines Dritten. Das gilt allerdings nach der Rechtspre-
chung des Bundesgerichtshofs nur dann, wenn das Darlehen nicht an die
Stelle einer zur Konkursabwendung erforderlichen Erhöhung des Eigenkapitals getreten ist.

Schließlich können mit Gesellschafterdarlehen drohende Insolvenzen auch
vermieden werden, sei es daß sie eine Zahlungsunfähigkeit beseitigen, sei
es daß sie – mit einer Rangrücktrittsvereinbarung versehen – eine Über-
schuldung aufheben.

13. Genußschein

Genußscheine (auch: Partizipationsscheine) sind Finanztitel, die bestimmte Vermögensansprüche, jedoch keine Mitgliedschaftsrechte verbriefen. Ihre Begebung ist an keine Rechtsform gebunden. Bei Aktiengesellschaften bedarf ihre Ausgabe jedoch einer Dreiviertelmehrheit in der
Hauptversammlung. Den Aktionären muß ein Bezugsrecht eingeräumt
werden.

In der Regel erhalten Genußscheininhaber eine gewinnabhängige Verzinsung, wobei meistens eine Mindestverzinsung vorgesehen ist. Eine Beteiligung am Verlust wird mitunter ausgeschlossen. Die Laufzeit von Genußscheinen ist entweder zeitlich begrenzt oder aber auch unbefristet. Häufig wird den Genußscheininhabern das Recht gegeben, die Genußscheine
nach einer bestimmten Frist in Aktien umzutauschen. Unabhängig von
der Laufzeit können die Genußscheinbedingungen ein Kündigungsrecht
des Emittenten vorsehen.

Stattet man die Genußscheine mit fester Verzinsung und begrenzter Laufzeit aus, so nehmen sie Fremdkapitalcharakter an. Wählt man dagegen
eine gewinnabhängige Verzinsung sowie unbefristete Laufzeit, räumt man
den Genußscheininhabern darüber hinaus eine Beteiligung am Liquidationserlös ein und verzichtet man schließlich auch noch auf ein Kündigungsrecht, so tendiert der Genußschein in Richtung Eigenkapital.

Ob Genußscheine steuerlich wie Fremdkapital behandelt werden, hängt
von der Wahl der Ausstattungsmerkmale ab. Nach § 8 Abs. 3 KStG
dürfen Ausschüttungen an Genußscheininhaber nicht als Betriebsausga-
ben geltend gemacht werden, wenn eine Beteiligung am Gewinn und am
Liquidationserlös vorgesehen ist.

Wenn Kreditinstitute sich mit Genußscheinen finanzieren, tritt unabhängig von steuerrechtlichen Regelungen die Frage auf, ob das wie haftendes Eigenkapital zu werten ist. Das wird vom Kreditwesengesetz[6] bejaht,
wenn folgende vier Bedingungen erfüllt sind:

---

[6]Das Kreditwesengesetz (KWG) liefert die rechtliche Grundlage für die staatliche Bankenaufsicht in Deutschland. Es schränkt die Gewerbefreiheit ein, indem es die Geschäftstätigkeit
einer Bank an eine ausdrückliche staatliche Erlaubnis knüpft und darüber hinaus die Einhaltung bestimmter Verhaltensnormen verlangt.

- Das Genußscheinkapital muß bis zur vollen Höhe am Verlust beteiligt sein.
- Die Genußscheine müssen nachrangig gegenüber den Gläubigerforderungen sein.
- Sie müssen eine ursprüngliche Laufzeit von mindestens fünf Jahren haben. Die Restlaufzeit muß mindestens zwei Jahre betragen.
- Das Genußrechtskapital darf 25 % der übrigen haftenden Eigenmittel nicht übersteigen.

14. Vorzugsaktie und partiarisches Darlehen

(a) Während Stammaktien als idealtypisches Eigenkapital angesehen werden können, weisen Vorzugsaktien Merkmale auf, die wir typischerweise im Fremdkapital vorfinden.

In der Regel besitzen sie ein stark eingeschränktes Stimmrecht. Nur Beschlüsse der Hauptversammlung, die die vereinbarten Vorzüge aufheben oder beschränken, bedürfen der Zustimmung der Vorzugsaktionäre. Dafür werden die Vorzugsaktionäre bei der Gewinnausschüttung besser als Stammaktionäre behandelt. Man unterscheidet drei Arten von Vorzugsaktien:

- *Prioritätische Vorzugsaktien* werden gegenüber den Stammaktien bevorzugt, wenn der erzielte Gewinn nicht ausreicht, um an alle Kapitaleigner dieselbe Dividende auszuzahlen.
- *Prioritätische Vorzugsaktien mit Überdividende* erhalten zusätzlich zur Bevorzugung noch eine gewinnunabhängige Zusatzdividende.
- *Kumulative Vorzugsaktien* garantieren eine feste Minimumdividende. Ist in Verlustjahren eine Dividendenzahlung nicht möglich, so ist das Unternehmen verpflichtet, später nachzuzahlen.

Die Satzungen mancher Aktiengesellschaften sehen vor, daß stimmrechtslose Vorzugsaktien zu gewöhnlichen Stammaktien (mit Stimmrecht) werden, wenn das Unternehmen nicht dazu in der Lage ist, seinen Verpflichtungen nachzukommen.

(b) Partiarische Darlehen sind Kredite mit gewinnabhängiger Verzinsung. In der Regel werden ein fester Mindestzins und eine Gewinnbeteiligung vereinbart, die dann greift, wenn der Jahresüberschuß oder eine ähnliche Referenzgröße einen bestimmten Wert überschreitet. Die Beteiligung am Verlust ist regelmäßig ausgeschlossen.

Da für idealtypisches Fremdkapital kennzeichnend ist, daß es vollkommen erfolgsunabhängig verzinst wird, kann man sagen, daß Verträge über partiarische Darlehen ein eigenkapitaltypisches Element enthalten.

5.6   Innovative Finanzinstrumente

1. Zinsreagibilität von Kuponanleihen und Zero Bonds

Wir wollen analysieren, wie sich die Kurse von Anleihen ändern, wenn der Marktzins von gegenwärtig 10 % entweder auf 9 % fällt oder auf 11 % steigt. Zu diesem Zweck betrachten wir einen Zero Bond (Nullkuponanleihe) sowie eine Kuponanleihe mit jeweils zehnjähriger Restlaufzeit. Beide Anleihen sollen einen Nennwert von 100 DM besitzen. Die Kuponanleihe zahlt jährlich 10 DM. Unter Verwendung des Marktzinses i berechnet man die Kurse P_0^{Kupon} der beiden Anleihen mit Hilfe von

$$P_0^0 = \frac{100}{(1+i)^{10}} \qquad P_0^{10} = 10 \cdot \frac{(1+i)^{10} - 1}{i \cdot (1+i)^{10}} + \frac{100}{(1+i)^{10}} \cdot$$

Werten wir diese Bewertungsgleichungen nun mit den interessierenden Zinssätzen aus, so ergeben sich die in Tabelle 5.9 wiedergegebenen Kurse beziehungsweise Kursveränderungen. Es zeigt sich tatsächlich, daß die

Tabelle 5.9: Kursreaktionen von Anleihen

	Zero Bond	Kuponanleihe
Zins	Kurse	
9 %	42.24	106.42
10 %	38.55	100.00
11 %	35.22	94.11
Zinsänderung	Relative Kursänderungen	
−1 %	9.56 %	6.42 %
0 %	0.00 %	0.00 %
+1 %	−8.65 %	−5.89 %

Kurse des Zero Bonds sich bei einer Zinsänderung heftiger verändern als die Kurse einer Kuponanleihe. Dieser Effekt ist im übrigen um so stärker, je länger die Laufzeiten der Papiere sind. Wer in Hochzinsphasen also beispielsweise auf sinkende Zinsen setzt, ist mit einem lang laufenden Papier gut beraten und erwirbt am besten Zero Bonds.

Die Tatsache, daß Zero Bonds am sensibelsten auf Zinsänderungen reagieren, ist einer der Gründe, warum man zu Beginn der 80er Jahre in den USA Nullkuponanleihen mit besonders langen Laufzeiten emittierte. Die "prime rate" (Zinssatz für kurzfristige Ausleihen an erste Adressen) lag damals zeitweilig bei 18 %, weswegen viele mit sinkenden Zinsen rechneten und sich große Kursgewinne bei diesen Papieren erhofften.

2. Kombizinsanleihe

(a) Für den Preis P_0 einer Anleihe mit einem Nennwert von 100, deren Inhaber in den ersten 5 Jahren keinen Zins erhält und in den anschließenden 5 Jahren Anspruch auf Zinszahlungen in Höhe von K hat, gilt bei einem Marktzinssatz von i

$$P_0 = \frac{0}{(1+i)^1} + \ldots + \frac{0}{(1+i)^5} + \frac{K}{(1+i)^6} + \ldots + \frac{K}{(1+i)^{10}} + \frac{100}{(1+i)^{10}}$$

oder in etwas kompakterer Schreibweise unter Verwendung der Rentenbarwertformel

$$P_0 = \left(K \cdot \frac{(1+i)^5 - 1}{i \cdot (1+i)^5} + \frac{100}{(1+i)^5} \right) \cdot (1+i)^{-5}.$$

Da der Kupon berechnet werden soll, müssen wir vorstehende Gleichung nach K auflösen. Das ergibt

$$K = \frac{i \cdot (1+i)^5}{(1+i)^5 - 1} \cdot \left(P_0 \cdot (1+i)^5 - \frac{100}{(1+i)^5} \right).$$

Unter der Bedingung, daß die Anleihe zum Nennwert emittiert wird, erhalten wir bei einem Marktzins von 7.75 %

$$K = \frac{0.0775 \cdot 1.0775^5}{1.0775^5 - 1} \cdot \left(100 \cdot 1.0775^5 - \frac{100}{1.0775^5} \right) = 19.00.$$

Infolgedessen muß die Kombizinsanleihe mit einem Kupon in Höhe von 19 DM je 100 DM Nennwert ausgestattet werden.

(b) Untersucht man den Kurs einer gewöhnlichen Kuponanleihe unmittelbar nach einem Zeitpunkt, zu dem ein Kupon fällig war, so gilt: Sie muß immer zum Nennwert notieren, wenn der Marktzins dem Nominalzins entspricht. Das läßt sich rasch auch allgemein zeigen. Unter Verwendung der Rentenbarwertformel muß für den Kurs einer solchen Anleihe immer

$$P_0 = K \cdot \frac{(1+i)^n - 1}{i \cdot (1+i)^n} + \frac{N}{(1+i)^n} \tag{5.1}$$

gelten, wobei N für den Nennwert, K für den Kupon, i für den Marktzins und n für die Restlaufzeit stehen. Gleichheit von Nominalzins und Marktzins bedeutet nun

$$K = i \cdot N.$$

Einsetzen in (5.1) führt auf

$$
\begin{aligned}
P_0 &= i \cdot N \cdot \frac{(1+i)^n - 1}{i \cdot (1+i)^n} + \frac{N}{(1+i)^n} \\
&= N \cdot \left(\frac{(1+i)^n - 1}{(1+i)^n} + \frac{1}{(1+i)^n} \right) \\
&= N \cdot \left(1 - \frac{1}{(1+i)^n} + \frac{1}{(1+i)^n} \right) \\
&= N,
\end{aligned}
$$

womit sich die Behauptung als richtig erweist.

Der Kurs einer Kombizinsanleihe verhält sich im Zeitablauf ganz anders, wenn wir unterstellen, daß der Marktzins unverändert bleibt. Wenn diese Anleihe zu Beginn ihrer Laufzeit zum Nennwert notiert, so steigt ihr Kurs mit sich verringernder Restlaufzeit zunächst an, erreicht ihr Maximum ein Jahr vor Fälligkeit des ersten Kupons und sinkt danach wieder ab, ohne allerdings den Nennwert zu erreichen. Analysiert man das mit den konkreten Daten der in dieser Aufgabe diskutierten Kombizinsanleihe, so ergibt sich das in Abbildung 5.1 dargestellte Bild.

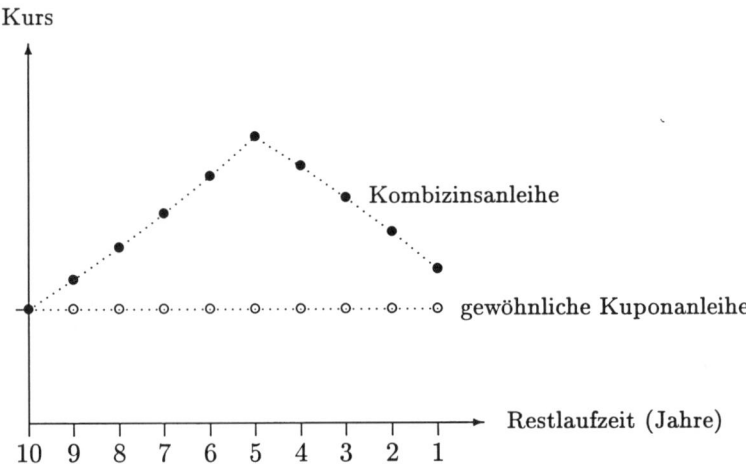

Abbildung 5.1: Kursverhalten von gewöhnlicher Kuponanleihe und Kombizinsanleihe mit abnehmender Restlaufzeit bei gleichbleibendem Marktzins

Will man das unterschiedliche Kursverhalten der beiden Anleihen erklären, so versetze man sich in die Lage eines Anlegers, der darauf vertraut, daß der Marktzins während der gesamten Laufzeit beider

Anleihen gleich bleibt. Dieser Anleger möge sich gleichzeitig von der Zielsetzung leiten lassen, heute einen bestimmten Betrag auszugeben und die zwischenzeitlichen Rückflüsse aus Kapitalanlagen stets zum herrschenden Marktpreis bis zum Ende der Laufzeit zu reinvestieren. Das Vermögen eines solchen Investors sollte unter vernünftigen Bedingungen in jedem Zeitpunkt unabhängig davon sein, ob er sein Geld in eine gewöhnliche Kuponanleihe steckt oder statt dessen eine Kombizinsanleihe kauft.

Erwirbt er nun beispielsweise heute die Kuponanleihe, so besitzt er unmittelbar nach Vereinnahmung des ersten Kupons ein Vermögen von 100 DM (in Form der Anleihe) und 7.75 DM (in bar), also 107.75 DM insgesamt. Kauft er dagegen heute eine Kombizinsanleihe für 100 DM, so muß diese in einem Jahr einen Preis von 107.75 DM besitzen, weil sie zu diesem Termin keine Zinsen in bar ausschüttet. Entsprechend läßt sich für die späteren Zeitpunkte argumentieren.

3. Termingeschäfte

Bei einem Kaufvertrag lassen sich grundsätzlich drei relevante Zeitpunkte unterscheiden:

t_0 Vertragsabschluß,

t_1 Erfüllung durch den Verkäufer (Lieferung) und

t_2 Erfüllung durch den Käufer (Bezahlung).

Ein Termingeschäft unterscheidet sich von einem Kassageschäft (Spotgeschäft) dadurch, daß zwar der Vertragsabschluß heute stattfindet, aber die Erfüllung durch den Verkäufer erst später ($t_0 < t_1$). So kann man eine Tageszeitung jeden Morgen im Zeitungsladen kaufen (Kassageschäft) oder aber abonnieren (Termingeschäft).

Es gibt Termingeschäfte für Güter wie Gold, Kaffee oder Schweinehälften und für Finanztitel wie Bundesanleihen, Aktien, fremde Währungen oder gar Aktienindizes. Man unterscheidet zwischen unbedingten (festen) und bedingten Termingeschäften. Im ersten Fall müssen beide Parteien liefern beziehungsweise bezahlen. Im zweiten Fall erfolgt die beiderseitige Erfüllung nur unter der Voraussetzung, daß der Erwerber der Terminposition das im Zeitpunkt der Fälligkeit ausdrücklich wünscht. Ein Zeitungsabonnement ist demnach ein unbedingtes Termingeschäft, da sich beide Seiten binden, die Zeitungen gegen einen bestimmten Geldbetrag zu tauschen.

- *Unbedingte Termingeschäfte:* Bei unbedingten Termingeschäften muß der Käufer die Ware annehmen und bezahlen, der Verkäufer muß liefern.

In der Regel besteht allerdings die Möglichkeit, das Umkehrgeschäft durchzuführen und auf diese Weise den Kontrakt zu "schließen" oder – wie man auch sagt – sich "glattzustellen". So kann der Käufer seinen Kontrakt schließen, indem er einen identischen Kontrakt verkauft. Der Verkäufer hat dieselbe Möglichkeit, indem er einen Kontrakt zurückkauft.

Man unterscheidet zwischen Forwards und Futures. Für beide ist typisch, daß der Käufer im Zeitpunkt des Vertragsabschlusses nichts zahlt, wenn man von der Stellung von Sicherheiten absieht.

- *Forwards:* Ein Forward verpflichtet den Käufer (Verkäufer), einen bestimmten Gegenstand (das "underlying asset", zum Beispiel Aktien, Anleihen, Währungen oder Waren usw.) zu einem im voraus festgelegten Preis und zu einem bestimmten zukünftigen Zeitpunkt abzunehmen (zu liefern). Sie sind nicht weiter standardisiert und werden in der Regel im Telefonhandel vertrieben (OTC– oder over–the–counter–Geschäfte).

- *Futures:* Ein Future unterscheidet sich von einem Forward im wesentlichen dadurch, daß er an einer Börse gehandelt wird. Das aber setzt voraus, daß die Verträge weitestgehend standardisiert sind, was die handelbaren Güter, Mengen, Erfüllungstermine und so weiter angeht. Das einzige, worauf sich die Vertragspartner in der Börsensitzung verständigen müssen, sind der Preis und die Zahl der Kontrakte.

  Abrechnung und Abwicklung erfolgen über besondere Kreditinstitute, die sogenannten Clearinghäuser. Diese übernehmen jedem der Vertragspartner gegenüber die Garantie, daß der jeweils andere Vertragspartner seine Pflichten erfüllt. Käufer und Verkäufer müssen bei den Clearinghäusern Sicherheiten hinterlegen. Typisch für Futures ist, daß sie täglich abgerechnet und in der Mehrzahl der Fälle nicht erfüllt, sondern kurz vor Fälligkeit durch ein Gegengeschäft glattgestellt werden.

  Die tägliche Abrechnung ("marking to the market") führt dazu, daß bei steigenden Terminpreisen der Käufer (Verkäufer) des Kontraktes Gewinne (Verluste) realisiert, die mit seiner Sicherheit verrechnet werden. Gewinne dürfen entnommen werden. Sinkt die verbleibende Sicherheit im Falle von Verlusten unter eine kritische Marke, muß nachgeschossen werden. Kommt der Kunde seiner Nachschußpflicht nicht nach, so stellt das Clearinghaus die Position von sich aus glatt.

- *Bedingte Termingeschäfte (Optionen):* Der Käufer eines bedingten Terminkontraktes hat das Recht, aber nicht die Pflicht, das "underlying asset" bei Fälligkeit von seinem Vertragspartner (dem Stillhalter) zu einem im voraus bestimmten Preis (dem Basispreis, englisch:

strike price) zu erwerben oder an diesen zu veräußern. Im Gegensatz zu den unbedingten Termingeschäften muß der Erwerber einer Option an den Stillhalter im Zeitpunkt des Vertragsabschlusses einen Preis (die Optionsprämie) zahlen.

- *Kaufoptionen (Calls):* Bei einem Call erwirbt der Käufer das Recht, eine bestimmte Ware zu einem bestimmten Preis bis zu einem bestimmten Zeitpunkt (Fälligkeitstermin) zu kaufen.

  Kann er das Recht nur am Fälligkeitstermin ausüben, so handelt es sich um eine europäische, sonst um eine amerikanische Option. Von wenigen Ausnahmen abgesehen werden an den Terminbörsen amerikanische Optionen gehandelt.

  Die Optionsprämie besteht aus zwei Komponenten, dem Wert bei sofortiger Ausübung (innerer Wert) und einer Risikoprämie (Zeitwert), die insbesondere von der Volatilität des "underlying assets" und der Restlaufzeit der Option abhängt.

  Ist der Kassapreis bei Fälligkeit höher als der Basispreis, lohnt sich die Ausübung des Calls, da man das "underlying asset" am Markt teurer verkaufen kann. Der mögliche Gewinn eines Callkäufers ist unbeschränkt, da der Kassapreis zumindest theoretisch unendlich hoch steigen kann. Der maximale Verlust des Callkäufers beschränkt sich auf die Optionsprämie. Allerdings geschieht es häufig, daß Optionen am Fälligkeitstermin nicht mit Gewinn ausgeübt werden können und wertlos verfallen.

- *Verkaufoptionen (Puts):* Verkaufsoptionen geben dem Käufer das Recht, das "underlying asset" zum Basispreis an den Stillhalter zu verkaufen.

  Der maximale Gewinn eines Putkäufers ist – anders als beim Call – beschränkt, da der Kassapreis des "underlying assets" nicht unter null fallen kann. Sein maximaler Verlust beschränkt sich aber wieder auf die gezahlte Optionsprämie.

4. Einflußgrößen auf den Wert einer Option

Die wichtigsten Bestimmungsgrößen, von denen der Wert einer Option abhängt, werden im folgenden diskutiert. Wir argumentieren dabei vor dem Hintergrund einer europäischen Kaufoption auf eine Aktie.

- *Basispreis:* Das ist der Preis, zu dem der Optionsinhaber die Aktie am Ende der Optionsfrist erwerben darf. Der Call ist um so wertvoller, je niedriger der Basispreis ist, was ohne weitere Begründung einleuchtet.

- *Aktueller Aktienkurs:* Aus derselben Logik folgt, daß ein Call (ceteris paribus) um so wertvoller sein muß, je höher der aktuelle Aktienkurs ist.

- *Volatilität des Aktienkurses:* Je größer die Volatilität ist, um so stärker streut der Aktienkurs um seinen Mittelwert. Um so größer ist dann selbstverständlich auch die Wahrscheinlichkeit, daß am Ende der Optionsfrist Situationen auftreten, in denen sich die Ausübung der Option lohnt. Infolgedessen ist ein Call um so wertvoller, je größer die Volatilität des Aktienkurses ist.

- *Restlaufzeit der Option:* Je länger die Restlaufzeit der Option ist, um so größer ist das Kursbewegungspotential der Aktie. Damit steigt die Zahl der denkbaren Fälle, in denen sich die Ausübung der Kaufoption lohnt. Deswegen ist der Preis eines Calls um so höher, je länger seine Restlaufzeit ist.

- *Zinsniveau:* Je höher der Zins, um so wertvoller der Call. Eine Kaufoption stellt in gewisser Weise einen Kredit des Verkäufers an den Käufer dar, da dieser den Basispreis – wenn überhaupt – erst bei Fälligkeit der Option zahlt. Dieser "Kredit" ist um so günstiger, je höher der Zins ist.

5. Put–Call–Parität

(a) Um zu zeigen, daß jemand eine risikolose Position einnimmt, der zugleich

- eine Aktie zum Preis S_0 erwirbt,
- eine Verkaufsoption zum Preis P_0 kauft und
- eine Kaufoption zum Preis C_0 verkauft,

betrachten wir Tabelle 5.10. Es wird unterstellt, daß beide Optionen auf die hier betrachtete Aktie geschrieben werden, das gleiche Verfalldatum haben und vom europäischen Typ sind. Beide Optionen sollen darüber hinaus zum gleichen Basispreis K ausgeübt werden können. Die Tabelle enthält eine Fallunterscheidung bei den Rück-

Tabelle 5.10: Risikoloses Portfolio

Finanztitel	Preis in $t = 0$	Rückflüsse in $t = 1$	
		$\tilde{S}_1 > K$	$\tilde{S}_1 \leq K$
Kauf einer Aktie	S_0	$\tilde{S}_1$	$\tilde{S}_1$
Kauf einer Verkaufsoption	P_0	0	$K - \tilde{S}_1$
Verkauf einer Kaufoption	$-C_0$	$K - \tilde{S}_1$	0
Portfolio	$S_0 + P_0 - C_0$	K	K

flüssen im Zeitpunkt $t = 1$: entweder ist der zufallsabhängige Aktienkurs $\tilde{S}_1$ dann größer als der Basispreis oder nicht.

- Betrachten wir zunächst die Aktie. Ihr künftiger Kurs $\tilde{S}_1$ ist nicht vorhersehbar.

- Wer eine Verkaufsoption erworben hat, wird diese ausüben, wenn später der Zustand $\tilde{S}_1 < K$ eintritt. Gegen Lieferung der Aktie erhält man vom Stillhalter den Basispreis. Also belaufen sich die Rückflüsse auf $K - \tilde{S}_1$.
  Tritt der aus Sicht des Putkäufers ungünstige Zustand auf, so ist die Verkaufsoption wertlos und verfällt.
- Durch den Verkauf der Kaufoption gibt man dem Stillhalter das Recht, die Aktie zu kaufen, wenn dieser das wünscht. Die Ausübung wird stattfinden, wenn der Zustand $\tilde{S}_1 > K$ eintritt. Auch in diesem Fall belaufen sich die Rückflüsse auf $K - \tilde{S}_1$.
  Tritt dagegen die Situation $\tilde{S}_1 < K$ ein, so wird der Callkäufer darauf verzichten, die Option auszuüben.

Die Tabelle zeigt deutlich, daß die Rückflüsse im Zeitpunkt $t = 1$ ebenso groß sein werden wie der Basispreis K. Die Erklärung ist einfach. Dadurch, daß wir sowohl einen Put kaufen als auch einen Call verkaufen, sorgen wir dafür, daß die Aktie im Zeitpunkt $t = 1$ auf jeden Fall zum Preis K verkauft wird. Damit sind die künftigen Einnahmen absolut sicher. Wir haben aus drei – zum Teil höchst riskanten – Komponenten ein vollkommen risikoloses Portfolio konstruiert.

(b) Wenn die Investitionssumme $(S_0 + P_0 - C_0)$, welche jetzt bezahlt werden muß, in einem Jahr sichere Einnahmen in Höhe von K nach sich zieht, so sollte die Beziehung

$$(S_0 + P_0 - C_0) \cdot (1 + r_f) = K \qquad (5.2)$$

gelten, wobei r_f der sichere Zins ist. Sonst würden sich Arbitragegelegenheiten bieten. Auflösen nach r_f führt auf die gesuchte Bestimmungsgleichung

$$r_f = \frac{K}{S_0 + P_0 - C_0} - 1 \,.$$

(c) Um eine Bewertungsformel für die Verkaufsoption zu erhalten, löst man Gleichung (5.2) mit dem Ergebnis

$$P_0 = C_0 - S_0 + K \cdot (1 + r_f)^{-1}$$

auf und ist schon fertig. Diese Gleichung ist unter dem Namen Put–Call–Parität bekannt.

6. Einfache und zusammengesetzte Terminpositionen

(a) Stellen Sie sich vor, Sie hielten das "underlying asset" und dächten darüber nach, einem Dritten das Recht einzuräumen, diesen Gegenstand von Ihnen nach Ablauf einer bestimmten Frist zum Basispreis

zu kaufen. Für die Übernahme dieser Stillhalteposition würden Sie
wohl um so mehr verlangen, je niedriger der Basispreis festgelegt
wird, und der Käufer des Calls würde dafür zweifellos Verständnis
aufbringen. Die Callprämie ist daher um so größer, je kleiner der
Basispreis gewählt wird.

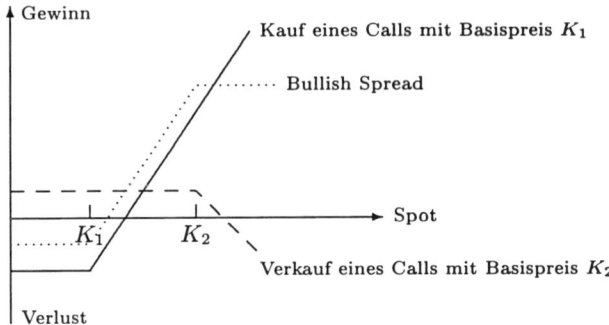

Abbildung 5.2: Kombination elementarer Terminpositionen

(b) Betrachten Sie Abbildung 5.2. Dort sehen Sie drei Gewinn–Verlust–
Funktionen.

- *Kauf eines Calls:* Diese Position wird durch die durchgezogene
  Funktion beschrieben, welche links von K_1 parallel zur x–Achse
  verläuft und rechts davon im Winkel von 45 Grad ansteigt. Sollte
  der Kassapreis (Spot) bei Fälligkeit des Calls größer als K_1 sein,
  so wird man die Option ausüben und damit Gewinne realisieren.
  Ist der Kassapreis dagegen kleiner als K_1, so wird man den Call
  ungenutzt verfallen lassen, womit sich der Verlust – unabhängig
  von der Differenz zwischen Kassa– und Basispreis – auf den
  Betrag der Optionsprämie beschränkt.

- *Verkauf eines Calls:* Die Wirkungen aus dieser Position werden
  durch die gestrichelte Funktion wiedergegeben. Bei Kassapreisen links von K_2 wird unser Vertragspartner auf die Ausübung
  verzichten. Rechts davon wird er von seinem Optionsrecht Gebrauch machen und uns Verluste zufügen, die um so größer sind,
  je höher der Kassapreis ist. Da wir bei Vertragsabschluß die
  Optionsprämie erhalten, ist die Funktion bei genügend kleinem
  Kassapreis auf alle Fälle positiv, steigt aber mit sinkendem Kassapreis nicht an.

- *Bullish Spread:* Wer sowohl den Call mit K_1 kauft als auch den
  Call mit K_2 verkauft, begibt sich in eine Position, die durch die
  punktiert gezeichnete Funktion dargestellt wird. Die Funktion

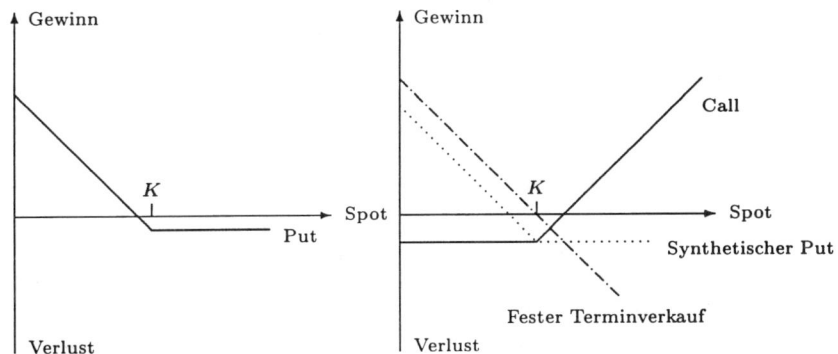

Abbildung 5.3: Drehung einer Call–Position durch einen festen Terminverkauf (Synthetischer Put)

entsteht dadurch, daß man die Ordinatenwerte der beiden zuvor beschriebenen Funktionen addiert.

Links von K_1 verläuft die resultierende Funktion parallel zur x–Achse. Da die Optionsprämie des Calls mit dem niedrigen Basispreis größer ist als die Prämie des Calls mit dem höheren Basispreis, müssen die Funktionswerte hier negativ sein. Im Intervall zwischen K_1 und K_2 erzeugt der Call mit dem niedrigen Basispreis Gewinne, während der Einfluß des Calls mit dem höheren Basispreis neutral bleibt. Rechts von K_2 werden dagegen die Gewinne aus dem ersten Call durch die Verluste aus dem zweiten Call ausgeglichen, so daß die Funktion von hier aus wieder parallel zur x–Achse läuft.

Man bezeichnet die zusammengesetzte Position als Spread und nennt ihn Bullish Spread,[7] weil sein Inhaber von steigenden Kassapreisen profitiert.[8]

7. Drehen einer Call–Position

Um zu verstehen, wie man die Position des Käufers einer Kaufoption so verändern kann, daß er in die Position des Käufers einer Verkaufsoption gelangt, betrachte man Abbildung 5.3.

---

[7]Im Englischen bezeichnet man eine Hausse als einen Bull Market, während man von einer Baisse als einem Bear Market spricht.

[8]Im entgegengesetzten Fall hätte man es mit einem Bearish Spread zu tun. Um einen solchen zu konstruieren, müßte man einen Call mit niedrigem Basispreis verkaufen und zugleich einen Call mit hohem Basispreis kaufen. Wir überlassen es unseren Lesern, darüber nachzudenken, ob und gegebenenfalls wie man den Bullish beziehungsweise Bearish Spread auch mit Puts herstellen kann.

Wir konzentrieren uns zunächst auf das linke Diagramm. Dort ist die
Gewinn–Verlust–Funktion eines Putkäufers dargestellt. Wer eine solche
Option erwirbt, hat das Recht, den dem Vertrag zugrunde liegenden Ge-
genstand an den Stillhalter zum Basispreis K zu verkaufen. Dieses Recht
wird er ausüben, wenn der Spotpreis des Gegenstandes bei Fälligkeit der
Option unterhalb von K liegt. Die Gewinn–Verlust–Funktion steigt da-
her links von K mit fallendem Spotpreis. Ist der Spotpreis bei Fälligkeit
dagegen größer als der Basispreis, so verzichtet der Putkäufer auf die
Ausübung. Sein Verlust beschränkt sich daher in diesem Bereich auf den
Verlust der Prämie, die er beim Erwerb des Puts an den Stillhalter gezahlt hat. Deswegen knickt die Funktion mit steigendem Spotpreis an der
Stelle K und verläuft von diesem Punkt ab parallel zur x–Achse.

Nun betrachten wir im rechten Diagramm der Abbildung 5.3 die durchgezogene Gewinn–Verlust–Funktion des Callkäufers. Er hat das Recht,
den dem Optionsvertrag zugrunde liegenden Gegenstand zum Basispreis
K zu kaufen, und wird die Option ausüben, wenn der Spotpreis bei Fälligkeit oberhalb von K liegt. Daher entstehen rechts von K die Gewinne,
während die Verluste links von K auf den Betrag der Optionsprämie beschränkt sind.

Richten wir nun unsere Aufmerksamkeit auf die strichpunktierte Gerade im rechten Diagramm. Sie beschreibt die Gewinn–Verlust–Funktion
eines Marktteilnehmers, der einen festen Terminverkaufsvertrag unterschreibt. Ein solcher Vertrag zwingt dazu, den Gegenstand zum Preise K
zu verkaufen, gleichgültig welcher Spotpreis bei Fälligkeit gilt. Liegt der
Spotpreis links von K, werden Gewinne realisiert. Im umgekehrten Fall
ist mit unbeschränkten Verlusten zu rechnen.

Das rechte Diagramm zeigt klar, daß der Besitzer eines Calls durch den
Abschluß eines unbedingten Terminverkaufvertrages in eine Position ge-
rät, die der Situation des Putkäufers entspricht. Rechts von K werden
die steigenden Gewinne aus der Kaufoption durch die steigenden Verluste aus dem festen Terminverkauf neutralisiert. Links von K werden die
mit sinkendem Spotpreis steigenden Gewinne aus dem Terminverkauf nur
um den festen Verlust der Optionsprämie vermindert.

Wer sowohl einen Call kauft als auch fest auf Termin verkauft, erzeugt
somit einen synthetischen Put. Der für diese Position charakteristische
Gewinn–Verlust–Zusammenhang wird durch die punktierte Funktion im
rechten Diagramm beschrieben.

8. Floating Rate Notes und Forward Rate Agreements

Beide Finanzinnovationen haben nichts miteinander zu tun.

- *Floating Rate Notes (FRN):* Das sind variabel verzinsliche Schuldverschreibungen, die mittel– beziehungsweise langfristig laufen und

bei denen die Zinssätze in regelmäßigen Abständen (mindestens jährlich, höchstens monatlich) an die aktuellen Marktkonditionen angepaßt werden. In der Regel richtet man sich dabei nach einem in den Emissionsbedingungen genannten Referenzzinssatz (zum Beispiel: LIBOR).[9] Fast immer gibt es aber auch eine feste Zinskomponente, indem man beispielsweise "FIBOR zuzüglich 50 Basispunkte bei vierteljährlicher Zinszahlung" vereinbart. Ein Basispunkt entspricht 1/100 von 1 %.

Neben den klassischen Floatern gibt es eine Reihe von Weiterentwicklungen, von denen sich die Cap–Floater am meisten durchgesetzt haben, während andere (Floor- und Collar-Floater) bislang verhältnismäßig bedeutungslos geblieben sind. Beim Cap–Floater wird der Zinssatz zwar periodisch an die Marktlage angepaßt, jedoch gibt es einen Höchstzinssatz. Umgekehrt beinhaltet der Floor eine Mindestverzinsung, die bei der Anpassung nicht unterschritten werden kann. Beim Collar schließlich ist sowohl eine Mindest- als auch eine Höchstverzinsung vorgesehen. Der Zins kann also nur innerhalb einer vorgegebenen Bandbreite schwanken.

- *Forward Rate Agreements (FRA):* Bei diesen Geschäften handelt es sich um Vereinbarungen, mit denen sich zwei Parteien über einen zukünftigen kurzfristigen Zinssatz für ein bestimmtes Volumen und eine bestimmte Laufzeit verständigen. Liegt der Zinssatz später über (unter) dem FRA–Zinssatz, so müssen die Vertragspartner entsprechende Ausgleichszahlungen an ihre Kontrahenten zahlen. Dem Typ nach handelt es sich also um unbedingte Termingeschäfte.

9. Swaps

Bei einem Swapgeschäft (wörtliche englische Übersetzung: Tauschgeschäft) werden zwei Vermögenspositionen und die mit ihnen verbundenen Zahlungsverpflichtungen getauscht. Man schließt solche Verträge, um relative Kostenvorteile auszunutzen, die ein Unternehmen gegenüber einem anderen Unternehmen besitzt. Ein Swapgeschäft besteht grundsätzlich aus drei Phasen.

- Zu Beginn werden zwei verzinsliche Positionen getauscht. Je nachdem ob es sich um Forderungen oder Schulden handelt, spricht man von Aktiv- oder Passivswaps.

- Später werden die während der Laufzeit anfallenden Zinszahlungen getauscht.

---

[9]LIBOR ist eine Abkürzung für "London Interbank Offered Rate". Das ist ein Zinssatz für kurzfristige Einlagen unter Banken am Euromarkt in London. Entsprechende Bedeutung haben die Abkürzungen LUXIBOR (Luxemburg) und FIBOR (Frankfurt).

- Am Ende der Laufzeit werden die Nominalbeträge der Vermögenspositionen zurückgetauscht.

Die ersten Swaps wurden in den späten siebziger und den frühen achtziger
Jahren durchgeführt. Inzwischen sind die Swaps ein Hauptgeschäftsfeld
der Investment Banken. Es gibt Zins- und Währungsswaps sowie Kom-
binationen aus beiden.

- *Zinsswaps:* Für ein mittelständisches Unternehmen ist es meist
schwer, langfristige festverzinsliche Kredite zu günstigen Konditionen zu bekommen. Unter der Voraussetzung, daß die betreffende
Firma einen Partner findet und beide Seiten relative Kostenvorteile auf unterschiedlichen Märkten genießen, entsteht ein Anreiz
für Zinsswaps.[10] Dabei werden die variablen gegen feste Zinsverpflichtungen mit dem Partner (Großunternehmen, Kreditinstitut)
getauscht, wovon beide profitieren.

  Häufig verzichtet man auf den Austausch der Nominalbeträge und
beschränkt sich auf den Tausch der Zinszahlungen. Gelegentlich wird
das Geschäft sogar so weit reduziert, daß nur noch die Spitzenbeträge
ausgeglichen werden.

- *Währungsswaps:* Der typische Anwendungsfall für Währungsswaps
ist gegeben, wenn eine inländische Mutter ihre ausländische Tochter
zu finanzieren hat und auf dem ausländischen Finanzmarkt nicht
das gleiche Standing wie eine vergleichbare ausländische Muttergesellschaft hat.

  Unter der Voraussetzung, daß die inländische Mutter im Ausland
einen Partner findet, der daran interessiert ist, ein entsprechen-
des Gegengeschäft abzuschließen, können beide von einem Währungsswap profitieren.

  Mit solchen Geschäften gelingt es auch, die Währungsrisiken zu ver-
meiden, die mit normalen Fremdwährungskrediten verbunden sind,
weil bereits bei Vertragsabschluß das Austauschverhältnis zwischen
den beiden beteiligten Währungen festgelegt wird.

10. Ein vorteilhafter Tausch und ein günstiger Zinsswap

(a) Daß sich ein Tauschgeschäft zwischen Groß und Klein für beide Seiten lohnen soll, ist nicht ohne weiteres klar, denn Klein kauft alles
teurer ein als Groß. Wer voreilig ist, folgert daraus, daß Klein an
Groß zu Preisen, die für diesen interessant sind, nur mit Verlust
liefern kann, und zieht den Schluß, daß es einen für beide Seiten
attraktiven Vertrag nicht gibt.

---

[10]Wegen der Details verweisen wir auf Seite 197.

Betrachtet man den Vorschlag von Groß genauer, so zeigt sich: Für Klein ist das Arrangement durchaus nicht ungünstig. Er setzt zwar bei jeder Birne 0.25 DM zu, gewinnt dafür aber bei jedem Apfel 0.40 DM und kann sich deshalb den Verlust bei den Birnen ohne weiteres leisten. Er muß nur darauf achten, daß er von Groß immer ebenso viele Äpfel bekommt wie er Birnen an ihn liefert. Sonst könnten seine Verluste bei den Birnen die Gewinne bei den Äpfeln überkompensieren. Daß sich das Tauschgeschäft für Groß selbst lohnt, ist klar. Er spart bei jeder Birne 0.15 DM, wenn Klein auf seinen Vorschlag eingeht.

Tabelle 5.11: Obst im Ringtausch

Groß	
Direkter Birnenkauf am Markt	−0.70
Apfelkauf am Markt	−0.50
Apfelverkauf an Klein	0.50
Birnenkauf bei Klein	−0.55
Indirekter Birnenkauf	−0.55
Vorteil des Tauschgeschäfts für Groß	0.15

Klein	
Direkter Apfelkauf am Markt	−0.90
Birnenkauf am Markt	−0.80
Birnenverkauf an Groß	0.55
Apfelkauf bei Groß	−0.50
Indirekter Apfelkauf	−0.75
Vorteil des Tauschgeschäfts für Klein	0.15

(b) Um zu zeigen, daß ein für beide Parteien vorteilhaftes Swapgeschäft möglich ist, unterstellen wir, daß die Topf & Deckel AG einen Kontrakt mit variablem Zins wünscht, während die Mutter & Schraube GmbH an einem Vertrag mit festem Zins interessiert ist.

Der Zinsswap wird nun wie folgt konstruiert:

- Kreditaufnahme zu den "falschen Konditionen".
  - Die Topf & Deckel AG nimmt Kredit mit festen Zinsen auf und muß dafür 8.0 % Zins zahlen.
  - Die Mutter & Schraube GmbH verschuldet sich variabel zu (LIBOR + 2.0) %.
- Die Swap–Vertragsparteien verpflichten sich, die laufenden Zinszahlungen gegenseitig zu übernehmen, vereinbaren jedoch gegenüber den Grundgeschäften etwas abweichende Zinssätze.

- Die Mutter & Schraube GmbH zahlt an die Topf & Deckel AG laufend 8.0 %.
- Die Topf & Deckel AG übernimmt die variablen Zinsverpflichtungen, zahlt aber an die Mutter & Schraube beispielsweise nur (LIBOR − 0.5) %.

Beide Unternehmen können dadurch ihre Zinskosten senken, was man in Tabelle 5.12 leicht nachrechnet.

Tabelle 5.12: Vorteile eines Zinsswaps

Topf & Deckel AG	
Variabler Zins (direkt)	−(LIBOR + 0.003)
Fester Zins	−0.0800
Swap–Einnahmen	+0.0800
Swap–Ausgaben	−(LIBOR − 0.005)
Variabler Zins (indirekt)	−(LIBOR − 0.005)
Vorteil für Topf & Deckel	0.0080

Mutter & Schraube GmbH	
Fester Zins (direkt)	−0.1200
Variabler Zins	−(LIBOR + 0.020)
Swap–Einnahmen	+(LIBOR − 0.005)
Swap–Ausgaben	−0.0800
Fester Zins (indirekt)	−0.1050
Vorteil für Mutter & Schraube	0.0150

(c) Um die Voraussetzungen aufzuspüren, die erfüllt sein müssen, damit sich ein Zinsswap für beide Parteien lohnt, definieren wir folgende Symbole:

f_A fester Zinssatz des Unternehmens A,

f_B fester Zinssatz des Unternehmens B,

v_A variabler Zinssatz des Unternehmens A und

v_B variabler Zinssatz des Unternehmens B.

Macht man sich klar, daß die Swap–Einnahmen notwendigerweise ebenso groß sein müssen wie die Swap–Ausgaben, so folgt sofort, daß sich die Summe der Zinsvorteile auf

$$\underbrace{(f_A - f_B)}_{\substack{\text{Differenz zwischen den} \\ \text{festen Zinssätzen}}} \quad - \quad \underbrace{(v_A - v_B)}_{\substack{\text{Differenz zwischen den} \\ \text{variablen Zinssätzen}}}$$

oder in unserem Beispiel

$$(0.12 - 0.08) - (LIBOR + 0.020 - LIBOR - 0.003) = 0.023$$

beläuft. Damit es sich tatsächlich um einen Vorteil und nicht um einen Nachteil handelt, muß

$$(f_A - f_B) - (v_A - v_B) \; > \; 0$$
$$f_A - v_A \; > \; f_B - v_B$$

gelten. Die Differenzen zwischen festen und variablen Zinssätzen dürfen bei den beiden Swappartnern nicht übereinstimmen.

11. Ein einfacher Währungsswap

(a) Um zu zeigen, daß ein für beide Parteien vorteilhaftes Swapgeschäft möglich ist, unterstellen wir, daß beide Muttergesellschaften einen Kredit in eigener Landeswährung aufnehmen und diesen mit dem Vertragspartner tauschen. Der Währungsswap wird nun wie folgt abgewickelt.

- Die Mütter nehmen zunächst Kredit in der "falschen Währung" auf.
  - BRIMO emittiert eine Pfund–Anleihe mit einem Nennwert von 20 Millionen Pfund und muß dafür 10 % Pfund–Zinsen zahlen.
  - DEUMU begibt eine Anleihe im Nennwert von 50 Mio. DM mit einem Kupon von 15 %.
- Die Swap–Vertragsparteien verpflichten sich zur laufenden Übernahme der Zinszahlungen. Die fälligen Beträge werden von den jeweiligen Töchtern geleistet.
  - DEUTO zahlt über ihre Mutter an BRIMO laufend 10 % Pfund–Zinsen, die diese an ihre britischen Kreditgeber weiterleitet.
  - DEUMU erhält von der BRIDAU laufend 15 % DM–Zinsen und kommt damit ihren Zahlungsverpflichtungen für die in Deutschland begebene Anleihe nach.
- Beide Tochtergesellschaften zahlen nach Ablauf der fünf Jahre ihre Kredite zurück, und die Anleihebeträge werden zum ursprünglichen Wechselkurs von 2.5 : 1 zurückgetauscht.

Beide Unternehmen können dadurch ihre Zinskosten senken, was man in Tabelle 5.13 leicht nachrechnet.

(b) Auch dann, wenn die BRIMO in Deutschland Kredit zu 14 % aufnehmen könnte, wäre ein für beide Seiten vorteilhafter Währungsswap

Tabelle 5.13: Vorteile eines Währungsswaps

BRIMO	
DM–Zins (direkt)	−0.1600
Pfund–Zins	−0.1000
Swap–Einnahmen	+0.1000
Swap–Ausgaben	−0.1500
DM–Zins (indirekt)	−0.1500
Vorteil für BRIMO	0.0100

DEUMU	
Pfund–Zins (direkt)	−0.1300
DM–Zins	−0.1500
Swap–Einnahmen	+0.1500
Swap–Ausgaben	−0.1000
Pfund–Zins (indirekt)	−0.1000
Vorteil für DEUMU	0.0300

möglich. Ebenso wie bei der Aufgabe zum Zinsswap kommt es allein darauf an, ob zwischen den beiden Gesellschaften ein komparativer Kostenunterschied besteht.[11] Die britische Mutter kann sich unter den jetzt zu diskutierenden Bedingungen zwar in beiden Ländern billiger finanzieren als die deutsche Gesellschaft. Trotzdem ist der Zinsunterschied in Großbritannien höher als in Deutschland. Daher lohnt es sich, BRIMO eine Anleihe in Großbritannien und DEUMU eine Schuldverschreibung in Deutschland plazieren zu lassen sowie die daraus erwachsenden Zahlungsverpflichtungen auszutauschen.

Im Detail ist es nun aber so, daß bei einem einfachen Tausch die DEUMU einen Pfund–Zinsvorteil von 3 % genießen würde, während die BRIMO einen DM–Zins–Nachteil von 1 % hinnehmen müßte. Um diesen Nachteil auszugleichen, muß DEUMU einen Teil ihres Vorteils an BRIMO abgeben. Zum Beispiel könnte sich die DEUMU verpflichten, 12 % Pfund–Zinsen zu zahlen. Dann ergäbe sich die in Tabelle 5.14 dargestellte Rechnung.

(c) Will man die Existenz von Zins– und Währungsswaps erklären, so ist es naheliegend, mit Zins– beziehungsweise Bonitätsarbitrage zu argumentieren. Im obigen Fall liegt eine Bonitätsarbitrage vor. Weil die deutsche Gesellschaft in Deutschland bekannter ist, bekommt sie dort vergleichsweise bessere Konditionen als in Großbritannien.

---

[11]Vgl. Seite 197.

Tabelle 5.14: Vorteile eines Währungsswaps bei geänderten Konditionen

BRIMO	
DM–Zins (direkt)	−0.1400
Pfund–Zins	−0.1000
Swap–Einnahmen	+0.1200
Swap–Ausgaben	−0.1500
DM–Zins (indirekt)	−0.1300
Vorteil für BRIMO	0.0100

DEUMU	
Pfund–Zins (direkt)	−0.1300
DM–Zins	−0.1500
Swap–Einnahmen	+0.1500
Swap–Ausgaben	−0.1200
Pfund–Zins (indirekt)	−0.1200
Vorteil für DEUMU	0.0100

Auf effizienten Märkten würde eine Gesellschaft unabhängig von ihrem Standort allein aufgrund von Ertragskraft und Zahlungsfähigkeit beurteilt werden. Mit Zins- und Währungsswaps können solche Arbitragemöglichkeiten ausgenutzt werden, so daß sich die tatsächlichen Finanzierungskosten der Firmen einander angleichen. Daher kann man sagen, daß Swaps Finanzinstrumente sind, die den Markt effizienter machen.

5.7 Liquiditätsmessung

1. Einhaltung von Bilanzrelationen als Spielregel

Der Informationswert von Bilanzkennzahlen ist begrenzt. Dennoch werden von sehr vielen Unternehmen bestimmte Bilanzrelationen eingehalten, weil diese wissen, daß potentielle Geld- und Kreditgeber (Banken, Anleger) mit dem Instrument der Bilanzanalyse die Kreditwürdigkeit und zukünftige potentielle Zahlungsfähigkeit von Unternehmen prüfen. Da die Möglichkeit, Kredite aufzunehmen und geplante Investitionen finanzieren zu können, zu den wesentlichen Existenzvoraussetzungen eines Unternehmens gehört, halten sich die meisten Unternehmen an Spielregeln in bezug auf Bilanzrelationen. Deshalb besteht zwischen der ausgewiesenen "Bi-

Tabelle 5.15: Strukturbilanz

A. Anlagevermögen	A. Eigenkapital
B. Umlaufvermögen	B. Fremdkapital
1. Vorräte	1. langfristiges Fremdkapital
2. Forderungen	2. mittelfristiges Fremdkapital
3. Liquide Mittel	3. kurzfristiges Fremdkapital

lanzliquidität" und der "effektiven Zahlungsfähigkeit" (der tatsächlichen zukünftigen Liquidität) ein faktischer Zusammenhang:

Ein Unternehmen, das geforderte Bilanzrelationen einhält, hat größere Chancen, Kreditprolongationen zu erhalten und somit zahlungsfähig zu bleiben, wenn Banken die Kreditvergabe von der Einhaltung von Bilanzrelationen abhängig machen.

Man spricht hier von "Spielregeln", weil die potentiellen Kreditgeber bestimmte Rollenerwartungen gegenüber dem Finanzierungs– und Bilanzierungsverhalten der Unternehmen haben und sich viele Kreditnehmer daran halten.

2. Strukturbilanz und Ermittlung wichtiger Kennzahlen

(a) Unter einer Strukturbilanz versteht man eine verdichtete Bilanz, die auf der Aktivseite in Anlage– und Umlaufvermögen und auf der Passivseite in Eigen– und Fremdkapital gegliedert ist. Das Umlaufvermögen wird ebenso wie das Fremdkapital in je drei Teilpositionen zerlegt. Das sieht beispielsweise so aus, wie in Tabelle 5.15 gezeigt. Wendet man dieses Konzept auf die Zahlen der Aufgabe an, so erhält man nachstehendes Ergebnis.

Bilanz zum 31.12.00 (alle Werte in Mio. DM)

Anlagevermögen		68.5	Eigenkapital		87.5
Umlaufvermögen		72.0	Fremdkapital		53.0
davon:			davon:		
Vorräte	43.0		langfristig	33.0	
Forderungen	19.0		mittelfristig	2.5	
Liquide Mittel	10.0		kurzfristig	17.5	
Summe		140.5	Summe		140.5

Gliederung des Umlaufvermögens nach dem Grade der Liquidierbarkeit:

Liquide Mittel   Zahlungsmittelbestand (Kasse, Bankguthaben)

Forderungen   Wechsel, kurzfristige Forderungen, Warenbestände
                   mit hohem Liquiditätsgrad

Vorräte   Roh–, Hilfs– und Betriebsstoffe, langfristige Forderungen, Waren mit mittlerem und niedrigem Liquiditätsgrad

(b) Im folgenden werden aus dieser verdichteten Bilanz die verlangten Kennzahlen abgeleitet.

$$\text{Deckungsgrad A} \quad = \frac{\text{Eigenkapital}}{\text{Anlagevermögen}} = \frac{87.5}{68.5} = 1.28$$

$$\text{Deckungsgrad B} \quad = \frac{\text{Eigenkapital} + \text{langfristiges Fremdkapital}}{\text{Anlagevermögen}}$$

$$= \frac{87.5 + 33.0}{68.5} = 1.76$$

$$\text{Deckungsgrad C} \quad = \frac{\text{Eigenkapital} + \text{langfr. Fremdkapital}}{\text{Anlagevermögen} + \text{langfr. Umlaufvermögen}}$$

$$= \frac{87.5 + 33.0}{68.5 + 43.0} = 1.08$$

$$\text{Verschuldungsgrad} \quad = \frac{\text{Fremdkapital}}{\text{Eigenkapital}} = \frac{53.0}{87.5} = 0.61$$

$$\text{Gesamtkapitalrendite} = \frac{\text{Gewinn und Zinsaufwand}}{\text{Eigen– und Fremdkapital}}$$

$$= \frac{25.0 + 4.0}{140.5} = 20.64\,\%$$

$$\text{Eigenkapitalrendite} \quad = \frac{\text{Gewinn}}{\text{Eigenkapital}} = \frac{25.0}{87.5} = 28.57\,\%$$

$$\text{Liquidität 1. Grades} \quad = \frac{\text{Liquide Mittel}}{\text{kurzfr. Fremdkapital}} = \frac{10.0}{17.5} = 0.57$$

$$\text{Liquidität 2. Grades} \quad = \frac{\text{Liquide Mittel} + \text{Forderungen}}{\text{kurzfr. Fremdkapital}} = \frac{29.0}{17.5} = 1.66$$

$$\text{Liquidität 3. Grades} \quad = \frac{\text{Umlaufvermögen}}{\text{kurz– und mittelfr. Fremdkapital}}$$

$$= \frac{72.0}{20.0} = 3.60$$

$$\text{Umsatzrendite} \quad = \frac{\text{Gewinn}}{\text{Umsatz}} = \frac{25.0}{166.5} = 15.02\,\%$$

$$\text{Return on Investment} = \frac{\text{Gewinn}}{\text{Umsatz}} \cdot \frac{\text{Umsatz}}{\text{Kapital}}$$

$$= \frac{25.0}{166.5} \cdot \frac{166.5}{140.5} = 17.79\,\%$$

Eine wertende Interpretation der Kennzahlen ist auf der Grundlage des vorliegenden Zahlenmaterials kaum möglich, weil weder Vergleichszahlen vergangener Jahre noch Vergleichszahlen von Konkurrenzbetrieben oder Branchendurchschnittszahlen zur Verfügung stehen.

3. Eigenkapitalrendite und Verschuldungsgrad

(a) Eigenkapitalrendite, Gesamtkapitalrendite und Verschuldungsgrad leitet man aus den angegebenen Zahlen wie folgt ab:

$$\text{Eigenkapitalrendite} \quad = \frac{\text{Gewinn}}{\text{Eigenkapital}}$$

$$= \frac{5000}{45000} = 11.11\,\%$$

$$\text{Gesamtkapitalrendite} = \frac{\text{Gewinn} + \text{Zinsaufwand}}{\text{Gesamtkapital}}$$

$$= \frac{5000 + 2800}{80000} = 9.75\,\%$$

$$\text{Verschuldungsgrad} \quad = \frac{\text{Fremdkapital}}{\text{Eigenkapital}}$$

$$= \frac{35000}{45000} = 0.78$$

Ein Verschuldungsgrad von 0.78 kommt in der Praxis eher selten vor. Meistens ist diese Kennzahl größer als 1.

(b) Mit den Symbolen E und F für das Eigen– und das Fremdkapital definiert man zunächst den Verschuldungsgrad mit

$$\alpha = \frac{F}{E} \tag{5.3}$$

und die Eigenkapitalquote in Form von

$$\beta = \frac{E}{E + F}. \tag{5.4}$$

Anschließend löst man (5.3) nach F auf und setzt das Ergebnis in (5.4) ein. Das führt auf

$$\beta = \frac{E}{E + \alpha E} = \frac{1}{1 + \alpha}.$$

Mithin beläuft sich die Eigenkapitalquote der GmbH auf

$$\frac{1}{1 + 0.78} = 56.2\,\%.$$

(c) Mit α für den Verschuldungsgrad und β für die Eigenkapitalquote hatten wir soeben gezeigt, daß

$$\beta = \frac{1}{1 + \alpha}$$

gelten muß. Auflösen nach α führt auf

$$\alpha = \frac{1}{\beta} - 1,$$

und wir sind schon fertig.

(d) Bei der Rentabilität des Gesamtkapitals wird nach dem Verhältnis zwischen "Summe der Zahlungen für alle Kapitalgeber" und Gesamtkapital gefragt. Die "Summe der Zahlungen für alle Kapitalgeber" entspricht dem Gewinn vor Zinsen.

(e) Mit Leverage–Effekt bezeichnet man die Auswirkungen von Veränderungen des Verschuldungsgrades auf die Eigenkapitalrendite.

(f) Bezeichnet man die Rendite des Gesamtkapitals mit r_G, die Rendite des Eigenkapitals mit r_E und die Rendite des Fremdkapitals (den Fremdkapitalzinssatz) mit i, verwendet man ferner E als Symbol für das Eigenkapital und F für das Fremdkapital, so ermittelt man die Rendite des Gesamtkapitals aus

$$\begin{aligned} r_G &= \frac{\text{Gewinn} + \text{Zinsaufwand}}{\text{Gesamtkapital}} \\ &= \frac{r_E E + iF}{E + F} \end{aligned}$$

Wir müssen nun nach r_E auflösen, weil wir feststellen wollen, welcher Einfluß vom Verschuldungsgrad auf die Eigenkapitalrendite ausgeht. Das Ergebnis ist

$$r_E = r_G + (r_G - i) \cdot \frac{F}{E}.$$

r_E ist also von r_G, i und $\frac{F}{E}$ abhängig. Sind Gesamtkapitalrendite und Fremdkapitalzinssatz gegeben, so kann man über den Verschuldungsgrad die Eigenkapitalrendite beeinflussen.

(g) Von positivem Leverage ist die Rede, wenn sich mit zunehmender Verschuldung die Eigenkapitalrendite steigern läßt.

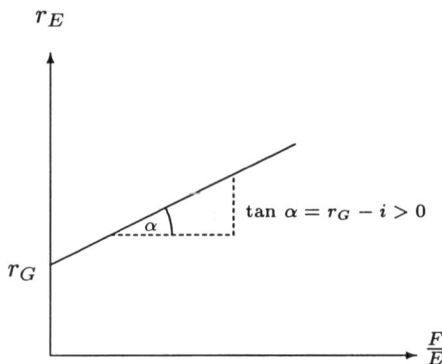

Abbildung 5.4: Positiver Leverageeffekt

Damit ein positiver Leverage–Effekt existiert, muß eine positive Steigung der Funktion vorliegen. Nur wenn $r_G - i > 0$ ist, liegt ein positiver Leverage–Effekt vor. Nur dann ist der Ertrag des eingesetzten Fremdkapitals größer als seine Kosten und führt somit zu einer Erhöhung der Eigenkapitalrendite. Bei positivem Leverage–Effekt ist daher die Eigenkapitalrendite immer größer als die Gesamtkapitalrendite (vgl. Abbildung 5.4).

(h) Es wäre optimal, mit sehr viel Fremdkapital zu arbeiten. In Krisenzeiten oder, wenn die Gesamtkapitalrendite kleiner als der Fremdkapitalzins wird, hat das Unternehmen dann aber zu wenig Sicherheiten. Die Pufferfunktion des Eigenkapitals bei schlechter Geschäftsentwicklung kann nicht mehr wahrgenommen werden. Die Sicherungsfunktion des Eigenkapitals kann vom Fremdkapital nicht übernommen werden, weil die Fremdkapitalzinsen auch bei schlechter Ertragslage gezahlt werden müssen. Der Prozeß zunehmender Fremdkapitalaufnahme zur Erhöhung der Eigenkapitalrendite wird also durch das Risiko überhöhter Verschuldung gebremst.

4. **Leverage–Effekt**

Die Eigenkapitalrendite ergibt sich mit Hilfe der Leverageformel

$$r_E = r_G + (r_G - i) \cdot \frac{F}{E}.$$

Setzt man beispielsweise die Zahlen aus der ersten Zeile von Tabelle 5.16 ein, so erhält man

$$r_E = 0.10 + (0.10 - 0.12) \cdot \frac{100}{100} = 8\,\%.$$

Setzt man entsprechend fort, ergibt sich Tabelle 5.16.

Tabelle 5.16: Eigenkapitalrenditen bei unterschiedlichen Parameterkonstellationen

Fall	Eigen–kapital	Fremd–kapital	Gesamt–kapital–rendite	Fremd–kapital–zinssatz	Eigen–kapital–rendite
1	100	100	10 %	12 %	8.00 %
2	100	100	10 %	10 %	10.00 %
3	100	100	10 %	8 %	12.00 %
4	50	150	10 %	12 %	10.00 %
5	150	50	10 %	12 %	9.33 %
6	150	50	10 %	8 %	10.67 %
7	50	150	10 %	8 %	16.00 %

5. Noch einmal: Leverage–Effekt

(a) Nach Vornahme der Investition beläuft sich die Eigenkapitalrendite auf
$$r_E = 0.1 + (0.1 - 0.08) \cdot \frac{100000}{100000} = 12\,\%.$$

(b) Beträgt die Investitionssumme 400000 DM und bleibt sonst alles gleich, so erhalten wir eine Eigenkapitalrendite von
$$r_E = 0.1 + (0.1 - 0.08) \cdot \frac{300000}{100000} = 16\,\%.$$

(c) Die steigende Funktion in Abbildung 5.5 zeigt, wie die Eigenkapitalrendite vom Verschuldungsgrad abhängt. Die Gesamtkapitalrendite beträgt unabhängig vom Verschuldungsgrad stets 10 %.

(d) Wenn das Unternehmen sich gezwungen sieht, die Investition zwischenzufinanzieren, und dabei Kreditkosten in Höhe von 12 % anfallen, so ändern sich die Ergebnisse.

   i. Bei einer Investitionssumme von 100000 DM ergibt sich
$$r_E = 0.1 + (0.1 - 0.12) \cdot \frac{100000}{100000} = 8\,\%,$$

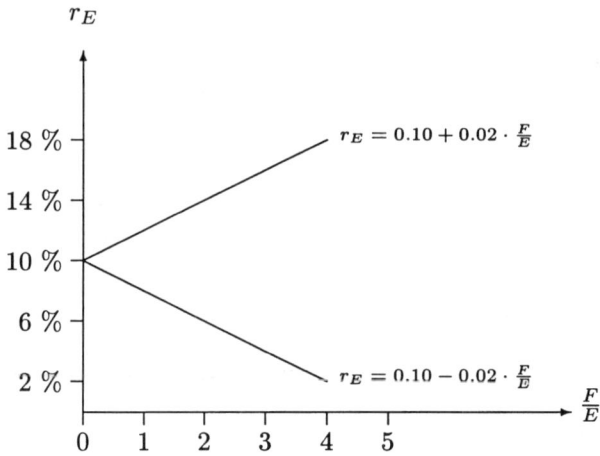

Abbildung 5.5: Positiver und negativer Leverageeffekt

ii. während man bei Anschaffungsausgaben von 400000 DM auf

$$r_E = 0.1 + (0.1 - 0.12) \cdot \frac{300000}{100000} = 4\,\%$$

kommt. In jedem Fall hat man es jetzt mit einem negativen Leverage–Effekt zu tun.

(e) Graphisch wird der negative Leverage–Effekt in Abbildung 5.5 durch die fallende Funktion repräsentiert.

(f) Zunehmende Verschuldung im Interesse einer steigenden Eigenkapitalrendite lohnt sich nur unter der Voraussetzung, daß die Gesamtkapitalrendite größer als der Fremdkapitalzins ist. Im entgegengesetzten Fall schlägt der Leverage–Effekt ins negative um.

(g) Bei unsicheren Zukunftserwartungen kann nicht vorhergesagt werden, ob die Differenz zwischen Gesamtkapitalrendite und Fremdkapitalzins positiv oder negativ sein wird. Dabei bezieht sich das Unvermögen einer sicheren Prognose vor allem auf die Gesamtkapitalrendite und weniger auf den Kreditzins. Die Kenntnis des Leverage–Effekts hilft unter solchen Bedingungen wenig, wenn entschieden werden muß, welchen Verschuldungsgrad ein Unternehmen wählen soll.

6. **Jahresüberschuß und Cash–flow**

(a) Bei der Ableitung des Cash–flows aus dem Jahresüberschuß gibt es immer Vollständigkeits– und Abgrenzungsprobleme. Der Grund dafür liegt in der Tatsache begründet, daß Auszahlungen und Aufwendungen auf der einen Seite und Einzahlungen und Erträge auf der anderen Seite nicht übereinstimmen. *Cash–flow* nennt man die Differenz zwischen den betrieblichen Einzahlungen und Auszahlungen einer Periode (eines Jahres), während es sich beim *Jahresüberschuß* um die Differenz zwischen den Erträgen und Aufwendungen der Periode handelt.

(b) Aus der vorstehenden Feststellung folgt das Grundschema der Korrekturschritte, welche vom Jahresüberschuß zum Cash–flow führen.

- Nicht zahlungswirksamer Aufwand (Beispiele: Abschreibungen, Erhöhung von Rückstellungen) ist zu addieren.

- Nicht zahlungswirksamer Ertrag (Beispiele: Bestandserhöhungen bei unfertigen und fertigen Erzeugnissen) ist zu subtrahieren.

- Nicht ertragswirksame Einzahlungen (Beispiel: Erhöhung der Kundenanzahlungen) sind zu addieren.

- Nicht aufwandswirksame Auszahlungen (Beispiel: Garantieleistungen mit Inanspruchnahme von Rückstellungen) sind zu subtrahieren.

(c) Praktiker, die den Cash–flow aus dem Jahresüberschuß rasch ableiten wollen, verwenden gern folgende Form der Pauschalermittlung.

$$
\begin{array}{ll}
& \text{Jahresüberschuß} \\
+ & \text{Abschreibungen} \\
+ & \text{Zuführung zu den Rückstellungen} \\
\hline
= & \text{Cash–flow}
\end{array}
$$

Diese vereinfachte Form der Cash–flow–Berechnung ist problematisch, weil man sich darauf beschränkt, die nicht zahlungswirksamen Aufwendungen zu addieren. Das ist allenfalls dann zu rechtfertigen, wenn sich alle übrigen notwendigen Korrekturen gegenseitig neutralisieren.

(d) Zwei Fälle sind zu unterscheiden.

- Die Rückstellung erweist sich im nachhinein als nicht notwendig und wird aus diesem Grunde ertragswirksam aufgelöst. In diesem Fall haben wir es mit nicht zahlungswirksamem Ertrag zu tun, der subtrahiert werden muß.

- Die Rückstellung erweist sich ex post als gerechtfertigt. Sie wird aufgelöst, weil jetzt die Auszahlung stattfindet. Unter dieser Voraussetzung liegt eine Auszahlung vor, die in der betrachteten Periode nicht aufwandswirksam ist, weil sie bereits früher als Aufwand verrechnet wurde. Der Betrag ist zu subtrahieren.

Da in beiden Fällen eine Subtraktion des entsprechenden Betrages erfolgen muß, entstehen keinerlei Probleme, wenn Informationen darüber fehlen, welche Anteile der Rückstellungsverminderung erfolgswirksam und welche erfolgsunwirksam waren.

(e) Die Aussagekraft des Cash–flows wird in der Literatur als wesentlich höher eingestuft als die Aussagefähigkeit von Liquiditätsgraden. Eine der wichtigsten aus dem Cash–flow abgeleiteten Kennziffern ist der

$$\text{Dynamischer Verschuldungsgrad} = \frac{\text{Cash–flow}}{\text{Kurzfristiges Fremdkapital}}$$

beziehungsweise sein Kehrwert, die

$$\text{Verschuldungsfähigkeit} = \frac{\text{Kurzfristiges Fremdkapital}}{\text{Cash–flow}}.$$

Die letztgenannte Kennzahl gibt an, wie viele Jahre es dauern würde, wenn man den (als im Zeitablauf konstant unterstellten) Cash–flow des Unternehmens ausschließlich dazu nutzen würde, die gegenwärtig bestehenden kurzfristigen Schulden zurückzuzahlen.

Eine weitere informative Kennzahl ist die

$$\text{Investitionsfähigkeit} = \frac{\text{Cash–flow}}{\text{Nettoinvestitionen}}.$$

Sie beschreibt, in welchem Umfang es gelingt, die Neuzugänge der Investitionen aus der Innenfinanzierung zu ermöglichen. Je größer diese Kennziffer ist, um so weniger ist man zur Durchführung von Investitionen auf die Außenfinanzierung angewiesen.

7. Aufstellung eines Finanzplans

(a) Für den monatlichen Finanzplan wurde unterstellt, daß zuerst der langfristige Kredit aufgenommen wird. Dann ergibt sich der Finanzplan gemäß Tabelle 5.17.

(b) Die kumulierten Auszahlungen, Einzahlungen sowie Fehlbeträge beziehungsweise Überschüsse sind graphisch in Abbildung 5.6 dargestellt.

8. Kapitalbedarfsermittlung

Die Schickeria GmbH & Co. KG muß die Kosten für die Zeit zwischen der ersten Produktion und dem ersten Zahlungseingang finanzieren. Diese Zeit beträgt 41 Tage (Produktionszeit 1 Tag, Lagerzeit 10 Tage, Zahlungsziel 30 Tage). Unterstellt man, daß keine zusätzlichen Kosten durch die Lagerung und den Vertrieb entstehen, dann sind $30 \cdot 40 \cdot 41 = 49200$

Tabelle 5.17: Monatlicher Finanzplan

Monat	Jun	Jul	Aug
Anfangsbestand		200	-49600
Eigenkapital	120000		
Verkauf Handelswaren	9000	18000	18000
Verkauf Erzeugnisse		28000	56000
Summe Einzahlungen	129000	46000	74000
Zinsaufwand			579
Pkw	25000		
Maschine	60000	40000	40000
Miete	1800	1800	1800
RHB–Stoffe	28000	20000	20000
Kauf Handelswaren	12000	12000	12000
Personalaufwand	22000	22000	22000
Summe Auszahlungen	148800	95800	96379
Überschuß/Fehlbetrag	-19800	-49600	-71979
langfristiger Kredit	20000		
kurzfristiger Kredit		49600	71979

Monat	Sep	Okt	Nov
Anfangsbestand	-71979	-66618	-21196
Verkauf Handelswaren	18000	18000	18000
Verkauf Erzeugnisse	84000	84000	84000
Summe Einzahlungen	102000	102000	102000
Zinsaufwand	840	777	247
Maschine	40000		
Miete	1800	1800	1800
RHB–Stoffe	20000	20000	20000
Kauf Handelswaren	12000	12000	12000
Personalaufwand	22000	22000	22000
Summe Auszahlungen	96640	56577	56047
Überschuß/Fehlbetrag	-66618	-21196	24757
kurzfristiger Kredit	66618	21196	

DM zu finanzieren. Dazu reicht der unausgenutzte Kreditspielraum nicht aus. Die Schickeria GmbH & Co. KG müßte also versuchen, den Kreditspielraum zu erhöhen (z.B. Lieferantenkredit) oder das Zahlungsziel zu verkürzen.

9. **Prinzip der Fristenkongruenz**

(a) Die Verfechter des Prinzips der Fristenkongruenz verlangen, daß langfristige Investitionen langfristig und kurzfristige Investitionen

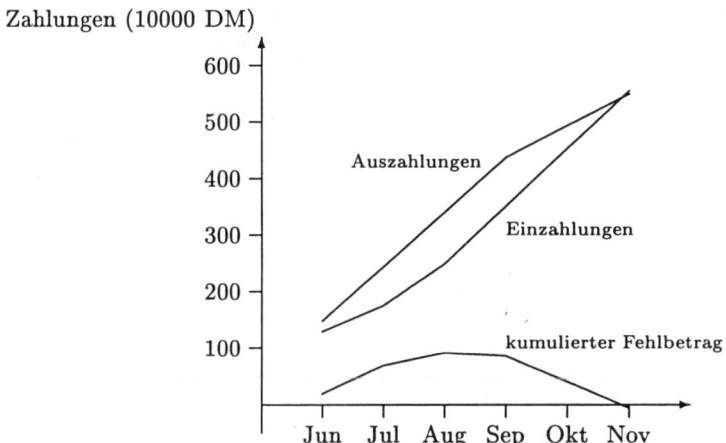

Abbildung 5.6: Graphische Kapitalbedarfsermittlung

kurzfristig finanziert werden. Wer diese Regel befolgt, dem wird in Aussicht gestellt, daß er die Zahlungsbereitschaft (Liquidität) nicht verliert. Kurz gesagt: Wer fristenkongruent finanziert, wird überleben.

(b) Die "goldene Finanzierungsregel" entspricht dem eben unter 9a beschriebenen Grundsatz. Sie findet ihren Niederschlag in Sollvorschriften über bestimmte Bilanzkennzahlen, die man dann als "goldene Bank– oder Bilanzregeln" bezeichnet. So wird verlangt, daß die Kennzahlen

$$\text{Deckungsgrad A} = \frac{\text{Eigenkapital}}{\text{Anlagevermögen}}$$

$$\text{Deckungsgrad B} = \frac{\text{Eigenkapital} + \text{langfristiges Fremdkapital}}{\text{Anlagevermögen}}$$

$$\text{Deckungsgrad C} = \frac{\text{Eigenkapital} + \text{langfristiges Fremdkapital}}{\text{Anlagevermögen} + \text{langfristiges Umlaufvermögen}}$$

mindestens so groß wie eins sind. Im kurzfristigen Bereich wird entsprechend erwartet, daß die Liquiditätsgrade

$$\text{Liquidität 1. Grades} = \frac{\text{Zahlungsmittel}}{\text{kurzfristige Verbindlichkeiten}}$$

$$\text{Liquidität 2. Grades} = \frac{\text{Zahlungsmittel} + \text{kurzfristige Forderungen}}{\text{kurzfristige Verbindlichkeiten}}$$

$$\text{Liquidität 3. Grades} = \frac{\text{Umlaufvermögen}}{\text{kurzfristige Verbindlichkeiten}}$$

bestimmte Normwerte erfüllen. Der Wert für die Liquidität 1. Grades (acid–test ratio) sollte kleiner als 100 % sein, weil Kassenhaltung im Umfang der kurzfristigen Verbindlichkeiten sehr teuer ist. Hinsichtlich der Liquidität 2. Grades (quick ratio) sehen Banken gerne Werte um 100 %, da dann das – im Zähler dieser Kennzahl nicht enthaltene – Vorratsvermögen mittel– bis langfristig finanziert wird. Bei der Liquidität 3. Grades (current ratio) erwarten viele Banken von ihren Firmenkunden Werte zwischen 150 und 200 %.

(c) Wir gehen zunächst auf die Brauchbarkeit des Prinzips der Fristenkongruenz und anschließend auf die Leistungsfähigkeit der "goldenen Bank– oder Bilanzregel" ein.

- Angenommen, ein Unternehmen befolgt das Prinzip der Fristenkongruenz strikt. Nehmen wir ferner an, daß alle investierten Beträge in vollem Umfang über den Umsatzprozeß freigesetzt werden und auch die laufenden kurzfristigen Auszahlungen aus dem Umsatzprozeß finanziert werden können. Dann ist sichergestellt, daß das Unternehmen während der Nutzungsdauer der fristenkongruent finanzierten Investitionen nicht zahlungsunfähig werden kann. Ein beruhigendes Ergebnis.

  Was aber geschieht nach Ablauf der Nutzungsdauer der alten Investitionen? Wenn die Firma weiter existieren soll, müssen neue Investitionen finanziert werden. Und das gelingt nur, wenn die alten Finanzierungsverträge entweder prolongiert oder durch neue Verträge ersetzt werden. Das jedoch kann die Befolgung des Prinzips der Fristenkongruenz nicht garantieren.

  Muß allerdings im Interesse der längerfristigen Existenz des Unternehmens unterstellt werden, daß Kredite prolongiert beziehungsweise substituiert werden, so schützt diese Annahme ein Unternehmen auch dann vor der Illiquidität, wenn sie gegen das Prinzip der Fristenkongruenz verstößt und langfristige Investitionen kurzfristig finanziert.

- Die Befolgung "goldener Bilanzregeln" garantiert nicht einmal, daß dem Prinzip der Fristenkongruenz entsprochen wird. Hierzu einige Gründe:

  - Die Bilanz liefert nur unvollständige Informationen über die kurzfristigen Verbindlichkeiten eines Unternehmens. Beispielsweise gehören zu den unvermeidlichen kurzfristigen Schulden die Verpflichtungen des Unternehmens in bezug auf die Zahlung von Löhnen und Gehältern nicht bereits gekündigter Mitarbeiter. Sofern diese Beträge am Bilanzstichtag noch nicht fällig sind, werden sie im Jahresabschluß nicht ausgewiesen, können aber beträchtliche Größenordnungen annehmen. Selbst wenn die Liquidität 1. Grades so groß wie eins wäre, könnte daher ein Konkurs vor Ablauf von 12 Monaten nicht ausgeschlossen werden.

– Eigenkapital hat nicht notwendigerweise in voller Höhe
  Langfristcharakter. Im Rahmen von Personengesellschaften
  (OHG, KG, stille Gesellschaft) kann Eigenkapital kurzfristig
  kündbar sein.
– Auch Anlagevermögen muß nicht unbedingt langfristig vor-
  gehalten werden. Ein Grundstück ist selbst dann im Anlagevermögen auszuweisen, wenn der Verkaufsvertrag sozusagen
  schon unter Dach und Fach ist, aber erst in der nächsten
  Woche unterschrieben wird.

10. Struktur eines Finanzplans

Die Möglichkeiten, mit Hilfe der Jahresabschlußanalyse die künftige Liquidität (Zahlungsfähigkeit) eines Unternehmens zu beurteilen, sind recht
beschränkt. Das ist in erster Linie damit zu erklären, daß der Jahresabschluß grundsätzlich keine zukunftsbezogenen Prognosewerte enthält. Der
Finanzplan dagegen mißt, was tatsächlich zu messen ist: die künftigen
Einzahlungen und Auszahlungen und die daraus resultierenden Finanz-
mittelüberschüsse beziehungsweise –defizite.

Tabelle 5.18: Formalstruktur des Finanzplans

Planintervalle (Tage, Wochen, Monate)	1	2	3	...
1. Anfangsbestand (Überschuß/Fehlbetrag)				
2. Planeinnahmen aus Umsätzen des Finanzbereichs sonstige				
Summe der Planeinnahmen				
3. Planausgaben für Personal für Material für Investitionen für Steuern des Finanzbereichs sonstige				
Summe der Planausgaben				
4. Endbestand (Überschuß/Fehlbetrag)				

Die formale Struktur eines Finanzplans ist sehr einfach und durchsich-
tig. Es handelt sich um eine Tabelle, deren Spalten Planintervalle (Tage,
Wochen, Monate ...) darstellen und in deren Zeilen Zahlungsmittelbe-

stände, Einzahlungen und Auszahlungen erfaßt werden. Beispielhaft ist das in Tabelle 5.18 dargestellt.

Damit Finanzpläne ihren Zweck erfüllen, muß man bestimmte Anforderungen an sie stellen. Das sind im einzelnen

- Zukunftsbezogenheit,
- Vollständigkeit,
- Betragsgenauigkeit und
- Termingenauigkeit.

11. Kreditstatus

Im Zusammenhang mit einer Kreditwürdigkeitsprüfung pflegen Banken von den Unternehmen die Aufstellung eines sogenannten Kreditstatus zu verlangen. Darunter versteht man eine besondere Aufstellung des Vermögens und der Schulden des Kredit suchenden Unternehmens.

Der Kreditstatus unterscheidet sich besonders insofern von einer regulären Handels- oder Steuerbilanz, als die Bewertung mit Zeit- und Liquidationswerten erfolgt. Auf diese Weise sollen die Vermögens- und Schuldpositionen unter dem Gesichtspunkt des erwarteten tatsächlichen Wiedergeldwerdungsprozesses aufgezeigt werden.

Im Prinzip bietet der Kreditstatus ähnliche Informationen wie eine Zerschlagungsbilanz. Auch dort werden die Vermögensgegenstände mit Liquidationswerten bewertet. Der Unterschied liegt im Ausmaß der Zerschlagungsintensität, welches bei der Aufstellung der Rechnung angenommen wird. Je schneller die Zerschlagung erfolgt und je intensiver man die Zerlegung des Gesamtunternehmens betreibt, um so geringer wird der insgesamt erzielbare Liquidationserlös ausfallen. In einem Kreditstatus ist diesen Aspekten Rechnung zu tragen. Es darf also von den tatsächlichen Einflüssen der Zerschlagung auf die Höhe der Erlöse nicht abstrahiert werden.

Weder in formeller noch in materieller Hinsicht gibt es für den Kreditstatus irgendwelche rechtlichen Vorschriften.

6 Grundzüge der Investitionsrechnung

6.1 Statische Investitionsrechnung

1. Zurechnung von Wartungskosten

Die Schreibfix AG hat folgende Alternativen,

(a) Investition von zwei Maschinen vom Typ Nr. 1,

(b) Investition von zwei Maschinen vom Typ Nr. 2,

(c) Investition einer Maschine des Typs Nr. 1 und einer Maschine vom Typ Nr. 2,

(d) Unterlassungsalternative.

Die monatlichen Wartungskosten in Höhe von 500 DM sind nur im Fall der Alternative 1c von Bedeutung. Dieser Alternative sind die monatlichen Wartungskosten nicht anteilig, sondern voll zuzurechnen. In der Investitionsrechnung werden nicht einzelne Maschinen, sondern Alternativen bewertet.

Wäre es erforderlich, die 500 DM auf die beiden Maschinen aufzuteilen, was glücklicherweise ganz überflüssig ist, so gäbe es keinen objektiv richtigen Weg. Das hier angesprochene Zurechnungsproblem ist also nicht lösbar, aber auch nicht lösungsbedürftig.

2. Zurechnung von Erlösen

Die Schrott & Reif GmbH hat folgende Alternativen,

(a) Erweiterung der Produktionsstufe 2 (und Erhöhung der Produktion auf 4000 Teile pro Schicht durch intensivere Nutzung der Stufen 1 und 3),

(b) Verzicht auf Erweiterung der Produktionsstufe 2 (und Beibehaltung der Gesamtkapazität von 3000 Teilen pro Schicht).

Die Umsatzerhöhung in Höhe von 6000 DM ist voll – nicht anteilig – der Alternative 2a zuzurechnen. Eine Aufteilung dieses Betrags auf Stufen oder Maschinen ist also überflüssig und wäre falsch.

3. Eigenfertigung und Fremdbezug

Um diese Aufgabe zu lösen, muß man drei Kostenfunktionen aufstellen, und zwar für den Fremdbezug und die Eigenfertigung, die wahlweise auf dem Voll– oder dem Halbautomaten erfolgen kann. Dabei sind die Gesamtkosten (K) stets in den variablen (K_v) und den fixen Anteil (K_f) zu zerlegen. Sind die Kostenfunktionen erst einmal bekannt, so lassen sich die drei Beschaffungswege kostenmäßig eindeutig beurteilen.

(a) Grundsätzlich gilt

$$K_f = \text{kalkulatorische Abschreibungen} + \text{kalkulatorische}$$
$$\text{Zinsen} + \text{Gehalt} + \text{sonstige fixe Kosten}$$
$$K_v = \text{Materialkosten} + \text{Löhne} + \text{sonstige variable Kosten}$$
$$K = K_f + K_v$$

Verwendet man die Symbole K_{FB} für die Kosten bei Fremdbezug, K_V für die Kosten bei Einsatz des Vollautomaten, K_H für die Kosten bei Verwendung des Halbautomaten und x für die Menge der Teile, so lassen sich die nachfolgend angegebenen Kostenfunktionen aufstellen.

$$K_{FB} = 16x$$

$$K_{f,V} = \frac{450000}{10} + \frac{450000}{2} \cdot 0.1 + 60000 + 8000 = 135500$$
$$K_{v,V} = 72000 + 2400 = 74400$$
$$k_{v,V} = \frac{74400}{16000} = 4.65$$
$$K_V = 135500 + 4.65x$$

$$K_{f,H} = \frac{80000}{8} + \frac{80000}{2} \cdot 0.1 + 16000 + 4000 = 34000$$
$$K_{v,H} = 62000 + 40000 + 6000 = 108000$$
$$k_{v,H} = \frac{108000}{10000} = 10.8$$
$$K_H = 34000 + 10.8x$$

	Vollautomat	Halbautomat	Fremdbezug
$K(5000)$	158750 DM	88000 DM	80000 DM
$K(10000)$	182000 DM	142000 DM	160000 DM
$K(15000)$	205250 DM	222000 DM	240000 DM

Bei einer Menge von 5000 Stück ist Fremdbezug am billigsten. Werden 10000 Stück benötigt, so sollte man Eigenfertigung auf dem

Halbautomaten betreiben. Bei einer Menge von 15000 Stück produziert man am besten mit dem Vollautomaten. (Anmerkung: Die Kosten bei Verwendung des Halbautomaten bei einer Stückzahl von 15000 betragen 222000 DM, weil man wegen der Kapazitätsgrenze 10000 Stück selbst herstellt und 5000 Stück fremd bezieht.)

(b) Algebraisch findet man die kritischen Stückzahlen dadurch, daß man die Kostenfunktionen der miteinander konkurrierenden Alternativen gleichsetzt. Dabei empfiehlt sich folgende Vorgehensweise:

- Vergleich des Beschaffungswegs mit den niedrigsten Fixkosten (hier Fremdbezug) mit dem Beschaffungsweg, der die zweitniedrigsten Fixkosten verursacht (hier Halbautomat)
- Vergleich des Beschaffungswegs mit den zweitniedrigsten Fixkosten (hier Halbautomat) mit dem Beschaffungsweg, der die drittniedrigsten Fixkosten verursacht (hier Vollautomat)
- und so weiter

Wendet man dieses Konzept konsequent an, so erhält man folgende Resultate:

$$
\begin{aligned}
K_{FB} &= K_H \\
16x &= 34000 + 10.8x \\
x &= 6538.46
\end{aligned}
$$

$$
\begin{aligned}
K_H &= K_V \\
34000 + 10.8x &= 135500 + 4.65x \\
x &= 16504.07
\end{aligned}
$$

Da die kritische Menge beim Vergleich zwischen Halbautomat und Vollautomat oberhalb der Kapazität des Halbautomaten liegt, muß geprüft werden, bis zu welcher Menge Fertigung auf dem Halbautomaten und Zukauf günstiger als die vollkommene Eigenfertigung auf dem Vollautomaten ist. Nennen wir die eventuell zuzukaufende Menge x^*, so kann man die kritische Menge aus folgendem Ansatz bestimmen:

$$
\begin{aligned}
K_H(10000) + K_{FB}(x^*) &= K_V(10000 + x^*) \\
142000 + 16x^* &= 135500 + 4.65 \cdot (10000 + x^*) \\
x^* &= 3524.23
\end{aligned}
$$

Mithin ist es bis zu einer Stückzahl von 13524.23 günstiger, den Halbautomaten einzusetzen (und zuzukaufen) als die Fertigung auf dem Vollautomaten vorzunehmen. Insgesamt erhält man daher folgende Ergebnisse.

bis 6538 Stück	Fremdbezug
6539 bis 10000 Stück	Halbautomat
10001 bis 13524 Stück	Halbautomat und Fremdbezug
13525 bis 16000 Stück	Vollautomat
über 16000 Stück	Vollautomat und Fremdbezug

Graphisch sehen die Kostenfunktionen so aus, wie in Abbildung 6.1 gezeigt.

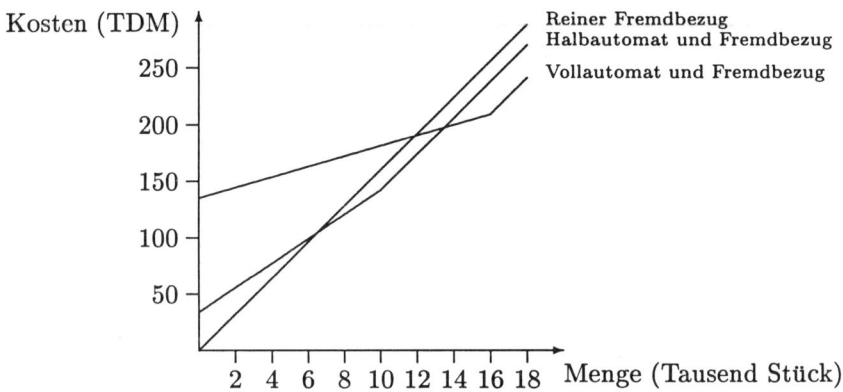

Abbildung 6.1: Eigenfertigung oder Fremdbezug

(c) Vorteile

- einfache mathematische Handhabung
- verhältnismäßig geringer Aufwand für die Informationsbeschaffung

Nachteile

- kurzfristige und statische Natur
- berücksichtigt unter anderem keine Unterschiede in bezug auf die Nutzungsdauer, den Kapitaleinsatz, die Qualität der Erzeugnisse und die Erlöse
- kann nur eine relative Vorteilhaftigkeit ermitteln

Aussagefähigkeit

- stark eingeschränkt und nur zur Beurteilung (kleiner) Ersatz– und Rationalisierungsinvestionen geeignet

4. Gewinnvergleichsrechnung

(a) Das Entscheidungskriterium der Gewinnvergleichsrechnung läßt sich so beschreiben:

> Von zwei miteinander konkurrierenden Investitionen gilt diejenige als günstiger, die den höheren (durchschnittlichen) Gewinn verspricht. Die Unterlassensalternative ist dann vorzuziehen, wenn der zu erwartende "Gewinn" negativ ist.

(b) Um den Gewinn eines Investitionsprojektes zu berechnen, ermittelt man zunächst die Cash–flows (Umsatzeinzahlungen abzüglich variable Produktionsauszahlungen) der Projekte und zieht davon die Abschreibungen, die kalkulatorischen Zinsen sowie sonstige fixe Kosten ab.

In bezug auf Investition A belaufen sich die Umsätze auf 40000 · 15 = 600000 DM, während man mit variablen Produktionskosten von 40000 · 9 = 360000 DM rechnen muß. Das sind jährliche Cash–flows von 240000 DM.

Die Abschreibungen erhält man, indem man die Wertminderung, welche das Investitionsobjekt während seiner Nutzungsdauer erfährt, gleichmäßig auf die einzelnen Jahre verteilt. Bei einer Nutzungsdauer von sieben Jahren und Anschaffungsauszahlungen von 700000 DM sind das 700000/7 = 100000 DM, weil ein Liquidationserlös hier nicht zu berücksichtigen ist.

Die kalkulatorischen Zinsen ergeben sich, indem man zunächst die durchschnittliche Kapitalbindung ermittelt und darauf anschließend den vorgegebenen Zinssatz anwendet. Bei einem abnutzungsfähigen Investitionsprojekt, dessen Liquidationserlös zu vernachlässigen ist, entspricht die durchschnittliche Kapitalbindung der Hälfte der Anschaffungsauszahlungen. Mithin belaufen sich die kalkulatorischen Zinsen von Projekt A auf 0.1 · 700000/2 = 35000 DM.

Unter Berücksichtigung sonstiger Fixkosten ist der zu erwartende Gewinn aus Investitionsprojekt A

$$G_A = 240000 - 100000 - 35000 - 65000 = 40000 \text{ DM} ,$$

während man für Projekt B bei entsprechender Vorgehensweise

$$G_B = 750000 - 400000 - 150000 - 45000 - 110000 = 45000 \text{ DM}$$

erhält. Danach erweist sich die zweite Investition als besser.

(c) Die hier benutzte Form der Entscheidungsfindung ist nicht unproblematisch, und zwar aus zwei Gründen.

- Die Anschaffungsauszahlungen beider Investitionsprojekte stimmen nicht überein. Projekt A verursacht 200000 DM weniger Anschaffungsauszahlungen. Geht man davon aus, daß Finanzmittel vorhanden sind, um das teurere Projekt zu beschaffen, so stellt sich die Frage, was im Falle der Realisierung von Investition A mit den nicht verausgabten Mitteln geschieht. Da sie bei der Ermittlung des Gewinns von Projekt A nicht berücksichtigt wurden, haben wir – ohne uns darüber Rechenschaft abzulegen – unterstellt, daß sie nutzlos (!) in der Kasse aufbewahrt werden.

- Auch die Nutzungsdauern beider Investitionen weichen voneinander ab. Die Nutzungsdauer des gewinnträchtigeren Projektes beträgt sechs Jahre, während die weniger attraktive Investition sieben Jahre lang genutzt wird. Unterstellt man, daß der Investor sich bei Realisierung des kürzerlebigen Projektes im siebenten Jahr "zur Ruhe setzt", so würde er eine Fehlentscheidung treffen, denn

$$6 \cdot 45000 \quad < \quad 7 \cdot 40000$$
$$270000 \quad < \quad 280000 \,.$$

Unproblematisch ist die hier diskutierte Form der Entscheidungsfindung also nur dann, wenn die Nutzungsdauern und die Anschaffungsauszahlungen der miteinander konkurrierenden Investitionen annähernd übereinstimmen.

5. Welcher Lastkraftwagen ist am günstigsten?

(a) Die fixen Kosten kann man hier mit

$$K_f \;=\; \text{Steuern} + \text{Versicherungskosten}$$

ansetzen. Kapitalkosten und fixe Personalkosten sind nicht entscheidungsrelevant, weil sie für beide Alternativen gleich hoch sind. Für die variablen Kosten gilt

$$K_v \;=\; \text{Kosten für Kraftstoff, Öl, Reifenverschleiß,}$$
$$\text{Reparaturen und die variablen Personalkosten}$$

Mit den Zahlen des Beispiels ergibt sich dann für die Fixkosten

$$K_{f,A} = 10000 \quad K_{f,B} = 11800 \quad K_{f,C} = 10700$$

Für die variablen Kosten, bezogen auf je 100 km Fahrleistung, erhält man

$$k_{v,A} = 57.85 \quad k_{v,B} = 57.00 \quad k_{v,C} = 54.50$$

Die entscheidungsrelevanten Kosten bei einer Fahrleistung von 40000 km ergeben sich damit für die drei Fahrzeugtypen zu

A: $10000 + 57.85 \cdot 400 = 33140$ DM

B: $11800 + 57.00 \cdot 400 = 34600$ DM

C: $10700 + 54.50 \cdot 400 = 32500$ DM

Damit erweist sich Lastkraftwagen C als am vorteilhaftesten.

(b) Siehe auch Aufgabe 3. Das Fahrzeug vom Typ B muß nicht weiter berücksichtigt werden, weil es sowohl hinsichtlich der fixen Kosten als auch in bezug auf die variablen Kosten immer ungünstiger als Typ C ist. Gleichsetzen der Kostenfunktionen für Typ A und C führt auf die Lösung.

$$
\begin{aligned}
10000 + 57.85 \cdot x &= 10700 + 54.50 \cdot x \\
3.35 \cdot x &= 700 \\
x &= \frac{700}{3.35} = 208.955.
\end{aligned}
$$

Das entspricht einer kritischen Fahrleistung von 20895.5 km.

(c) Kalkulatorische Abschreibungen und kalkulatorische Zinsen sind neu zu berechnen und sind jetzt entscheidungsrelevant.

Die kalkulatorischen Abschreibungen rechnen wir mit Hilfe von

$$
\frac{I_0 - L}{n}
$$

aus, wenn I_0 für die Anschaffungsauszahlung, L für den Liquidationserlös und n für die Nutzungsdauer stehen. Die entsprechenden Resultate ergeben sich zu 38000 DM für A, 36000 DM für B und 40000 DM für C.

Kalkulatorische Zinsen ergeben sich bei Verwendung des Symbols i für den Zinssatz aus

$$
\frac{I_0 + L}{2} \cdot i,
$$

und man erhält 11400 DM für A, 10800 DM für B und 12000 DM für C.

Die entscheidungsrelevanten Fixkosten belaufen sich unter Berücksichtigung von Abschreibungen und Zinsen auf

$$
K_{f,A} = 59400 \quad K_{f,B} = 58600 \quad K_{f,C} = 62700 \ .
$$

Unterstellt man eine Fahrleistung von 40000 km wie in Aufgabe 5a, so belaufen sich die entscheidungsrelevanten Kosten jetzt auf

$$
\begin{aligned}
K_A &= 59400 + 57.85 \cdot 400 = 82540 \\
K_B &= 58600 + 57.00 \cdot 400 = 81400 \\
K_C &= 62700 + 54.50 \cdot 400 = 84500 \ .
\end{aligned}
$$

Damit ist der Lastkraftwagen vom Typ B am günstigsten.

Will man die Frage gemäß Aufgabe 5b beantworten, so kann man sich zunächst klarmachen, daß Typ A stets unvorteilhafter als Typ B sein muß, weil sowohl die fixen als auch die variablen Kosten höher sind. Infolgedessen setzen wir die Kostenfunktionen von B und C gleich und ermitteln die kritische Fahrleistung mit $x = 164000$ km.

(d) In der Gewinn- und in der Renditevergleichsrechnung sind alle Kosten zu berücksichtigen, d.h. jetzt müssen auch die fixen Personalkosten einbezogen werden. Damit erhält man:

$$K_{f,A} = 117000 \quad K_{f,B} = 116200 \quad K_{f,C} = 120300 \, .$$

Die Gewinne ergeben sich, indem man fixe und variable Kosten von den Erlösen abzieht. Die Resultate für die verschiedenen Typen von Lastkraftwagen lauten wie folgt:

$$
\begin{aligned}
G_A &= 164800 - 117000 - 57.85 \cdot 500 = 18875 \\
G_B &= 152800 - 116200 - 57.00 \cdot 500 = 8100 \\
G_C &= 150800 - 120300 - 54.50 \cdot 500 = 3250 \, .
\end{aligned}
$$

In bezug auf dieses Ergebnis ist das Fahrzeug vom Typ A am vorteilhaftesten.

Die Renditen ermittelt man aus

$$\text{Rendite} = \frac{\text{Gewinn vor Zinsen}}{\text{durchschnittlich gebundenes Kapital}} \, .$$

Unter Verwendung der Zahlen des Beispiels ergeben sich hier folgende Resultate:

$$
\begin{aligned}
R_A &= \frac{18875 + 11400}{95000} = 31.87 \, \% \\
R_B &= \frac{8100 + 10800}{90000} = 21.00 \, \% \\
R_C &= \frac{3250 + 12000}{100000} = 15.25 \, \%
\end{aligned}
$$

Auch in bezug auf das Renditekriterium ist der Lastkraftwagen vom Typ A am besten.

6. Gewinn, Rendite und Amortisationsdauer

Zur Zusammensetzung und Berechnung der Kosten vergleiche man auch die Lösung zu Aufgabe 3. Die gesamten Anschaffungskosten setzen sich aus dem Anschaffungspreis, den Nebenkosten und dem Errichtungsaufwand zusammen.

(a) Wir ermitteln den Gewinn (G), indem wir die Differenz zwischen den Erlösen (E) und den Kosten (K) bilden.

$$
\begin{aligned}
E_A &= 4000 \cdot 25 = 100000 \text{ DM} \\
K_A &= 8000 + \frac{220000 - 20000}{5} + \frac{220000 + 20000}{2} \cdot 0.1 \\
&\quad + (2 + 0.8) \cdot 4000 + 4800 = 76000 \text{ DM} \\
G_A &= 100000 - 76000 = 24000 \text{ DM} \\
E_B &= 8000 \cdot 16.25 = 130000 \text{ DM} \\
K_B &= 23333.33 + \frac{270000 - 20000}{5} + \frac{270000 + 20000}{2} \cdot 0.1 \\
&\quad + (1.8 + 0.75) \cdot 8000 + 5600 = 105500 \text{ DM} \\
G_B &= 130000 - 105000 = 24500 \text{ DM}
\end{aligned}
$$

Damit zeigt sich Alternative B als überlegen.

(b) Man berechnet die Rendite, indem man den Gewinn vor Zinsen in Beziehung zum durchschnittlich gebundenen Kapital setzt. Bei der Ermittlung des durchschnittlich gebundenen Kapitals setzen wir kontinuierliche Freisetzung voraus.

$$
\begin{aligned}
R_A &= \frac{24000 + 12000}{\frac{220000 + 12000}{2}} = \frac{36000}{120000} = 30.00\,\% \\
R_B &= \frac{24500 + 14500}{\frac{270000 + 20000}{2}} = \frac{39000}{145000} = 26.90\,\%
\end{aligned}
$$

Damit ist A rentabler als B.

(c) Um die Amortisationsdauer (D) zu berechnen, muß man die Anschaffungskosten durch die durchschnittlichen Cash–flows dividieren. Den Cash–flow ermitteln wir, indem wir vom Gewinn ausgehen und sowohl die kalkulatorischen Abschreibungen als auch die kalkulatorischen Zinsen addieren. Auf diese Weise erhalten wir

$$
\begin{aligned}
D_A &= \frac{220000}{24000 + 40000 + 12000} = 2.895 \text{ Jahre} \\
D_B &= \frac{270000}{24500 + 41667 + 14500} = 3.347 \text{ Jahre}
\end{aligned}
$$

Die kürzere Payback–Periode spricht zugunsten von Anlage A.

(d) Wenn die angegebenen Werte für jede Periode gelten, dann ergibt sich kein Unterschied. Andernfalls benötigt man zur Anwendung der Kumulationsmethode genauere Daten.

7. Amortisationsrechnung

(a) Man berechnet die Amortisationsdauer nach der Durchschnittsmethode, indem man die Anschaffungskosten durch die Cash–flows teilt. Auf diese Weise erhält man für die beiden Projekte

$$D_A = \frac{80000}{30000} = 2.667 \text{ Jahre} \qquad D_B = \frac{80000}{25000} = 3.200 \text{ Jahre.}$$

Kurze Amortisationsdauern gelten als günstiger als lange Amortisationsdauern. Infolgedessen erweist sich A als vorteilhafter.

(b) Es ist nicht vernünftig, Investitionsentscheidungen allein auf der Grundlage von Amortisationsüberlegungen zu treffen. Solche Analysen können die Investitionsrechnung nur ergänzen und nicht ersetzen. Die Amortisationszeit gibt lediglich die kritische Nutzungsdauer an, die mindestens erreicht werden muß, um das eingesetzte Kapital zurückzubekommen. Über künftige Gewinnchancen sagt sie nichts aus.

8. Noch einmal: Gewinn, Rendite und Amortisationsdauer

(a) Um mit Hilfe der Gewinnvergleichsrechnung zu überprüfen, ob sich die Durchführung der Erweiterungsinvestition lohnt, müssen wir feststellen, ob der Gewinn des Projektes positiv ist. Zu diesem Zweck ermitteln wir zunächst die durchschnittlichen jährlichen Erlöse,

$$E = \frac{90000 \cdot 2 + 125000 \cdot 3}{2 + 3} = 111000 \text{ DM,}$$

und anschließend die durchschnittlichen jährlichen Kosten,

$$K = 30000 + \underbrace{\frac{280000 - 25000}{5}}_{\text{Abschreibungen}} + \underbrace{\frac{280000 + 25000}{2} \cdot 0.08}_{\text{Zinsen}} = 93200 \text{ DM.}$$

Der Gewinn ergibt sich als Differenz zwischen Erlösen und Kosten in Höhe von

$$G = E - K = 111000 - 93200 = 17800 \text{ DM,}$$

womit sich die Erweiterungsinvestition als günstig herausstellt.

(b) Im Rahmen der Renditevergleichsrechnung gilt eine Investition als vorteilhaft, wenn ihre Kapitalrendite mindestens so groß ist wie der Kalkulations– oder Marktzinssatz. Man erhält die Rendite eines Projekts, indem man ihren "Gewinn vor Zinsen" durch den mittleren

Kapitaleinsatz dividiert. Der Gewinn vor (Abzug von) Zinsen ergibt sich in unserem Beispiel mit

$$17800 + \frac{280000 + 25000}{2} \cdot 0.08 = 30000 \text{ DM,}$$

während sich der durchschnittliche Kapitaleinsatz auf

$$\frac{280000 + 25000}{2} = 152500 \text{ DM}$$

beläuft. Die Investitionsrendite ergibt sich damit zu

$$R = \frac{30000}{152500} = 19.67\,\%,$$

ist also größer als der Kalkulationszinsfuß, weswegen die Investition als attraktiv anzusehen ist.

(c) Will man die Amortisationsdauer ermitteln, hat man den Anschaffungsbetrag durch die durchschnittlichen Cash–flows zu dividieren. Letztere ermittelt man im vorliegenden Fall am einfachsten aus

$$\begin{aligned} \text{CF} &= \text{Gewinn} + \text{Abschreibungen} + \text{Zinsen} \\ &= 17800 + 51000 + 12200 = 81000 \text{ DM.} \end{aligned}$$

Division der Anschaffungsauszahlungen durch diesen Betrag führt auf eine Amortisationsdauer von

$$D = \frac{280000}{81000} = 3.457 \text{ Jahren.}$$

Das ist kürzer als die Nutzungsdauer. Kann man daraus schlußfolgern, daß die Durchführung der Investition besser sei als die Unterlassensalternative?

Wir denken, daß dieses Fazit unzulässig ist, weil der Investor bei Wahl der Unterlassensalternative sein Kapital zum *sicheren* Marktzins anlegt, während er bei einer Entscheidung zugunsten der Sachinvestition eine *unsichere* Rendite erwarten kann, die bei günstiger Entwicklung höher und bei ungünstiger Entwicklung niedriger ausfallen wird.

Wir brauchen daher, um auf der Grundlage von Amortisationsdauern Entscheidungen treffen zu können, eine Höchstamortisationsdauer, die in Anbetracht des in der zu beurteilenden Investition steckenden Risikos nicht überschritten werden sollte. In der Literatur wird nach unserer Kenntnis nicht darüber diskutiert, wie man solche kritischen Amortisationsdauern festlegen sollte. In der Praxis werden entsprechende Zahlen von den Geschäftsleitungen exogen vorgegeben, ohne auf theoretische ökonomische Modelle zurückzugreifen. Ohne die Angabe einer solchen Höchstamortisationsdauer kann das vorliegende Entscheidungsproblem nicht gelöst werden.

9. Widersprüchlichkeit der statischen Rechnungen

(a) Wir ermitteln die Gewinne, indem wir von den Erlösen die Betriebskosten, die kalkulatorischen Abschreibungen und die kalkulatorischen Zinsen abziehen. Dabei erhält man

$$G_I = 64000 - (19200 + 10000) - \frac{180000 - 20000}{8}$$
$$- \frac{180000 + 20000}{2} \cdot 0.1 = 4800 \text{ DM}$$

$$G_{II} = 70000 - (14000 + 4000) - \frac{330000 - 30000}{10}$$
$$- \frac{330000 + 30000}{2} \cdot 0.1 = 4000 \text{ DM}$$

$$G_{III} = 72000 - (32400 + 17000) - \frac{105000 - 5000}{8}$$
$$- \frac{105000 + 5000}{2} \cdot 0.1 = 4600 \text{ DM}$$

$$G_{IV} = 70000 - (17500 + 7000) - \frac{210000 - 30000}{6}$$
$$- \frac{210000 + 30000}{2} \cdot 0.1 = 3500 \text{ DM}$$

(b) Nach der Gewinnvergleichsrechnung ist Investition I am besten. Diese Investition hat aber mit 8 Jahren eine kürzere Nutzungsdauer als Projekt II. Insgesamt verspricht Investition I Gewinne in Höhe von $8 \cdot 4800 = 38400$ DM, wogegen man mit Investition II während einer Nutzungsdauer von 10 Jahren Gewinne in Höhe von $10 \cdot 4000 = 40000$ DM erreicht. Ferner könnte der Investor die Differenz der Anschaffungsauszahlungen in Höhe von $330000 - 180000 = 150000$ DM gewinnbringend anlegen, wenn er Investition I realisiert. Fazit: Investitionen mit verschiedenen Nutzungsdauern und Anschaffungsauszahlungen sind mit der Gewinnvergleichsrechnung schwer zu beurteilen.

(c) $K_I = 59200$ DM

$K_{II} = 66000$ DM

$K_{III} = 67400$ DM

$K_{IV} = 66500$ DM

Investition I verursacht die geringsten Kosten.

(d) Die fixen Kosten von Anlage II belaufen sich auf

$$K_{f,II} = 4000 + \frac{330000 - 30000}{10} + \frac{330000 + 30000}{2} \cdot 0.1 = 52000 \text{ DM}.$$

Da die variablen Kosten $k_{v,II} = 2$ DM betragen, lautet die Kostenfunktion der Anlage

$$K_{II} = 52000 + 2.0x.$$

Entsprechend erhält man für Anlage IV fixe Kosten von

$$K_{f,IV} = 7000 + \frac{210000 - 30000}{6} + \frac{210000 + 30000}{2} \cdot 0.1 = 49000 \text{ DM},$$

was bei variablen Stückkosten von $k_{v,IV} = 2.50$ DM zu einer Kostenfunktion von

$$K_{IV} = 49000 + 2.5x$$

führt. Gleichsetzen beider Kostenfunktionen und Auflösen nach x liefert die Antwort auf die Frage nach der kritischen Produktionsmenge. Wir erhalten

$$\begin{aligned} K_{II} &= K_{IV} \\ 52000 + 2x &= 49000 + 2.5x \\ x &= 6000 \,. \end{aligned}$$

Da höchstens 5000 Stück abgesetzt werden können, ist Investition IV vorteilhafter als Anlage II. Bei Produktionsmengen, die kleiner als die kritische Menge sind, setzt man zweckmäßigerweise die Anlage mit den niedrigeren Fixkosten ein.

(e) Ist die kritische Menge bekannt, so muß man für einen bestimmten Jahresbedarf nicht die Kosten vergleichen, sondern lediglich feststellen, ob dieser Jahresbedarf ober- oder unterhalb der kritischen Menge liegt. Auf diese Weise läßt sich die kostengünstigere Alternative herausfinden. Das ist insbesondere dann von Vorteil, wenn unterschiedliche Produktionsmengen zur Disposition stehen.

(f) $R_I = \dfrac{4800 + 10000}{100000} = 14.80\,\%$

$R_{II} = \dfrac{4000 + 18000}{180000} = 12.22\,\%$

$R_{III} = \dfrac{4600 + 5500}{55000} = 18.36\,\%$

$R_{IV} = \dfrac{3500 + 12000}{120000} = 12.92\,\%$

Projekt III ist am rentabelsten.

(g) Die abweichende Rangfolge der Alternativen ist im unterschiedlichen Kapitaleinsatz der Investitionen begründet. Gemäß den Prämissen der Renditevergleichsrechnung und der Gewinnvergleichsrechnung sind die Anschaffungsauszahlungen für die Renditevergleichsrechnung von größerer Bedeutung, weil der Gewinn vor Zinsen bei diesem Verfahren ins Verhältnis zum durchschnittlichen Kapitaleinsatz gebracht wird. Ein relativ kleiner Kapitaleinsatz (hier: Investition III) kann dazu führen, daß eine solche Investition mit der Renditevergleichsrechnung relativ besser abschneidet als bei Anwendung der Gewinnvergleichsrechnung.

(h) $D_I = \dfrac{180000}{4800 + 20000 + 10000} = 5.172$ Jahre

$D_{II} = \dfrac{330000}{4000 + 30000 + 18000} = 6.346$ Jahre

$D_{III} = \dfrac{105000}{4600 + 12500 + 5500} = 4.646$ Jahre

$D_{IV} = \dfrac{210000}{3500 + 30000 + 12000} = 4.615$ Jahre

Projekt IV amortisiert sich am schnellsten.

(i) Die Amortisationsdauern der Investitionen III und IV unterscheiden sich kaum. Wird ausschließlich die Amortisationsrechnung als Entscheidungsgrundlage verwendet, so werden Informationen über Gewinne und über Risiken, die mit bestimmten Gewinnen verbunden sind, nicht in die Entscheidungsfindung einbezogen. Die Amortisationsrechnung sollte nur als Ergänzungsverfahren für andere Investitionsrechnungsmethoden verwendet werden, da die Amortisationsdauer als alleiniges Entscheidungskriterium zu Fehlentscheidungen führen kann.

10. Statische Investitionsrechnungen im Vergleich

(a) Um die statische Rendite dieser Investition zu ermitteln, benutzt man

$$R = \frac{E - A - \frac{I_0 - L}{n}}{\frac{I_0 + L}{2}},$$

wobei E für die laufenden Einzahlungen, A für die laufenden Auszahlungen, I_0 für die Anschaffungsauszahlung, n für die Nutzungsdauer und L für den Liquidationserlös stehen. Das Problem besteht hier zunächst darin, den nicht vorgegebenen Liquidationserlös zu ermitteln. Da die Abschreibung aber mit 17500 angegeben ist, kann man diesen aus der Gleichung

$$\text{Abschreibung} = \frac{I_0 - L}{n}$$

ableiten. Auflösen nach L ergibt

$$
\begin{aligned}
L &= I_0 - n \cdot \text{Abschreibung} \\
&= 120000 - 6 \cdot 17500 \\
&= 15000.
\end{aligned}
$$

Einsetzen führt für die Rendite auf

$$
\begin{aligned}
R &= \frac{42000 - 18000 - 17500}{\frac{120000+15000}{2}} \\
&= 9.63\,\%.
\end{aligned}
$$

Da die Rendite größer als der Marktzinssatz ist, lohnt sich die Realisierung des Projekts.

(b) Um den statischen Gewinn auszurechnen, verwenden wir

$$
G = E - A - \frac{I_0 - L}{n} - i\,\frac{I_0 + L}{2}.
$$

Dabei repräsentiert i den Zinssatz, und alle übrigen Symbole haben die gleiche Bedeutung wie vorher. Einsetzen der Zahlen des Beispiels führt auf

$$
\begin{aligned}
G &= 42000 - 18000 - 17500 - 0.08 \cdot \frac{120000 + 15000}{2} \\
&= 42000 - 18000 - 17500 - 5400 = 1100\ \text{DM}.
\end{aligned}
$$

Da der Erfolg positiv ist, sollte man die Investition durchführen.

(c) Bei gleichbleibenden Rückflüssen kann man die Amortisationszeit aus

$$
D = \frac{I_0}{E - A}
$$

berechnen. Man teilt also einfach die Investitionssumme durch die durchschnittlichen Rückflüsse. Das Ergebnis lautet hier

$$
D = \frac{120000}{42000 - 18000} = 5\ \text{Jahre}.
$$

Die Anlage amortisiert sich also während ihrer Nutzungsdauer (von 6 Jahren). Da eine Höchstamortisationsdauer als Entscheidungskriterium weder vorgegeben war noch theoretisch begründet werden kann, läßt sich zu der Frage, ob man dieses Projekt durchführen oder unterlassen sollte, allein aus dem Blickwinkel der Amortisationsdauer nicht abschließend Stellung nehmen.

6.2 Dynamische Investitionsrechnung

1. Endwert bei unvollkommenem Kapitalmarkt

Um den Endwert eines Investitionsprojekts unter den Bedingungen eines unvollkommenen Kapitalmarkts zu berechnen, braucht man Informationen über

M_t Basiszahlungen im Zeitpunkt t,

z_t Investitionszahlungen im Zeitpunkt t,

h_t Habenzinssätze für Ergänzungsinvestitionen vom Zeitpunkt $t-1$ zum Zeitpunkt t,

s_t Sollzinssätze für Ergänzungsfinanzierungen vom Zeitpunkt $t-1$ zum Zeitpunkt t,

f_t Entnahmestrukturfaktoren in bezug auf den Zeitpunkt t und das

Y Entnahmeniveau.

Mit C_t als Finanzmittelüberschuß beziehungsweise Finanzmitteldefizit gilt für den Zeitpunkt $t = 0$

$$C_0 = M_0 - f_0 Y + z_0, \qquad (6.1)$$

während man für alle späteren Zeitpunkte $0 < t \leq T$ mit

$$C_t = M_t - f_t Y + z_t + \left\{ \begin{array}{ll} C_{t-1} \cdot (1 + s_t) & \text{wenn } C_{t-1} \leq 0 \\ C_{t-1} \cdot (1 + h_t) & \text{wenn } C_{t-1} > 0 \end{array} \right\} \qquad (6.2)$$

rechnet. C_T entspricht dem hier zu berechnenden Endwert einer Investition.

Geht man mit den Zahlen des Beispiels in entsprechender Weise vor, so ergibt sich für Projekt A

$$C_0 = 500.00 - 70.00 - 1000.00 = -570.00,$$

also ein Finanzmitteldefizit. Daraus berechnet man für $t = 1$

$$C_1 = 130.00 - 84.00 + 750.00 - 570.00 \cdot 1.11 = 163.30.$$

Für den darauffolgenden Zeitpunkt $t = 2$ erhalten wir bei Fortführung der Rechnung

$$C_2 = -140.00 - 91.00 + 280.00 + 163.30 \cdot 1.06 = 222.10,$$

woraus wir für $t = 3$

$$C_3 = 150.00 - 105.00 + 200.00 + 222.10 \cdot 1.05 = 478.20$$

und für das Ende des Planungszeitraums $t = 4$

$$C_4 = 300.00 - 112.00 - 30.00 + 478.20 \cdot 1.05 = 660.11$$

erhalten. Das ist das mit dem Projekt A erreichbare Endvermögen. Die Finanzpläne im Zusammenhang mit dieser Investition und den anderen Projekten dieser Aufgabe sind in Tabelle 6.1 angegeben. Aus ihnen ergibt sich, daß Projekt B das höchste Endvermögen verspricht und deswegen am vorteilhaftesten ist.

Tabelle 6.1: Finanzpläne im Zusammenhang mit Aufgabe 1

Zeitpunkt	0	1	2	3	4
Basiszahlungen	500.00	130.00	−140.00	150.00	300.00
Investition A	−1000.00	750.00	280.00	200.00	−30.00
Ergänzungs–Finanzierung 0	570.00	−632.70			
Ergänzungs–Investition 1		−163.30	173.10		
Ergänzungs–Investition 2			−222.10	233.20	
Ergänzungs–Investition 3				−478.20	502.11
Entnahmen	70.00	84.00	91.00	105.00	112.00
Endvermögen					660.11
Basiszahlungen	500.00	130.00	−140.00	150.00	300.00
Investition B	−800.00	330.00	530.00	−50.00	200.00
Ergänzungs–Finanzierung 0	370.00	−410.70			
Ergänzungs–Finanzierung 1		34.70	−38.17		
Ergänzungs–Investition 2			−260.83	273.87	
Ergänzungs–Investition 3				−268.87	282.32
Entnahmen	70.00	84.00	91.00	105.00	112.00
Endvermögen					670.32
Basiszahlungen	500.00	130.00	−140.00	150.00	300.00
Investition C	−950.00	0.00	0.00	560.00	795.00
Ergänzungs–Finanzierung 0	520.00	−577.20			
Ergänzungs–Finanzierung 1		531.20	−584.32		
Ergänzungs–Finanzierung 2			815.32	−896.85	
Ergänzungs–Finanzierung 3				291.85	−318.12
Entnahmen	70.00	84.00	91.00	105.00	112.00
Endvermögen					664.88
Basiszahlungen	500.00	130.00	−140.00	150.00	300.00
Unterlassensalternative	0.00	0.00	0.00	0.00	0.00
Ergänzungs–Investition 0	−430.00	460.10			
Ergänzungs–Investition 1		−506.10	536.47		
Ergänzungs–Investition 2			−305.47	320.74	
Ergänzungs–Investition 3				−365.74	384.03
Entnahmen	70.00	84.00	91.00	105.00	112.00
Endvermögen					572.03

2. Endwert, Entnahmeniveau und Kapitalwert

Unter der Voraussetzung eines vollkommenen Kapitalmarktes gibt es keine Unterschiede zwischen Soll- und Habenzinssätzen. Beide sind identisch. Wir sprechen vom Kalkulationszinsfuß ($s_t = h_t = i_t$). Unterstellen wir außerdem, daß der Kalkulationszinsfuß für jede Laufzeit gleich groß ist, so können wir auch noch den Zeitindex fortlassen ($s = h = i$). Falls man es mit derart bequemen Bedingungen zu tun hat, schreibt man für die Gleichungen (6.1) und (6.2) einfacher

$$C_0 = M_0 - f_0 Y + z_0 \quad \text{und} \tag{6.3}$$
$$C_t = M_t - f_t Y + z_t + C_{t-1}(1+i). \tag{6.4}$$

Nutzt man die Rekursionsbeziehung (6.4) aus, so erhält man durch fortlaufendes Einsetzen und Umformen

$$C_T = (1+i)^T \left(\underbrace{\sum_{t=0}^{T} (M_t - f_t Y)(1+i)^{-t}}_{\substack{\text{Barwert der projekt-} \\ \text{unabhängigen Zahlungen}}} + \underbrace{\sum_{t=0}^{T} z_t(1+i)^{-t}}_{\text{Kapitalwert}} \right), \tag{6.5}$$

eine Formel zur Berechnung des Endvermögens einer Investition bei vollkommenem Kapitalmarkt.

Unsere Aufgabe besteht nun darin, diese Gleichung nach Y aufzulösen. Zu diesem Zweck nehmen wir zunächst eine leichte Umformung vor, so daß

$$C_T = \sum_{t=0}^{T} M_t(1+i)^{T-t} - \sum_{t=0}^{T} f_t Y(1+i)^{T-t} + \sum_{t=0}^{T} z_t(1+i)^{T-t}$$

entsteht. Ausklammern von Y und nochmaliges Umstellen führt auf

$$Y \sum_{t=0}^{T} f_t(1+i)^{T-t} = \sum_{t=0}^{T} M_t(1+i)^{T-t} - C_T + \sum_{t=0}^{T} z_t(1+i)^{T-t},$$

woraus sich schließlich

$$
\begin{aligned}
Y &= \frac{\sum_{t=0}^{T} M_t(1+i)^{T-t} - C_T + \sum_{t=0}^{T} z_t(1+i)^{T-t}}{\sum_{t=0}^{T} f_t(1+i)^{T-t}} \\
&= \frac{\sum_{t=0}^{T} M_t(1+i)^{T-t} - C_T}{\sum_{t=0}^{T} f_t(1+i)^{T-t}} + \frac{\text{NPV}}{\sum_{t=0}^{T} f_t(1+i)^{-t}}
\end{aligned}
\tag{6.6}
$$

ergibt, womit wir am Ziel sind. (NPV steht als Symbol für den Kapitalwert (englisch: net present value) einer Investition.)

3. Äquivalenz von Endwert und Kapitalwert

Den Kapitalwert berechnet man allgemein aus

$$\text{NPV} = \sum_{t=1}^{T} z_t \, (1+i)^{-t},$$

was mit den Zahlen des Projekts A beziehungsweise B

$$
\begin{aligned}
\text{NPV}_A &= -700 + \frac{600}{1.08^1} + \frac{200}{1.08^2} + \frac{150}{1.08^3} - \frac{80}{1.08^4} = 87.30 \\
\text{NPV}_B &= -650 + \frac{300}{1.08^1} + \frac{400}{1.08^2} + \frac{30}{1.08^3} + \frac{100}{\cdot 08^4} = 68.03
\end{aligned}
$$

ergibt. Um die Endwerte zu gewinnen, greifen wir auf Gleichung (6.5) zurück und ermitteln den Barwert der projektunabhängigen Zahlungen

$$\sum_{t=0}^{T} (M_t - f_t Y)(1+i)^{-t}.$$

Einsetzen der relevanten Zahlen des Beispiels führt auf

$$
(400 - 1.0 \cdot 50) + \frac{-200 - 1.2 \cdot 50}{1.08^1} + \frac{20 - 1.3 \cdot 50}{1.08^2} +
$$
$$
+ \frac{130 - 1.5 \cdot 50}{1.08^3} + \frac{250 - 1.6 \cdot 50}{1.08^4} = 239.29 \, .
$$

Setzen wir dieses Resultat und die jeweiligen Kapitalwerte in die Endvermögensgleichung (6.5) ein, so erhalten wir

$$
\begin{aligned}
C_{4,A} &= 1.08^4 \cdot (239.29 + 87.30) = 444.33 \\
C_{4,B} &= 1.08^4 \cdot (239.29 + 68.03) = 418.11 \, .
\end{aligned}
$$

Da sich die Komponenten des Endwerts einzig und allein in bezug auf den Term unterscheiden, der dem Kapitalwert entspricht, ist klar, daß unter den Bedingungen dieser Aufgabe stets

$$
\begin{aligned}
C_{T,A} - C_{T,B} &= (\text{NPV}_A - \text{NPV}_B) \cdot (1+i)^T \\
444.33 - 418.11 &= (87.30 - 68.03) \cdot 1.08^4 \\
26.22 &= 19.27 \cdot 1.3605
\end{aligned}
$$

sein muß. Daraus folgt, daß Entscheidungen auf der Grundlage von Endwerten zwangsläufig zum selben Ergebnis führen wie Entscheidungen auf der Basis von Kapitalwerten.

4. Kapitalwert und Annuität

(a) i. Ohne Berücksichtigung von Kapitalkosten belaufen sich die durchschnittlichen Einzahlungen auf 400000 DM und die durchschnittlichen Auszahlungen auf 213333 DM. Die kalkulatorischen Abschreibungen betragen

$$\frac{960000 - 172000}{6} = 131333 \text{ DM},$$

während man für die kalkulatorischen Zinsen

$$\frac{960000 + 172000}{2} \cdot 0.05 = 28300 \text{ DM}$$

erhält. Daraus ergibt sich ein durchschnittlicher Jahresgewinn in Höhe von

$$G = 400000 - 213333 - 131333 - 28300 = 27034 \text{ DM}.$$

ii. Um den Kapitalwert berechnen zu können, braucht man zunächst die Zahlungsreihe des Projektes. Diese hat bei den Beispielszahlen dieser Aufgabe die Form

$$-960000, -40000, 160000, 240000, 240000, 280000, 412000.$$

Daraus ermittelt man den Kapitalwert mit Hilfe von

$$\text{NPV} = -960000 - \frac{40000}{1.05} + \frac{160000}{1.05^2} + \ldots + \frac{412000}{1.05^6} = 78627.17 \text{ DM}.$$

iii. Ist der Kapitalwert bekannt, kann man die Annuität (ANN) daraus leicht ableiten. Man benutzt

$$\begin{aligned}
\text{ANN} &= \text{NPV} \cdot \underbrace{\frac{i \cdot (1+i)^T}{(1+i)^T - 1}}_{\text{Annuitätenfaktor}} \\
&= 78627.17 \cdot \frac{0.05 \cdot 1.05^6}{1.05^6 - 1} \\
&= 78627.17 \cdot 0.19702 = 15490.93 \text{ DM}.
\end{aligned}$$

(b) i. Es ändern sich nur die kalkulatorischen Zinsen. Sie belaufen sich jetzt auf

$$\frac{960000 + 172000}{2} \cdot 0.08 = 45280 \text{ DM}.$$

Damit erhält man einen durchschnittlichen Jahresgewinn von

$$G = 400000 - 213333 - 131333 - 45280 = 10054 \text{ DM}.$$

ii. Der Kapitalwert wird negativ, denn

$$\begin{aligned} \text{NPV} &= -960000 - \frac{40000}{1.08} + \frac{160000}{1.08^2} + \ldots + \frac{412000}{1.08^6} \\ &= -42742.74 \text{ DM}. \end{aligned}$$

iii. Dann muß natürlich auch die Annuität negativ sein. Die Rechnung ergibt

$$\text{ANN} = -42742.74 \cdot \frac{0.08 \cdot 1.08^6}{1.08^6 - 1} = -9245.91 \text{ DM}.$$

5. Kapitalwert bei variablem Kalkulationszinsfuß

(a) Die Formel zur Berechnung von Kapitalwerten bei variablem Kalkulationszinssatz lautet

$$\text{NPV} = \sum_{t=0}^{T} z_t \cdot \prod_{\tau=0}^{t} (1 + i_\tau)^{-1}.$$

Dabei berechnet man den Term mit dem Produktzeichen aus

$$\prod_{\tau=0}^{t} (1 + i_\tau)^{-1} = \frac{1}{(1 + i_0)(1 + i_1) \cdots (1 + i_t)}$$

und setzt $i_0 = 0$.

(b) Wendet man das auf die beiden Beispielprojekte an, so erhält man

$$\begin{aligned} \text{NPV}_A &= -120 + \frac{60}{1.075} + \frac{30}{1.075 \cdot 1.085} + \frac{50}{1.075 \cdot 1.085 \cdot 1.09} \\ &= 0.86 \text{ DM} \\ \text{NPV}_B &= -150 + \frac{30}{1.075} + \frac{70}{1.075 \cdot 1.085} + \frac{90}{1.075 \cdot 1.085 \cdot 1.09} \\ &= 8.71 \text{ DM} \end{aligned}$$

Danach ist Projekt B besser als A.

6. Entnahmeniveau bei unvollkommenem Markt

Um das Entnahmeniveau zu ermitteln, das die Nirwana GmbH unter den angegebenen Umständen erreichen kann, lassen sich verschiedene Wege beschreiten.

- Der erste Weg bietet sich im Zeitalter von PCs an und verwendet ein Tabellenkalkulationsprogramm, zum Beispiel EXCEL. Er soll hier nur angedeutet werden.

- Man gestaltet einen vollständigen Finanzplan als Rechentabelle, der einen beliebiges Entnahmeniveau von, sagen wir, $Y = 50.00$ verwendet. Bei einem solchen Entnahmeniveau berechnet der PC ein Endvermögen in Höhe von $C_4 = 3103.30$ DM.
- Als nächstes ruft man den Menüpunkt ZIELWERTSUCHE auf und füllt die drei relevanten Zellen mit folgenden Informationen. Als ZIELZELLE wird jenes Feld eingegeben, welches das Endvermögen (zur Zeit 3103.30) enthält. Als ZIELZELLE wird das gewünschte Endvermögen (hier: 3000.00) angegeben, und als ZU VERÄNDERNDE ZELLE jene Zelle, in der sich das Entnahmeniveau befindet, mit dem bisher gerechnet wurde (zur Zeit 50.00).
- Drücken der Return-Taste veranlaßt das Programm, selbständig die Lösung zu finden. Man erhält in kürzester Zeit $Y = 64.68$.
- Steht kein PC zur Verfügung, so muß man die Aufgabe relativ mühevoll auf manuelle Weise lösen und den Taschenrechner zu Hilfe nehmen. Dabei benutzt man zweckmäßigerweise die Tatsache, daß das Endvermögen um so kleiner ist, je höher das Entnahmeniveau gewählt wird. Die Endvermögensfunktion ist eine streng monoton fallende Funktion des Entnahmeniveaus.
  - Zunächst berechnet man das Endvermögen mit einem Versuchswert des Entnahmeniveaus, von dem man glaubt, daß er in der Nähe der Lösung liegt. Wir verwenden $Y = 50.00$. Das führt auf

$$C_0 = 400.00 - 1.0 \cdot 50.00 - 1000.00 = -650.00$$
$$C_1 = 600.00 - 1.2 \cdot 50.00 + 300.00 - 1.10 \cdot 650.00 = 125.00$$
$$C_2 = 540.00 - 1.1 \cdot 50.00 + 450.00 + 1.08 \cdot 125.00 = 1070.00$$
$$C_3 = 395.00 - 1.3 \cdot 50.00 + 600.00 + 1.08 \cdot 1070.00 = 2085.60$$
$$C_4 = 250.00 - 1.4 \cdot 50.00 + 650.00 + 1.09 \cdot 2085.60 = 3103.30 .$$

  - Offensichtlich ist das Entnahmeniveau zu klein gewählt. Deswegen machen wir eine neue Kalkulation mit einem höheren Entnahmeniveau, beispielsweise $Y = 75.00$. Bei entsprechender Vorgehensweise kommen wir jetzt auf ein Endvermögen von $C_4 = 2927.40$ DM und müssen feststellen, daß wir Y zu groß gewählt haben.
  - Die Lösung finden wir nun durch lineares Interpolieren zwischen den beiden Versuchswerten,

$$Y = Y_1 + \left(C_T - C_T(Y_1) \right) \cdot \frac{Y_2 - Y_1}{C_T(Y_2) - C_T(Y_1)}$$
$$= 50 + (3000.00 - 3103.30) \cdot \frac{75.00 - 50.00}{2927.40 - 3103.30} = 64.68 .$$

7. Barwert und Endwert

(a) Eine Entscheidung für Projekt B entspricht der Zielsetzung der Ge-
winnmaximierung. Auf vollkommenem und unbeschränktem Kapitalmarkt gilt: Es ist gleichgültig, ob man Endwerte, Entnahmeniveaus oder Kapitalwerte maximiert. Alle drei Entscheidungskriterien
führen stets zu übereinstimmenden Rangfolgen.

(b) Bezeichnet man das Endvermögen mit C_T, den Kapitalwert mit
NPV, den Zinssatz mit i und das Ende des Planungszeitraums mit T,
so berechnet man den Endwert bei Basiszahlungen und Entnahmen
in Höhe von null aus

$$C_T = (1+i)^T \cdot \text{NPV} = 1.1^5 \cdot 325 = 523.42 \text{ DM}.$$

(c) Nein, Investitionsprojekte mit negativem Kapitalwert sind – wenigstens aus finanzwirtschaftlicher Sicht – immer abzulehnen. Gegebenenfalls wäre es günstiger, die Unterlassensalternative zu wählen.

Mitunter mag es sein, daß man Projekte trotz negativen Kapitalwerts realisiert, weil es möglicherweise nicht–finanzwirtschaftliche
Gründe (Umweltschutz, Schaffung von Arbeitsplätzen usw.) gibt,
die für die betreffende Investition sprechen.

8. Kapitalwert, Entnahmeniveau und Annuität

(a) Projekt B verspricht den höheren Kapitalwert und ist daher vorzuziehen. Das zeigen die nachfolgenden Rechnungen.

$$\begin{aligned}
\text{NPV}_A &= -800 + \frac{400}{1.08} - \frac{300}{1.08^2} + \frac{200}{1.08^3} + \frac{600}{1.08^4} \\
&\quad + \frac{150}{1.08^5} + \frac{500}{1.08^6} \\
&= 330.13 \text{ DM} \\
\text{NPV}_B &= -400 - \frac{600}{1.08} + \frac{600}{1.08^2} + \frac{800}{1.08^3} + \frac{200}{1.08^4} \\
&= 340.92 \text{ DM}
\end{aligned}$$

(b) Das Entnahmeniveau bei Wahl der Unterlassensalternative berechnet man aus

$$Y = \frac{\sum_{t=0}^{T} M_t (1+i)^{T-t} - C_T}{\sum_{t=0}^{T} f_t (1+i)^{T-t}},$$

wobei M_t die Basiszahlungen im Zeitpunkt t, f_t die Entnahmestruk-
turziffer für den Zeitpunkt t, C_T das gewünschte Endvermögen, i den
Kalkulationszinssatz und T das Ende des Planungszeitraums sym-
bolisieren. Mit den Zahlen des Beispiels erhält man

$$Y = \frac{1561.84 - 900.00}{10.3649} = 63.85 \text{ DM}.$$

(c) Das Niveau der zusätzlichen Entnahmen kann man allgemein mit Hilfe von

$$\Delta Y = \frac{NPV}{\sum_{t=0}^{T} f_t (1 + i)^{-t}}$$

berechnen, woraus man mit den Zahlen von Projekt A

$$\Delta Y_A = \frac{330.13}{6.5316} = 50.54 \text{ DM}$$

gewinnt.

(d) Wird eine Entnahmestruktur gewählt, die dem Prinzip einer nach-schüssigen jährlichen Rente folgt, so entspricht das Niveau zusätzlicher Entnahmen der Annuität der Investition. Diese berechnet man mit Hilfe von

$$\text{ANN} = \Delta Y = \frac{i \cdot (1 + i)^T}{(1 + i)^T - 1} \cdot \text{NPV}.$$

Mit den Zahlen des Beispiels erhält man für Projekt B

$$\Delta Y_B = 0.21632 \cdot 340.92 = 73.75 \text{ DM}.$$

9. Tücken der Annuitätenmethode

In dieser Aufgabe geht es um die Frage, ob Kapitalwert und Annui-tät grundsätzlich zu identischen Entscheidungsergebnissen führen oder nicht. Folgt man der Argumentation von Herrn Schlaumeyer im vorlie-genden Beispielsfall, so scheint die Kapitalwertmethode für Projekt B und die Annuitätenmethode für Projekt A zu sprechen, vgl. Tabelle 6.2. Daraus könnte man schließen, daß beide Kriterien nicht notwendigerweise

Tabelle 6.2: Kapitalwert und Annuität im Vergleich

Projekt	Kapitalwert	Annuitäten-faktor	Annuität
Investition A	1280.99	0.57619	738.09
Investition B	2045.49	0.31547	645.29

zu gleichlautenden Entscheidungen führen.[1] Diese Einschätzung erweist sich als falsch, wenn man in bezug auf alle miteinander konkurrierenden Alternativen einen *identischen Planungszeitraum* unterstellt. Und es gibt keinen vertretbaren Grund, etwas anderes zu tun.

---

[1] Diese Meinung findet man beispielsweise in *Perridon, Louis und Manfred Steiner* (1995), S. 71 f.

- Gehen wir zunächst von der Annahme aus, daß der Planungszeitraum des Investors endlich ist und sich auf vier Jahre beläuft.

Da die Nutzungsdauern der beiden Projekte sich massiv voneinander unterscheiden, bedeutet das folgendes: Entscheidet sich der Investor für Projekt B, so stimmen Nutzungsdauer und Planungszeitraum überein. Fällt die Entscheidung dagegen zugunsten von Projekt A, so setzt sich der Investor nach Ablauf der Nutzungsdauer dieses Projekts, also nach zwei Jahren, bis zum Ende seines Planungszeitraums "zur Ruhe".

Berechnung der Kapitalwerte ergibt

$$
\begin{aligned}
\mathrm{NPV}_A &= 1280.99 \qquad \text{und} \\
\mathrm{NPV}_B &= 2045.49\,.
\end{aligned}
$$

Damit ist Projekt B besser als Investition A. Zum selben Ergebnis kommt man mit der Annuitätenmethode, denn sie fragt danach, welche (nachschüssige) Entnahme die beiden Projekte während des *gesamten Planungszeitraums* gestatten. Mit T als Symbol für den Planungszeitraum führt das auf

$$
\begin{aligned}
\mathrm{ANN} &= \frac{i \cdot (1+i)^T}{(1+i)^T - 1} \cdot \mathrm{NPV}\,, \\
\mathrm{ANN}_A &= 0.31547 \cdot 1280.99 = 404.11 \qquad \text{und} \\
\mathrm{ANN}_B &= 0.31547 \cdot 2045.49 = 645.29\,.
\end{aligned}
$$

Und tatsächlich ist Projekt B wieder besser als Projekt A.

- Unterstellen wir nun, daß der Planungszeitraum des Investors unbegrenzt ist (Unternehmung auf Dauer) und daß davon ausgegangen wird, daß alle Investitionsprojekte unendlich oft identisch wiederholt werden. Dann müssen wir im Zusammenhang mit dem Barwertkriterium den Kapitalwert einer unendlichen identischen Investitionskette berechnen.

Verwendet man das Symbol n für die Nutzungsdauer des ersten Kettengliedes und geht man davon aus, daß der erste Nachfolger im Zeitpunkt n gestartet wird und so fort, so ergibt sich der Kapitalwert einer Kette aus m Gliedern aus

$$
\begin{aligned}
& \mathrm{NPV}_n + \mathrm{NPV}_n(1+i)^{-1n} + \ldots + \mathrm{NPV}_n(1+i)^{-(m-1)n} \\
=\ & \mathrm{NPV}_n \cdot \left(1 + (1+i)^{-1n} + \ldots + (1+i)^{-(m-1)n} \right) \\
=\ & \mathrm{NPV}_n \cdot \sum_{k=0}^{m-1} (1+i)^{-kn}\,.
\end{aligned}
$$

Dabei steht NPV_n für den Kapitalwert des ersten Kettengliedes. Der Grenzwert dieses Ausdrucks für $m \to \infty$ beläuft sich auf

$$
\begin{aligned}
\text{K-NPV} &= \mathrm{NPV}_n \cdot \lim_{m \to \infty} \sum_{k=0}^{m-1} (1+i)^{-kn} \\
&= \mathrm{NPV}_n \cdot \frac{(1+i)^n}{(1+i)^n - 1} \, .
\end{aligned}
$$

Unter Benutzung der *nutzungsdauerabhängigen Annuität*

$$
\mathrm{ANN}_n = \frac{i \cdot (1+i)^n}{(1+i)^n - 1} \cdot \mathrm{NPV}_n
$$

schreibt man für den Kettenkapitalwert einfacher auch

$$
\text{K-NPV} = \frac{\mathrm{ANN}_n}{i} \, .
$$

Um die Kettenkapitalwerte einer Investition zu errechnen, teilen wir die *nutzungsdauerabhängige Annuität* durch den Kalkulationszinssatz. Das ergibt mit den Zahlen der Aufgabe

$$
\begin{aligned}
\text{K-NPV}_A &= \frac{738.09}{0.1} = 7380.90 \qquad \text{und} \\
\text{K-NPV}_B &= \frac{645.29}{0.1} = 6452.90 \, ,
\end{aligned}
$$

woraus folgt, daß A günstiger ist als eine Investitionskette aus B–Projekten. Will man die Annuität ermitteln, welche die beiden Investitionsketten auf ewig versprechen, so belaufen diese sich (natürlich) auf

$$
\mathrm{ANN} = i \cdot \text{K-NPV}
$$

oder

$$
\begin{aligned}
\mathrm{ANN}_A &= 0.1 \cdot 7380.90 = 738.90 \qquad \text{und} \\
\mathrm{ANN}_B &= 0.1 \cdot 6452.90 = 645.29 \, .
\end{aligned}
$$

Damit ist nach diesem Kriterium, wie bei Anwendung des Kettenkapitalswerts, A besser als B. Bei unbegrenztem Planungszeitraum entspricht das Ergebnis dem Vorschlag von Schlaumeyer.

Insgesamt kommen wir damit zu dem Ergebnis, daß Kapitalwert und Annuität vollkommen äquivalente Entscheidungskriterien sind.

10. Kapitalwert, Annuität und interner Zins

(a) Im ersten Teil der Aufgabe geht es darum, für zwei Investitionen die drei klassischen dynamischen Kennzahlen Kapitalwert, Annuität und interner Zinsfuß auszurechnen und auf dem Wege des Vergleichs zu entscheiden, welches der beiden Projekte den Vorzug verdient.

i. Die Kapitalwerte werden mit Hilfe von

$$\text{NPV} = \sum_{t=0}^{T} z_t \, (1+i)^{-t}$$

berechnet. Wir erhalten

$$
\begin{aligned}
\text{NPV}_A &= -70000 + \frac{40000}{1.08} + \ldots + \frac{10000}{1.08^4} = 15984.15\,,\\
\text{NPV}_B &= -70000 + \frac{10000}{1.08} + \ldots + \frac{52000}{1.08^4} = 18442.56\,.
\end{aligned}
$$

Da $\text{NPV}_B > \text{NPV}_A > 0$ ist, verdient Projekt B den Vorzug.

ii. Bei der Ermittlung der Annuität geht es um nichts anderes als um die Umrechnung der Kapitalwerte in gleichbleibende nachschüssige Renten während des gesamten Planungszeitraums. Aufgrund des Fehlens besserer Informationen wird unterstellt, daß der Planungszeitraum des Investors mit den (identischen) Nutzungsdauern der beiden Investitionsprojekte übereinstimmt, sich also auf $T = 4$ Jahre beläuft. Damit ermitteln wir die Annuität aus

$$\text{ANN} = \frac{i \cdot (1+i)^T}{(1+i)^T - 1} \cdot \text{NPV}$$

und erhalten für die beiden Projekte

$$
\begin{aligned}
\text{ANN}_A &= \frac{0.08 \cdot 1.08^4}{1.08^4 - 1} \cdot 15984.15 \\
&= 0.3019 \cdot 15984.15 = 4825.93\,,\\
\text{ANN}_B &= 0.3019 \cdot 18442.56 = 5568.18\,.
\end{aligned}
$$

Aufgrund von $\text{ANN}_B > \text{ANN}_A > 0$ ist erneut Projekt B vorzuziehen.

iii. Interner Zinssatz ist definitionsgemäß jener Zinssatz r, bei dem der Kapitalwert einer Investition gerade den Wert null annimmt, also

$$\sum_{t=0}^{T} z_t \, (1+r)^{-t} = 0\,.$$

Bedauerlicherweise kann man diese Definitionsgleichung nicht allgemein nach r auflösen. Rechnerisch geht es um die Bestimmung der Nullstelle einer Polynomfunktion T–ten Grades. Zur Lösung einer solchen Aufgabe eignen sich verschiedene Verfahren. Wir bedienen uns des *Newton–Verfahrens*, das hier in aller Kürze beschrieben werden soll.

Mit der Polynomfunktion

$$NPV(r) = \sum_{t=0}^{T} z_t \, (1+r)^{-t}$$

und ihrer ersten Ableitung

$$NPV'(r) = - \sum_{t=1}^{T} t \, z_t \, (1+r)^{-t-1}$$

lautet die Gleichung zur Verbesserung eines (geeignet gewählten) internen Zinsfußes mit Hilfe des *Newtonschen* Iterationsverfahrens

$$r_{k+1} = r_k - \frac{NPV(r_k)}{NPV'(r_k)} \,.$$

Mit den Zahlen der Investition A haben wir

$$NPV(r) = -70000 + \frac{40000}{(1+r)^1} + \frac{30000}{(1+r)^2} + \frac{20000}{(1+r)^3} + \frac{10000}{(1+r)^4}$$

und

$$NPV'(r) = - \frac{40000}{(1+r)^2} - \frac{60000}{(1+r)^3} - \frac{60000}{(1+r)^4} - \frac{40000}{(1+r)^5}$$

für die Polynomfunktion und ihre erste Ableitung. Unter Verwendung von $r_0 = 0.00000$ als ersten Versuchszinssatz können wir nachstehende Rechentabelle 6.3 aufstellen. Brechen wir die

Tabelle 6.3: Rechentabelle zur Ermittlung des internen Zinses

k	r_k	$NPV(r_k)$	$NPV'(r_k)$
0	0.00000	30000.00	-200000.00
1	0.15000	6334.78	-123888.98
2	0.20113	441.69	-107175.14
3	0.20525	2.49	-105967.98
4	0.20528	0.00	-105961.14

Rechnung an dieser Stelle ab und gehen in bezug auf das zweite Projekt analog vor, so erhalten wir

$$r_A = 20.53\,\% \qquad \text{und} \qquad r_B = 16.79\,\% \,.$$

Wegen $r_A > r_B > i$ erweisen sich beide Investitionen im Lichte dieses Entscheidungskriteriums als vorteilhaft. Aber im Gegensatz zu den beiden früheren Ergebnissen müßte die Entscheidung auf der Basis des internen Zinsfußes zugunsten von Projekt A fallen.

(b) Der Kapitalwert ist die Summe aller auf den Zeitpunkt $t = 0$ abgezinsten Zahlungen, die ein Investitionsprojekt verursacht, also

$$\text{NPV} = \sum_{t=0}^{T} z_t \left(1 + i\right)^{-t}.$$

Das ist freilich keine ökonomische Interpretation, sondern eine ganz formale Definition. Unterstellt man, daß es sich bei der ersten Zahlung um die Anschaffungsauszahlung I_0 handelt und daß alle folgenden Investitionszahlungen positive Cash–flows $\text{CF}_t > 0$ sind, so kann man dafür auch

$$\text{NPV} = -I_0 + \underbrace{\sum_{t=1}^{T} \text{CF}_t \left(1 + i\right)^{-t}}_{\substack{\text{Barwert der künf-}\\\text{tigen Cash–flows}}}$$

schreiben, was immer noch keine inhaltliche Deutung des Kapitalwerts ist, aber die Basis dafür liefert.

Wenden wir uns nun dem zweiten Term auf der rechten Seite, dem Barwert der künftigen Cash–flows zu. Dieser Term ist einer unmittelbaren ökonomischen Interpretation zugänglich, handelt es sich doch um jenen Preis, den man am *Kapitalmarkt* zahlen müßte, um heute (im Zeitpunkt $t = 0$) finanzielle Ansprüche in Höhe der Investitionsrückflüsse zu erwerben. I_0 dagegen ist der Preis, den man für die *Sachinvestition* zu bezahlen hat, um Ansprüche auf Cash–flows in gleicher Höhe und zeitlicher Verteilung zu bekommen. Mithin handelt es sich beim Kapitalwert um eine *Preisdifferenz*. Ist sie positiv, spricht das für die Durchführung der Sachinvestition; ist sie dagegen negativ, sollte die Unterlassensalternative (sprich: Finanzinvestition) gewählt werden.

(c) Entscheidungen auf der Basis des Kapitalwertkriteriums müssen zum selben Ergebnis führen wie solche auf der Grundlage der Annuität, wenn man zur Berechnung der Annuität für miteinander konkurrierende Investitionen auf einen *einheitlichen Planungszeitraum* zurückgreift, vgl. oben Seite 238 ff. In diesem Fall ist nämlich die Annuität einer Investition nichts anderes als ihr mit einer positiven Konstanten (dem Annuitätenfaktor) multiplizierter Kapitalwert.

(d) Kapitalwert und interner Zinsfuß müssen nicht notwendigerweise zu übereinstimmenden Entscheidungen führen. Das zeigt zunächst auch das Beispiel der hier zu diskutierenden Aufgabe. Sucht man nach Gründen, die dieses Phänomen erklären können, so kann man formal und inhaltlich diskutieren. Wir wollen beides tun.

- Formal liest und hört man regelmäßig, daß beide Verfahren auf unterschiedlichen Annahmen beruhen. Die Kapitalwertmethode beruht auf der Prämisse, daß man Geld zum *Kalkulationszinssatz i* anlegen und borgen kann. Indessen verwendet die Methode der internen Zinsfüße, daß man Geldanlagen beziehungsweise Kreditaufnahmen zum *internen Zinsfuß r* bewerkstelligen kann.

- Ein inhaltliches Argument benutzt die Überlegung, daß es sich beim Kapitalwert um eine Größe handelt, die man als "Gewinn" interpretieren kann, während der interne Zins als "Rendite" gedeutet werden muß. Gewinnstreben und Renditestreben sind aber Zielsetzungen, die einander widersprechen können.

11. Kaufen oder leasen?

Zunächst ist eine Entscheidung darüber zu treffen, ob der Planungszeitraum von Armin Jabiehl–Efeldt mit vier oder mit fünf Jahren angesetzt werden soll. Da in bezug auf den Leasingvertrag keinerlei Informationen hinsichtlich eines fünften Nutzungsjahres vorliegen, bieten sich vier Jahre als Planungszeitraum an.

- Im Falle des Kaufes lautet die Zahlungsreihe der Investition so: Im Zeitpunkt $t = 0$ fallen Anschaffungsauszahlungen in Höhe von 1000 DM an. In den folgenden Zeitpunkten ist dann mit jährlichen Cash–flows in Höhe von 600 DM zu rechnen. Bei linearer Abschreibung über die betriebsgewöhnliche Nutzungsdauer von fünf Jahren beläuft sich der Restbuchwert am Ende des vierten Jahres auf 200 DM. Da davon auszugehen ist, daß in gleicher Höhe auch ein Liquidationserlös erzielt werden kann, betragen die Cash–flows des vierten Jahres $600 + 200 = 800$ DM. Der Kapitalwert der Kaufalternative ergibt sich daher zu

$$-1000 + \frac{600}{1.1^1} + \frac{600}{1.1^2} + \frac{600}{1.1^3} + \frac{600 + 200}{1.1^4} = 1038.52 \text{ DM.}$$

- Wird dagegen ein Leasingvertrag abgeschlossen, so entfällt jede Zahlung im Zeitpunkt $t = 0$. Da es sich technisch um die gleiche Maschine wie im Falle des Kaufs handelt, ist auch jetzt mit jährlichen Cash–flows in Höhe von 600 DM zu rechnen, die allerdings um die ebenfalls jährlich fälligen Leasingraten in Höhe von 280 DM zu vermindern sind. Armin Jabiehl–Efeldt kann also bei Abschluß des Mietvertrages vier Jahre lang mit einer nachschüssigen Rente in Höhe von 320 DM rechnen, deren Barwert bei einem Zinssatz von 10 %

$$320 \cdot \frac{1.1^4 - 1}{0.1 \cdot 1.1^4} = 1014.36 \text{ DM}$$

beträgt.

Deswegen ist es für Armin Jabiehl–Efeldt günstiger, den Kaufvertrag zu wählen. Mit dem Leasingvertrag würde er etwas schlechter fahren.[2]

12. Kapitalwert und interner Zins

Graphisch findet man die Lösung des Problems, indem man die Kapitalwerte der beiden Projekte in Abhängigkeit vom Kalkulationszinsfuß zeichnet. Zu diesem Zweck stellt man am besten zunächst Wertetabellen wie in Tabelle 6.4 auf. Die entsprechenden Funktionsverläufe zeigt Abbildung 6.2.

Tabelle 6.4: Wertetabelle für Kapitalwerte zweier Projekte

i	NPV	
	Projekt A	Projekt B
0.00	40.00	30.00
0.04	27.69	21.70
0.08	16.95	14.30
0.12	7.54	7.67
0.16	−0.75	1.70
0.20	−8.10	−3.70

Offensichtlich besitzt Projekt A im relevanten Bereich der Kalkulationszinsfüße zwischen 7 % und 10 % stets einen größeren Kapitalwert als Projekt B. Daher kann Mr. Cowder–Welsh seine Entscheidung zugunsten des Projektes A treffen, ohne genauere Kenntnis des Kalkulationszinsfußes zu besitzen.

Es gibt jedoch einen kritischen Kalkulationszinsfuß i^*, der in Abbildung 6.2 durch einen Punkt markiert ist, jenseits von dem das Verhältnis der beiden Kapitalwerte sich umdreht. Für diesen kritischen Zinsfuß muß

---

[2]Im allgemeinen wird empfohlen, bei einer Entscheidung über Kauf oder Leasing die steuerliche Belastung des Investors in die Analyse einzubeziehen. Das geht in bezug auf die anzuwendende Methodik aber über betriebswirtschaftliches Grundlagenwissen hinaus, weswegen die Steuern im Rahmen der obigen Musterlösung unberücksichtigt blieben. Hinsichtlich weiterer Details vgl. *Kruschwitz, Lutz:* "Leasing und Steuern", *Zeitschrift für betriebswirtschaftliche Forschung* 1991, 99–118.

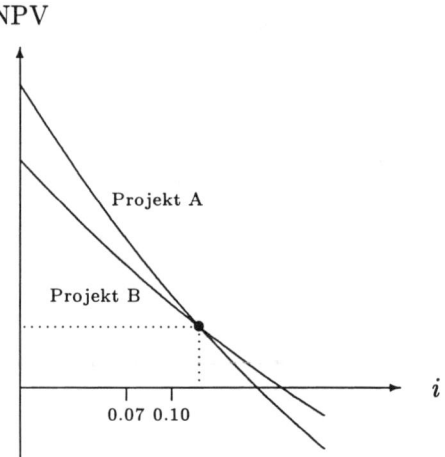

Abbildung 6.2: Sich schneidende Kapitalwertfunktionen

gelten, daß

$$\sum_{t=0}^{T} z_{t,A} \left(1 + i^*\right)^{-t} = \sum_{t=0}^{T} z_{t,B} \left(1 + i^*\right)^{-t}$$

ist, wenn wir mit $z_{t,A}$ und $z_{t,B}$ die Elemente der Zahlungsreihen des Projektes A und des Projektes B bezeichnen. Leichte Umformung ergibt

$$\sum_{t=0}^{T} \left(z_{t,A} - z_{t,B}\right) \left(1 + i^*\right)^{-t} = 0 \,.$$

Der kritische Zinssatz i^*, bei dem die Entscheidung gerade umkippt, kann also als interner Zinsfuß gedeutet werden, und zwar als interner Zinsfuß der sogenannten Differenzinvestition. Eine solche Investition besitzt eine Zahlungsreihe, die aus den zeitpunktbezogenen Zahlungsdifferenzen beider miteinander konkurrierenden Projekte besteht. Ein Blick auf Tabelle 6.4 und auf Abbildung 6.2 zeigt, daß der kritische Zinssatz etwa bei 12 % liegen muß. Die Zahlungsdifferenzen gehen aus nachstehender Aufstellung hervor.

Zahlungszeitpunkt	0	1	2	3
Differenzinvestition	0	−40	0	50

Da die Zahlungsreihe der Differenzinvestition genau einen Vorzeichenwechsel aufweist, können wir sicher sein, daß ein kritischer Zinssatz i^*

existiert. Bestimmt man ihn genau, so liegt er bei $i^* = 0.1180$, ohne daß wir uns hier mit den Einzelheiten der Berechnung aufhalten wollen.

Würden wir in der Zahlungsreihe der Differenzinvestition dagegen keinen Vorzeichenwechsel finden, so könnten wir sagen, daß die Kapitalwertfunktionen der beiden beteiligten Projekte sich nicht schneiden und ein kritischer Zinssatz folglich nicht existiert. Eines der beiden Projekte würde das andere also bei jedem denkbaren Kalkulationszinsfuß dominieren.

13. Ein Mißverständnis

Zwar beläuft sich der Kapitalwert der Investition auf null. Aber wenn Paul Profit sein Kapital überhaupt nicht einsetzt, so erzielt er auch keine positive Rendite. Die Entscheidung, Kassenhaltung zu betreiben, ist abwegig.

14. Noch einmal: Kapitalwert und interner Zins

(a) Die sechs Alternativen lassen sich durch die in Tabelle 6.5 zusammengestellten Zahlungsreihen beschreiben. Die Rückzahlungen

Tabelle 6.5: Zahlungsreihen der Alternativen

t	0	1	2	3	4	5
A_1	−80000.00			120000.00		
A_2	−100000.00				132308.94	
A_3	−94000.00	27500.00	27500.00	27500.00	27500.00	27500.00
A_4	−75000.00	23660.31	23660.31	23660.31	23660.31	
A_5	−100000.00	7827.50	7827.50	7827.50	7827.50	108827.50
A_6	−100000.00	23500.00	30000.00	30000.00	60000.00	

im Zusammenhang mit A_4 ergeben sich, indem man die Annuität $75000 \cdot \frac{0.1 \cdot 1.1^4}{1.1^4 - 1} = 23660.31$ ermittelt.

Will man die Rückzahlungen für A_5 nachvollziehen, muß man sich klarmachen, daß ein Vermögen von 100000 DM bei einem Kurs von 99.01 DM den Erwerb von $\frac{100000}{99.01} = 1010$ Stück zuläßt. Bei einem Kupon von 7.75 DM je 100 DM nominal sind das jährliche Zinseinnahmen in Höhe von $1010 \cdot 7.75 = 7827.50$ DM. Bei Fälligkeit bekommt man $1010 \cdot 7.75 + 1010 \cdot 100 = 108827.50$ DM.

Die internen Zinssätze ergeben sich zu

$$r_1 = 14.47\% \qquad r_2 = 7.25\% \qquad r_3 = 14.18\%$$
$$r_4 = 10.00\% \qquad r_5 = 8.00\% \qquad r_6 = 13.78\% \ .$$

Alternative A_1 ist deshalb am besten.

(b) Die Alternativen A_2, A_5 und A_6 bleiben unverändert. Alle anderen Alternativen müssen ergänzt werden. Unter Berücksichtigung einer Geldanlage zu 7.25 % über vier Jahre erhält man jetzt die in Tabelle 6.6 Jetzt ergeben sich folgende internen Zinssätze:

Tabelle 6.6: Veränderte Zahlungsreihen der Alternativen

t	0	1	2	3	4	5
A_1^{alt}	−80000.00			120000.00		
Ergänzung	−20000.00				26461.79	
A_1^{neu}	−100000.00			120000.00	26461.79	
A_3^{alt}	−94000.00	27500.00	27500.00	27500.00	27500.00	27500.00
Ergänzung	−6000.00				7938.54	
A_3^{neu}	−100000.00	27500.00	27500.00	27500.00	35438.54	27500.00
A_4^{alt}	−75000.00	23660.31	23660.31	23660.31	23660.31	
Ergänzung	−25000.00				33077.24	
A_4^{neu}	−100000.00	23660.31	23660.31	23660.31	56737.55	

$$r_1 = 12.78\,\% \qquad r_2 = 7.25\,\% \qquad r_3 = 13.64\,\%$$
$$r_4 = 9.03\,\% \qquad r_5 = 8.00\,\% \qquad r_6 = 13.78\,\%$$

Damit ist Alternative A_6 am besten.

(c) Die Methode der internen Zinssätze geht davon aus, daß eine Wiederanlage zum internen Zinssatz möglich ist. Das ist unrealistisch. Es ist wirklichkeitsnäher, wenn man unterstellt, daß die Wiederanlage zu einem exogen vorgegebenen Zinssatz (von beispielsweise 7.25 %) erfolgt.

(d) Für die Kapitalwerte erhält man im vorliegenden Fall

$$\text{NPV}_1 = -100000 + \frac{120000}{1.05^3} + \frac{26461.79}{1.05^4} = 25430.69\,,$$
$$\text{NPV}_2 = 8850.89\,,$$
$$\text{NPV}_3 = 25591.66\,,$$
$$\text{NPV}_4 = 11111.01\,,$$
$$\text{NPV}_5 = 13025.01\,,$$
$$\text{NPV}_6 = 24869.11\,.$$

Danach ist Projekt 3 am besten.

(e) Die unterschiedlichen Ergebnisse lassen sich mit einem Hinweis darauf erklären, daß die Methoden auf unterschiedlichen Wiederanlageprämissen beruhen. Dabei ist die Kapitalwertmethode weniger problematisch als die Methode der internen Zinssätze, weil sie eine Wiederanlage zum Kalkulationszinssatz unterstellt und dieser Zinssatz für alle miteinander konkurrierenden Projekte gleich ist.

15. Interner Zins

(a) Der interne Zinssatz ist jener Zinssatz, der den Kapitalwert einer Investition genau den Wert null annehmen läßt. Verwendet man r als Symbol für den Zinssatz und bezeichnet z_t die Investitionszahlungen im Zeitpunkt t, so gilt

$$\sum_{t=0}^{T} z_t \cdot (1+r)^{-t} = 0 \,.$$

(b) Ökonomisch kann man den internen Zinssatz als Verzinsung des "jeweils noch gebundenen Kapitals" bezeichnen. Unbedingt sinnvoll ist eine solche Interpretation aber allenfalls bei Normalinvestitionen. Das sind Investitionen, deren Zahlungsreihen sich genau durch einen einzigen Vorzeichenwechsel auszeichnen. Haben wir es dagegen mit einem mehrfachen Vorzeichenwechsel zu tun, so verliert die angegebene Interpretation regelmäßig ihren Sinn, da sowohl Jahre mit *positiver* Kapitalbindung (Geldaufnahme) als auch Jahre mit *negativer* Kapitalbindung (Geldanlage) auftreten.

(c) • Rechentechnische Schwierigkeiten, von denen in der Literatur noch gelegentlich die Rede ist, gibt es praktisch nicht mehr, wenn Tabellenkalkulationsprogramme und Personal Computer verfügbar sind.

  • Der interne Zins kann zu gravierenden Fehlentscheidungen führen, wenn miteinander konkurrierende und einander ausschließende Investitionen zu beurteilen sind. Die Gefahr ist um so größer, je stärker die Projekte sich hinsichtlich ihrer Investitionsauszahlungen voneinander unterscheiden.

  • Bei der Aufstellung von Investitionsprogrammen im Zusammenhang mit Kapitalbudgets eignet sich der interne Zinssatz zur Gewinnung von Rangordnungen für Investitionsprojekte, die zwar nicht miteinander, dafür aber gemeinsam um knappe finanzielle Ressourcen konkurrieren. Die Rangordnungen erweisen sich zwar nicht immer als optimal, sind aber meistens "recht gut".

(d) Zeichnet man den Kapitalwert in Abhängigkeit vom Zinssatz, so erhält man für eine Normalinvestition typischerweise das in Abbildung 6.3 dargestellte Ergebnis. Dort sieht man eine konvexe Funktion, die sowohl die Ordinate als auch die Abszisse schneidet.

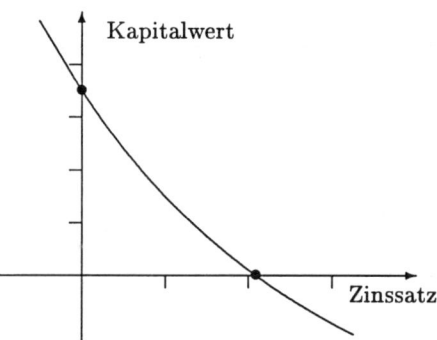

Abbildung 6.3: Kapitalwertfunktion einer Normalinvestition

(e) Die Funktion schneidet die Ordinate an der Stelle $\sum_{t=0}^{T} z_t$. Das ist die Summe aller Investitionszahlungen.

(f) Die Abszisse wird dort geschnitten, wo der Zinssatz dem internen Zinssatz gleicht.

16. Eine Fallstudie zur Kapitalwertmethode

Wir empfehlen folgende Vorgehensweise :

- Berechnen Sie zunächst die Summe der Barwerte aller Einnahmenüberschüsse in den Jahren 03 bis 10.

- Die nach dem Jahre 10 noch vorhandenen baulichen Einrichtungen und maschinellen Anlagen führen nur im Falle ihrer Veräußerung zu Einzahlungen. Da sie jedoch weiterhin betrieblich genutzt werden können, verringern oder erübrigen sich die zu diesem Zeitpunkt sonst erforderlichen Investitionsauszahlungen. Diese "Ersparnisse" gehen als "Nutzen" in die Rechnung ein. Da dieser Effekt erst zu Beginn des Jahres 11 wirksam wird, müssen die "Ersparnisse" mit dem Abzinsungsfaktor für 8 Jahre auf den Zeitpunkt 03 diskontiert werden.

- Die bereits verausgabten Mittel für Forschung und Entwicklung in Höhe von 550000 DM gehen in die Berechnung des Kapitalwerts nicht mehr ein. Die Kosten sind "versunken". Es wird also nicht der Kapitalwert des Projektes "Entwicklung und Fertigung der Prüfmaschine" ermittelt. Statt dessen geht es um die Berechnung des Kapitalwerts für das Projekt "Fertigung der Prüfmaschine nach erfolgter Entwicklung".

(a) Wir konzentrieren uns jetzt zunächst auf die Barwerte der Einnahmenüberschüsse in den Jahren 03 bis 10.

  i. Die Verkaufspreise werden in den beiden ersten Jahren bei 150000 DM liegen und anschließend in jedem Jahr um 8 % steigen. Rundet man die Preise auf volle TDM, so ist in den nächsten 8 Jahren mit Preisen in Höhe von 150, 150, 162, 175, 189, 204, 220, 238 TDM zu rechnen. Multipliziert man diese Preise mit den erwarteten Absatzzahlen, so führt das auf die in Tabelle 6.7 in der Spalte Einzahlungen genannten Beträge.

  ii. Die Kosten für Fertigungslöhne, Fertigungsmaterial und sonstige variable Kosten je Prüfmaschine belaufen sich im Jahre 03 auf $25 + 55 + 30 = 110$ TDM. Von diesen Kosten wird angenommen, daß sie in jedem Jahr um 7 % steigen. Die variablen Kosten je Prüfmaschine werden sich daher in den nächsten Jahren auf 110, 118, 126, 135, 144, 154, 165, 177 TDM belaufen. Multiplikation mit den erwarteten Produktionszahlen ergibt die in der Spalte "variable Auszahlungen" von Tabelle 6.7 angegebenen Beträge.

  iii. Die fixen Personalauszahlungen belaufen sich im ersten Jahr auf 100 TDM und steigen anschließend in jedem Jahr um 7 %. Die Beträge ergeben sich im einzelnen aus der entsprechenden Spalte von Tabelle 6.7.

  iv. Die Werbeauszahlungen werden in den beiden ersten Jahren mit 400 TDM und anschließend jährlich mit 200 TDM angesetzt.

  v. Die Netto–Rückflüsse erhält man, indem man von den jährlichen Einzahlungen die variablen Auszahlungen, die fixen Personalauszahlungen und die Werbeauszahlungen absetzt.

Tabelle 6.7: Netto–Rückflüsse bei Fertigung der Prüfmaschinen

t	Einzahlungen	variable Auszahlungen	fixe Auszahlungen	Werbung	Netto–Rückflüsse	Barwerte
03	4500	3300	100	400	700	625
04	6000	4720	107	400	773	616
05	11340	8820	114	200	2206	1570
06	14000	10800	122	200	2878	1829
07	13230	10080	131	200	2819	1600
08	12240	9240	140	200	2660	1348
09	8800	6600	150	200	1850	837
10	4760	3540	161	200	859	347
Summe						8771

(b) Der "Nutzen–Barwert" der verbleibenden baulichen und maschinellen Anlagen beträgt $2000 \cdot 1.12^{-8} = 808$ TDM.

Der noch notwendige Investitionseinsatz muß auf den Zeitpunkt 03 bezogen werden. Das sind $2500 \cdot 1.12 + 4000 = 6800$ DM.

(c) Insgesamt erhält man so einen Kapitalwert in Höhe von $-6800 + 8771 + 808 = 2779$ TDM. Das spricht dafür, daß man mit der Fertigung der Prüfmaschinen beginnt.

17. Zahlungsreihe einer Investition, Kapitalwert und interner Zins

(a) Bei der angegebenen Reihe handelt es sich um die Salden zwischen den Ein– und Auszahlungen, die das Investitionsprojekt in den Zeitpunkten $t = 0, 1, \ldots, T$ verursacht beziehungsweise verspricht.

Bei den im Zeitpunkt $t = 0$ fälligen Auszahlungen handelt es sich gewöhnlich um Zahlungen für die Anschaffung von Grundstücken, Gebäuden und technischen Einrichtungen, einschließlich aller damit verbundenen Nebenkosten, unabhängig davon, ob sie aktivierungsfähig sind.

Die späteren Zahlungssalden sind im Regelfall positiv. Davon ist jedenfalls dann auszugehen, wenn die laufenden Einzahlungen aus den Verkäufen der Produkte oder Dienstleistungen nicht hinter den laufenden Auszahlungen für die Herstellung und den Verkauf der Erzeugnisse sowie den Betrieb der erworbenen Anlagen zurückbleiben.

Grundsätzlich kommt es bei den einem Investitionsprojekt zuzurechnenden Zahlungen immer nur auf jene an, die aufgrund der Investition oder der dadurch ausgelösten Folgemaßnahmen ausgelöst werden, die also unterbleiben würden, wenn man auf die Durchführung des Projektes verzichtet hätte.

(b) Der Kapitalwert des Projektes ergibt sich aus

$$
\begin{aligned}
\mathrm{NPV} &= \sum_{t=0}^{T} \frac{z_t}{(1+r)^t} \\
&= -200 + \frac{50}{1.12} + \frac{150}{1.12^2} + \frac{75}{1.12^3} = 17.61 \, .
\end{aligned}
$$

(c) Will man den internen Zins der Investition mit Hilfe des *Newtonschen* Verfahrens berechnen, so muß man mit einem (geeigneten) Zinsfuß beginnen und diesen mit Hilfe der Iterationsformel

$$
r_{k+1} = r_k - \frac{\mathrm{NPV}(r_k)}{\mathrm{NPV}'(r_k)}
$$

verbessern. In dieser Gleichung steht $\mathrm{NPV}(r)$ für den Kapitalwert der Investition in Abhängigkeit vom Zinssatz, während $\mathrm{NPV}'(r)$ den

Wert der ersten Ableitung der Barwertfunktion bei Verwendung des Zinssatzes r darstellt. Mit den konkreten Zahlen des Beispielsprojektes lauten die beiden Funktionen

$$\text{NPV}(r) \;=\; -200 + \frac{50}{(1+r)} + \frac{150}{(1+r)^2} + \frac{75}{(1+r)^3} \quad \text{und} \quad (6.7)$$

$$\text{NPV}'(r) \;=\; -\frac{50}{(1+r)^2} - \frac{300}{(1+r)^3} - \frac{215}{(1+r)^4}. \tag{6.8}$$

Beginnt man die Rechnung mit einem Zinssatz von 12 %, so erhält man bei zwei Iterationsschritten die in Tabelle 6.8 zusammengestellten Zahlen.

Tabelle 6.8: Berechnung des internen Zinssatzes (*Newtonsches* Verfahren)

k	r_k	$\text{NPV}(r_k)$	$\text{NPV}'(r_k)$
1	0.1200	17.61	−390.03
2	0.1651	0.82	−343.16
3	0.1675	0.00	−340.88

Der interne Zinssatz beläuft sich danach auf 16.75 %.

(d) Wenn man davon ausgehen kann, daß die Zahlungsreihe der Investition nur genau einen Vorzeichenwechsel besitzt, so läßt sich der interne Zinssatz als derjenige Kreditzinssatz interpretieren, den ein vollkommen fremdfinanzierender Investor gerade noch tragen könnte, wenn er am Ende der Nutzungsdauer ebenso gut dastehen will wie im Falle des Verzichts auf die Investition. Voraussetzung für eine solche Interpretation ist also, daß man es mit einer Normalinvestition zu tun hat.

18. Ein Unfall und seine Folgen

(a) Hans könnte zu Beginn des ersten Jahres 750 DM zahlen und würde dafür in den kommenden sieben Jahren Ersparnisse bei den Versicherungsprämien erzielen. Mit Beginn des achten Jahres wäre er – unfallfreies Fahren vorausgesetzt – wieder bei einem Beitragssatz von 30 %. Für die Ersparnis, mit der Hans im t-ten Jahr rechnen kann, wenn er heute 750 DM investiert, gilt mit a_t als Beitragssatz in dem betreffenden Jahr

$$(a_t - 0.30) \cdot 1531.80 \cdot 1.025^{t-1}.$$

Überprüfen wir das für das vierte Jahr und rechnen uns zunächst aus, wie hoch dann die Prämie in der Schadenfreiheitsklasse SF 1 (Beitragssatz 100 %) wäre. Sie beliefe sich auf $1531.80 \cdot 1.025^3 =$

1649.58 DM. Hiervon müßte Hans bei Investition der 750 DM 30 %, also 494.87 DM, bei Verzicht auf die Investition aber 35 %, also 577.35 DM zahlen. Die Differenz in Höhe von $577.35 - 494.87 = 82.48$ DM stellt die gesuchte Ersparnis dar. Die entsprechenden Beträge für alle hier relevanten sieben Jahre gehen aus Tabelle 6.9 hervor. Da die Zahlung der 750 DM sofort erfolgen müßte und auch

Tabelle 6.9: Ersparnisse in Abhängigkeit vom Beitragssatz

Jahr	Beitragssatz	Ersparnis
1	0.40	153.18
2	0.40	157.01
3	0.40	160.93
4	0.35	82.48
5	0.35	84.54
6	0.35	86.65
7	0.35	88.82

die erste Versicherungsprämie sofort fällig ist, haben wir die Ersparnis des ersten Jahres mit dem Investitionsbetrag zu saldieren. Bezeichnen wir den ersten Zahlungszeitpunkt zugleich mit $t = 0$, so ergibt sich die Zahlungsreihe der hier zu untersuchenden Investition aus Tabelle 6.10. Um zu untersuchen, ob sich diese Investition

Tabelle 6.10:

t	Zahlung
0	−596.82
1	157.01
2	160.93
3	82.48
4	84.54
5	86.65
6	88.82

für Hans lohnt, bietet sich die Kapitalwertmethode an. In der Aufgabenstellung ist jedoch kein Kalkulationszinsfuß vorgegeben. Aus diesem Grunde berechnen wir die interne Verzinsung und vergleichen sie mit dem Marktzinssatz, dem Hans sich voraussichtlich gegenübersieht. Sie ergibt sich in vorliegendem Fall mit $r = 3.41$ %. Das ist eine äußerst bescheidene Rendite. Wenn der für Hans relevante Marktzinssatz nicht noch kleiner ist, so sollte er den Schaden seines Unfallgegners nicht aus der eigenen Tasche bezahlen, sondern besser die Leistung der Versicherung in Anspruch nehmen.

(b) Bei einer Investitionssumme von 1000 DM ändert sich an den Prämienersparnissen überhaupt nichts. Infolgedessen würde sich das Bezahlen des Unfallschadens aus der eigenen Tasche für Hans erst recht nicht lohnen. Das schlägt sich auch in der internen Verzinsung dieser Investition nieder. Sie beläuft sich auf $r = -7.48\%$.

19. Fahrkartenabonnement

(a) Unter der Voraussetzung, daß der Kalkulationszinsfuß gegeben ist, empfiehlt es sich, die Entscheidung über das günstigste Abonnement auf der Basis einer Analyse der Kapitalwerte zu treffen. Im Gegensatz zu den sonst üblichen Aufgabenstellungen haben wir es aber hier mit einer Alternative zu tun, bei der die Zahlungen nicht im Jahresrhythmus anfallen, sondern monatlich geleistet werden müssen.

Das erfordert eine gewisse Anpassung der Formel zur Ermittlung der Barwerte. Bezeichnet man mit d_t die (in Jahren gemessene) Zeit, die zwischen dem Entscheidungszeitpunkt ("heute") und der t-ten Zahlung des Entscheidungsträgers liegt, und mit z_t die dann zu leistende Zahlung, so lautet die Barwertformel

$$\text{PV} = \sum_{t=1}^{T} z_t \left(1 + i\right)^{-d_t}.$$

Unterstellt man, daß die ersten Zahlungen bei beiden Alternativen sofort fällig sind, so muß man nur den Barwert des ersten Angebots ermitteln, weil der Barwert des zweiten Angebots mit 760 DM direkt gegeben ist. Mit $d_1 = \frac{1}{12} = 0.083, d_2 = 0.167, \ldots, d_9 = 0.750$ kommt man auf

$$\text{PV} = \frac{82}{1.12^{0.000}} + \frac{82}{1.12^{0.083}} + \ldots + \frac{82}{1.12^{0.750}} = 786.17\,\text{DM}.$$

Demnach ist die Jahreskarte mit Sofortabbuchung der 760 DM deutlich günstiger. Man vergleiche dazu auch die tabellarische Berechnung des Barwerts in Aufstellung 6.11.

(b) Für den kritischen Kalkulationszinsfuß, bei dem gerade Indifferenz zwischen beiden Alternativen herrscht, muß gelten, daß die Barwerte der Zahlungen bei beiden Angeboten gleich groß sind, also

$$760.00 = \frac{82}{(1+i)^{0.000}} + \frac{82}{(1+i)^{0.083}} + \ldots + \frac{82}{(1+i)^{0.750}}.$$

Ähnlich wie bei der Berechnung eines internen Zinsfußes läuft das darauf hinaus, die Nullstelle der Funktion

$$f(i) = -760.00 + \frac{82}{(1+i)^{0.000}} + \frac{82}{(1+i)^{0.083}} + \ldots + \frac{82}{(1+i)^{0.750}}$$

Tabelle 6.11: Barwertermittlung des Fahrkartenabonnements

Monat	d_t	Zahlung	Abzinsungs-faktor	Barwert
0	0.000	82.00	1.0000	82.00
1	0.083	82.00	0.9906	81.23
2	0.167	82.00	0.9813	80.47
3	0.250	82.00	0.9721	79.71
4	0.333	82.00	0.9629	78.96
5	0.417	82.00	0.9539	78.22
6	0.500	82.00	0.9449	77.48
7	0.583	82.00	0.9360	76.75
8	0.667	82.00	0.9272	76.03
9	0.750	82.00	0.9185	75.32
Summe				786.17

zu bestimmen. Ohne uns mit den Details der Lösung dieser Aufgabe zu beschäftigen, sei festgestellt, daß der kritische Kalkulationszinsfuß bei 22.86 % liegt. Der skeptische Leser möge selbst nachrechnen, ob das zutrifft.

7 Klausur

Die nachstehende Klausur wurde im Sommersemester 1996 am Fachbereich Wirtschaftswissenschaft der Freien Universität Berlin gestellt. Die Bearbeitungsdauer betrug 120 Minuten.

7.1 Klausuraufgaben

1. Aufgabe (8 Punkte)

   Durch den Verkauf Ihres Autos sind 10000 DM für drei Jahre anzulegen.

   (a) Wie hoch ist das Endkapital bei einfacher Zinsrechnung, wenn die Verzinsung 0.25 % pro Monat beträgt?

   (b) Angenommen, der monatliche Zinsertrag kann wieder zinsbringend reinvestiert werden (Zinseszinsrechnung). Wie hoch ist dann das Endkapital? Wie groß ist der konforme Jahreszins?

   (c) Wie lange müßte die Laufzeit der Anlage bei Zinseszinsrechnung sein, damit das Endkapital 12000 DM beträgt?

2. Aufgabe (10 Punkte)

   Theo Thunfisch erhält für treue Dienste von seinem Arbeitgeber, der Innenfinanz AG, am 01.01.00 ein Pensionsangebot.

   Darin wird ihm eine jährliche, nachschüssige Rente in Höhe von 10000 DM für fünf Jahre zugesagt. Thunfisch scheidet am 31.12.04 aus der Firma aus. Die erste Rentenzahlung erfolgt am 31.12.05.

   (a) Wie hoch ist der Barwert des Rentenanspruchs im Zeitpunkt des Ausscheidens? Der Kalkulationszinsfuß beträgt $i = 0.06$.

   (b) Die Innenfinanz AG richtet ein Konto ein. Dieses Konto soll nach Zahlung der letzten Rente einen Saldo von null aufweisen. Wie hoch ist der Betrag, den die Innenfinanz AG am 31.12.00 einzahlen müßte, damit Theo Thunfisch seine Rente beziehen kann?

(c) Wie hoch ist der gleichbleibende Betrag, den die Innenfinanz AG zu Beginn eines jeden Arbeitsjahres von Thunfisch auf das Konto einzahlen muß, damit dieser seine Rente beziehen kann?

3. Aufgabe (12 Punkte)

   (a) Was stellt der Kapitalwert als ökonomische Größe dar?

   (b) Die Formel für das Entnahmeniveau einer Investition unter den Bedingungen eines vollkommenen Kapitalmarktes lautet

   $$Y = \frac{\sum_{t=0}^{T} M_t (1+i)^{T-t} - C_T}{\sum_{t=0}^{T} f_t (1+i)^{T-t}} + \frac{\text{NPV}}{\sum_{t=0}^{T} f_t (1+i)^{-t}}$$

   Bitte interpretieren Sie die Bestandteile dieser Formel ökonomisch.

   (c) Wie verändert sich die Formel, wenn wir einen Vektor der Entnahmestrukturfaktoren von $(f_0, \ldots, f_T) = (0, 1, \ldots, 1)$ annehmen und wir nur die zusätzlichen Entnahmen, die ein Investitionsprojekt verursacht, messen wollen?

4. Aufgabe (10 Punkte)

   (a) Um Ihr Studium zu finanzieren, legen Sie Ihre gesamten Ersparnisse von 50000 DM zinsbringend bei der Wucher Direktbank an. Wie hoch muß die Verzinsung bei der Bank sein, damit Sie fünf Jahre lang nachschüssig 12000 DM abheben können? Am Ende des fünften Jahres soll das Konto einen Saldo von null DM haben.
   Ermitteln Sie die Lösung mit dem vereinfachten *Newtonverfahren*. Verwenden Sie dabei $i = 0.05$ als ersten Versuchszinssatz, und benutzen Sie $\Delta i = 0.001$. Brechen Sie die Prozedur nach dem zweiten Iterationsschritt ab.

   (b) Wieviel Geld müssen Sie anlegen, um mit der Superverzinsung der Wucher Direktbank von 15% eine ewige Rente von 12000 DM zu erzielen?

5. Aufgabe (20 Punkte)

   Sie müssen dringend einen Kredit über 2 Mio. DM aufnehmen. Die Bank bietet Ihnen bei einem Zinssatz von 12 % wahlweise Raten– oder Annuitätentilgung. Sie müßten den Kredit allerdings innerhalb von 6 Jahren vollständig tilgen, wobei das erste Jahr tilgungsfrei ist.

   (a) Stellen Sie für beide Alternativen Tilgungspläne auf.

   (b) Bewerten Sie die beiden Alternativen mit der Kapitalwertmethode, gehen Sie von einem Kalkulationszinsfuß von 10 % aus. Welche Alternative würden Sie dann vorziehen?

(c) Kommentieren Sie Ihr Ergebnis.

6. Aufgabe (20 Punkte)

Als Besitzer eines kleinen Maschinenbauunternehmens müssen Sie über den Ersatz einer Fräsmaschine nachdenken. Sie haben sich bereits nach Alternativen umgesehen, wobei sich folgende Möglichkeiten herauskristallisierten:

- Sie könnten aufhören, selbst zu fräsen, und die gefrästen Teile zum Stückpreis von 20 DM fremd beziehen.

- Sie könnten wahlweise eine halb– oder eine vollautomatische Fräsmaschine erwerben. Ihre Planungsabteilung hat für beide Anlagen die in nachstehender Tabelle zusammengestellten Daten vorbereitet. Selbstverständlich ist es auch möglich, Eigenfertigung und Fremdbezug miteinander zu kombinieren.

	Vollautomat	Halbautomat
Anschaffungsausgaben (DM)	400000	150000
Nutzungsdauer (Jahre)	7	10
Gehälter (DM)	60000	40000
Löhne (bei max. Kapazität) (DM)	0	150000
Materialkosten (DM/Stück)	6	3
Max. Kapazität (Stück)	50000	15000
Liquidationserlös (DM)	50000	30000
Sonstige Fixkosten (DM)	140000	10000

Der Verkaufspreis der Frästeile wird mit 22 DM/Stück veranschlagt. Der kalkulatorische Zinssatz wird mit 10 % angesetzt.

(a) Welchen Beschaffungsweg empfehlen Sie in Abhängigkeit vom Produktionsvolumen? Verwenden Sie für Ihre Analyse die Gewinnvergleichsrechnung.

(b) Was ändert sich an Ihrer Entscheidung, wenn Sie sie auf der Grundlage der Kostenvergleichsrechnung treffen? Kommentieren Sie das Ergebnis.

7. Aufgabe (20 Punkte)

Kreuzen Sie die richtigen Antworten an. Mehrere richtige Antworten sind möglich. Falsche Kreuze führen zu Punktabzügen.

(a) Welche Aussagen über die Kapitalerhöhung aus Gesellschaftsmitteln sind wahr?

○   Typische Form der Eigenkapitalerhöhung bei mittelständischen Unternehmen.

○   Dem Unternehmen fließen keine zusätzlichen finanziellen Mittel zu.

○   Durch die Erhöhung der Aktienkurse wird die Handelbarkeit der Aktie eingeschränkt.

○   Durch die Ausgabe von "Gratisaktien" sinkt der Aktienkurs des Unternehmens.

(b) Welche Merkmale charakterisieren idealtypisches Eigenkapital?

○   Kapitalgeber partizipiert über die Einlage hinaus an steigendem Unternehmenswert.

○   Recht auf Mitbestimmung.

○   Anspruch auf Rückzahlung der Nominaleinlage.

○   Vergütung für Kapitalüberlassung ist gewinnunabhängig.

(c) Welche Aussagen über die neoklassische Finanzierungstheorie sind wahr?

○   Sie nimmt eine Informationsasymmetrie zwischen Kapitalnehmer und Kapitalgeber an.

○   Sie beruht auf weitgehenden Vollkommenheitsannahmen über den Kapitalmarkt.

○   Sie eignet sich zur Erklärung von real existierenden Institutionen wie beispielsweise von Banken oder Kreditsicherheiten.

○   Es wird angenommen, daß die Wahrscheinlichkeitsverteilung der Investitionsrückflüsse allen Marktteilnehmern bekannt ist.

(d) Welche Aussagen über Schuldscheindarlehen sind falsch?

○   Die Schuldscheinfähigkeit hängt von der Deckungsstockfähigkeit ab.

○   Sie werden insbesondere von mittelständischen Unternehmen genutzt.

○   Sie werden auch als Wechselkredite bezeichnet.

○   Industrieobligationen sind fungibler als Schuldscheindarlehen.

(e) Welche der folgenden Finanzierungsformen sind der kurzfristigen Fremdfinanzierung zuzuordnen, ohne daß dem Unternehmen liquide Mittel zufließen?

○   Akzeptkredit.

○   Lieferantenkredit.

     ○   Diskontkredit.

     ○   Avalkredit.

(f) Welche Aussagen über Finanzintermediäre sind richtig?

     ○   Sie transformieren das Investitionsrisiko, indem sie viele kleine Einlagen bündeln und diese einem Unternehmen als großen Kredit zur Verfügung stellen.

     ○   Sie transformieren die Einzelgeschäfte in ihren Eigenschaften, so daß diese den unterschiedlichen Präferenzen von Kapitalnehmer und Kapitalgeber gerecht werden.

     ○   Venture Capital–Gesellschaften sind Finanzintermediäre, die sich auf die Vermögensverwaltung spezialisiert haben.

     ○   Die Börse ist kein Finanzintermediär, weil durch sie keine Risikotransformation stattfindet.

(g) Welche Wertpapiere werden auf Terminmärkten gehandelt?

     ○   Industrieobligationen

     ○   Bundesanleihen

     ○   Futures

     ○   Optionen

(h) Unter welchen Voraussetzungen steigt die Eigenkapitalrendite bei einer Erhöhung des Verschuldungsgrades?

     ○   Gesamtkapitalrendite größer als Fremdkapitalzins.

     ○   Fremdkapitalzins größer als Gesamtkapitalrendite.

     ○   Gegebene Unternehmenspolitik.

     ○   Investitionspolitik ist von Kapitalstruktur abhängig.

(i) Ein Unternehmen beabsichtigt, bei einem Marktzinsniveau von 7 % eine Schuldverschreibung mit einem 5 %–Kupon zu emittieren. Welche Möglichkeiten hat das Management, die Effektivverzinsung an das Marktzinsniveau anzupassen?

     ○   Emission über pari.

     ○   Emission unter pari.

     ○   Rückzahlung über pari.

     ○   Eine Emission mit einem 5 %–Kupon ist sinnlos, weil diese von den Anlegern nicht gekauft werden würde.

(j) Welche Eigenschaften treffen auf echtes Factoring zu?

○　　　Factor übernimmt das Forderungsausfallrisiko.

○　　　Form der kurzfristigen Fremdfinanzierung.

○　　　Form der Innenfinanzierung.

○　　　Factor übernimmt das Risiko, daß Waren wegen Mängelrügen zurückgegeben werden.

8. Aufgabe (20 Punkte)

Um die Eigenkapitalquote zu erhöhen, wurde auf der letzten Hauptversammlung der MIESENS AG eine ordentliche Kapitalerhöhung beschlossen. Vor der Kapitalerhöhung besitzt die Bilanz folgendes Aussehen (alle Beträge in Mio. DM):

Aktiva			Passiva
Anlagevermögen	15	Grundkapital	5
Umlaufvermögen	5	Kapitalrücklage	2
		Gewinnrücklage	3
		Verbindlichkeiten	10
	20		20

Die geplante Kapitalerhöhung beläuft sich auf 20 % des bisherigen Grundkapitals. Dabei soll der Altbestand an Aktien in Höhe von 1 Mio. Stück durch junge Aktien im Verhältnis 10 : 1 aufgestockt werden. Der derzeitige Kurs der MIESENS Aktie beträgt 15 DM.

(a) Wie hoch ist das Kapitalerhöhungsvolumen?

(b) Wie hoch ist der Nennwert der Aktien?

(c) Wie hoch ist der Bezugskurs der neuen Aktien?

(d) Nehmen Sie eine Aufteilung des Kaptialerhöhungsvolumens in Grundkapital und Kapitalrücklagen vor.

(e) Wie sieht die Bilanz der MIESENS AG nach der Kapitalerhöhung aus?

(f) Wie hoch ist der Mischkurs?

(g) Nennen Sie drei weitere Formen der Grundkapitalbeschaffung bei Aktiengesellschaften.

(h) Donna Clara besitzt 120 Aktien der MIESENS AG und Bargeld in Höhe von 1500 DM. Zeigen Sie anhand von geeigneten Beispielrechnungen, daß das Vermögen von Donna Clara nicht von der Durchführung der obigen Kapitalerhöhung beeinflußt wird, gleichgültig ob sie die Bezugsrechte ausübt oder verkauft.

7.2 Musterlösungen

*Die Bearbeitungszeit für die Klausur, deren Musterlösung wir im folgenden vor-
stellen, betrug 120 Minuten. Von den Studierenden kann nicht erwartet werden,
daß sie innerhalb einer solchen Zeitspanne Antworten auf die Klausurfragen
geben, die unserer Musterlösung in der hier gewählten Ausführlichkeit entsprechen. Vor allem bei den erklärenden Texten wird man sich als Klausurteilneh-
mer auf stichwortartige Darstellungen beschränken müssen.*

1. Aufgabe

   (a) Bei einfacher Zinsrechnung gewinnt man das Endkapital K_n aus
       dem Anfangskapital K_0, dem Jahreszinssatz i und der Laufzeit n
       mit Hilfe von
       $$K_n = K_0 \cdot (1 + ni) \,,$$
       wobei die Laufzeit in Jahren gemessen wird. Verwendet man statt
       dessen den relativen Zinssatz (unterjährlichen Zinssatz) j und mißt
       die Laufzeit N entsprechend in Subperioden (hier: Monaten), so
       heißt es
       $$K_N = K_0 \cdot (1 + Nj) \,, \tag{7.1}$$
       was mit den Daten der Aufgabe auf
       $$K_{36} = 10000 \cdot (1 + 36 \cdot 0.0025) = 10900 \text{ DM}$$
       führt.

   (b) Hat man es mit den Bedingungen der Zinseszinsrechnung zu tun, so
       verwendet man bei Vorgabe eines Jahreszinssatzes
       $$K_n = K_0 \cdot (1 + i)^n \tag{7.2}$$
       und bei Verwendung eines relativen Zinssatzes analog zu (7.1)
       $$K_N = K_0 \cdot (1 + j)^N \,. \tag{7.3}$$
       Auswerten dieser Formel mit den Daten der Aufgabe ergibt jetzt
       $$K_{36} = 10000 \cdot 1.0025^{36} = 10940.51 \text{ DM}.$$
       Unter dem konformen Zinssatz versteht man jenen Jahreszinssatz
       i^*, der unter Verwendung von (7.2) zum selben Ergebnis führt. Bei
       12 Zinsperioden je Jahr muß also
       $$1 + i^* = (1 + j)^{12}$$

gelten, was auf das Resultat

$$i^* = 1.0025^{12} - 1 = 0.03416$$

führt, und tatsächlich ist

$$K_3 = 10000 \cdot 1.03416^3 = 10940.51 \text{ DM}.$$

(c) Um die Frage nach der Laufzeit in Subperioden beantworten zu können, lösen wir (7.3) mit dem Ergebnis

$$N = \frac{\ln(K_N/K_0)}{\ln(1+j)}$$

auf und setzen ein. Auf diese Weise erhalten wir

$$N = \frac{\ln 1.2}{\ln 1.0025} = 73 \text{ Monate}.$$

2. Aufgabe

(a) Es geht darum, den Barwert einer nachschüssigen jährlichen Rente
zu berechnen, die fünf Jahre lang gezahlt wird. Dazu verwendet man
die Rentenbarwertformel

$$R_0 = r \cdot \frac{(1+i)^n - 1}{i \cdot (1+i)^n}$$

und setzt die entsprechenden Daten ein. Das ergibt

$$R_0 = 10000 \cdot \frac{1.06^5 - 1}{0.06 \cdot 1.06^5} = 42123.64 \text{ DM}.$$

Auf den Tag des Ausscheidens von Thunfisch bezogen, also in
bezug auf den 31.12.04, beläuft sich der Barwert der Rente auf
42123.64 DM.

(b) Der Arbeitgeber von Theo Thunfisch will das Rentenkonto am
31.12.00 einrichten und fragt danach, wieviel zu diesem Termin ein-
gezahlt werden muß, damit Thunfisch die Rente in der geplanten
Höhe beziehen kann. Der unter 2a berechnete Barwert ist daher vier
weitere Jahre zu diskontieren. Daraus ergibt sich ein Betrag von

$$R_0 = 42123.64 \cdot 1.06^{-4} = 33365.87 \text{ DM}.$$

Die Entwicklung des Rentenkontos würde in diesem Fall so aussehen,
wie in Tabelle 7.1 gezeigt wird.

Tabelle 7.1: Rentenkonto bei einmaliger Dotierung durch den Arbeitgeber im Zeitpunkt $t = 0$

Jahr	Kontostand am Jahresanfang	Zahlung am Jahresende	Zinsen	Kontostand am Jahresende
0	0.00	33365.87	0.00	33365.87
1	33365.87	0.00	2001.95	35367.82
2	35367.82	0.00	2122.07	37489.89
3	37489.89	0.00	2249.39	39739.28
4	39739.28	0.00	2384.36	42123.64
5	42123.64	−10000.00	2527.42	34651.06
6	34651.06	−10000.00	2079.06	26730.12
7	26730.12	−10000.00	1603.81	18333.93
8	18333.93	−10000.00	1100.04	9433.96
9	9433.96	−10000.00	566.04	0.00

(c) Theo Thunfischs Arbeitgeber verfolgt jetzt gegenüber Aufgabe 2b eine andere Strategie. Statt am Ende des ersten Arbeitsjahres eine Einmalzahlung zu leisten, will er jetzt zu Beginn eines jeden Arbeitsjahres eine gleichbleibende wiederkehrende Einzahlung vornehmen. Zu bestimmen ist demnach eine vorschüssige Rente, deren

- Endwert sich auf 42123.64 DM oder deren
- Barwert sich auf $33365.87 \cdot 1.06^{-1} = 31477.23$

beläuft. Unter Verwendung der Formel für den Endwert einer vorschüssigen Rente

$$R_n = r \cdot (1 + i) \cdot \frac{(1 + i)^n - 1}{i}$$

erhält man mit den relevanten Daten

$$
\begin{aligned}
r &= 42123.64 \cdot \frac{i}{(1 + i) \cdot ((1 + i)^n - 1)} \\
  &= 42123.64 \cdot \frac{0.06}{1.06 \cdot (1.06^5 - 1)} \\
  &= 7049.61 \, \text{DM} \, .
\end{aligned}
$$

Zur Kontrolle der Lösung mag man sich der Tabelle 7.2 bedienen. In diesem Zusammenhang beachte man, daß der 1.1.00 als Ende des Jahres -01 gedeutet werden kann.

3. Aufgabe

(a) In *formaler* Sicht ist der Kapitalwert einer Investition mit der Zahlungsreihe $z_0, z_1, \ldots, z_T$ nichts anderes als die Summe aller mit ihren

Tabelle 7.2: Rentenkonto bei Dotierung durch den Arbeitgeber in fünf gleichen Raten

Jahr	Kontostand am Jahresanfang	Zahlung am Jahresende	Zinsen	Kontostand am Jahresende
−1	0.00	7049.61	0.00	7049.61
0	7049.61	7049.61	422.98	14522.19
1	14522.19	7049.61	871.33	22443.12
2	22443.12	7049.61	1346.59	30839.32
3	30839.32	7049.61	1850.36	39739.28
4	39739.28	0.00	2384.36	42123.64
5	42123.64	−10000.00	2527.42	34651.06
6	34651.06	−10000.00	2079.06	26730.12
7	26730.12	−10000.00	1603.81	18333.93
8	18333.93	−10000.00	1100.04	9433.96
9	9433.96	−10000.00	566.04	0.00

Abzinsungsfaktoren multiplizierten Zahlungen,

$$\text{NPV} = \sum_{t=0}^{T} z_t \cdot (1+i)^{-t}.$$

Nennt man die erste Investitionszahlung (die Anschaffungsausgabe) I_0 und die folgenden Zahlungen (Cash–flows) CF_t, so schreibt man dafür auch

$$\text{NPV} = -I_0 + \underbrace{\sum_{t=1}^{T} CF_t \cdot (1+i)^{-t}}_{\substack{\text{Barwert der} \\ \text{künftigen Cash–flows}}}.$$

Eine *ökonomische* Interpretation dieses Ausdrucks gelingt, indem man sich den Abzinsungsfaktoren zuwendet. So ein Faktor informiert darüber, wieviel Geld jemand im Zeitpunkt $t = 0$ anlegen muß, um beim Zinssatz i nach Ablauf von t Jahren Anspruch auf 1 DM zu besitzen. Beläuft sich beispielsweise der Zins auf 8 %, so kostet "1 DM in fünf Jahren" heute $1.08^{-5} = 0.68$ DM. Will man nicht nur "1 DM in fünf Jahren", sondern statt dessen Ansprüche in Höhe der Cash–flows bekommen, so muß man heute natürlich das CF_5–fache, also $CF_5 \cdot 0.68$ bezahlen. Der Barwert der künftigen Cash–flows

$$\text{PV} = \underbrace{CF_1 \cdot (1+i)^{-1}}_{\substack{\text{Barwert der Cash-} \\ \text{flows des ersten Jahres}}} + \ldots + \underbrace{CF_T \cdot (1+i)^{-T}}_{\substack{\text{Barwert der Cash-} \\ \text{flows des } T\text{-ten Jahres}}}$$

stellt also den Preis dar, den man bei Gültigkeit des Zinssatzes i in Form von Finanzinvestitionen bezahlen müßte, um Anspruch auf

Cash–flows zu erwerben, die nach Höhe und zeitlicher Verteilung genau den Cash–flows entsprechen, welche aus der Sachinvestition erwartet werden.

Demgegenüber ist I_0 der Preis, welchen man für die Sachinvestition auszugeben hat, um die genannten Cash–flows zu bekommen.

Ein rationaler Investor entscheidet sich bei gegebener Verteilung der Cash–flows für diejenige Alternative, bei der er den niedrigsten Preis bezahen muß. Da der NPV definitionsgemäß nichts anderes als eine *Preisdifferenz* ist, wählt man die Sachinvestition, wenn PV $> I_0$ oder NPV > 0 ist, und unterläßt sie, wenn die Relationen nicht erfüllt sind.

(b) Schauen wir uns die Formel

$$Y = \underbrace{\frac{\sum_{t=0}^{T} M_t(1+i)^{T-t} - C_T}{\sum_{t=0}^{T} f_t(1+i)^{T-t}}}_{\text{Term 1}} + \underbrace{\frac{\text{NPV}}{\sum_{t=0}^{T} f_t(1+i)^{-t}}}_{\text{Term 2}} \qquad (7.4)$$

genauer an und konzentrieren uns zunächst auf Term 1. In diesem Term gibt es nur Ausdrücke, die von den Eigenschaften der zu beurteilenden Sachinvestition vollständig unabhängig sind. Daher können wir sagen, daß es sich bei Term 1 um jenen Teil des Entnahmeniveaus handelt, den man auch bei Wahl der Unterlassungsalternative erreichen würde. Dementsprechend repräsentiert Term 2 jenen Teil des Entnahmeniveaus, der darüber hinaus von einem Projekt mit positivem Kapitalwert möglich gemacht wird, sozusagen die auf ein günstiges Projekt zurückzuführende Zusatzentnahme.

(c) Um die gestellte Frage zu beantworten, konzentrieren wir uns auf Term 2 der Gleichung (7.4). Im Nenner des Terms haben wir den Barwert der Entnahmestrukturfaktoren, für den wir unter der speziellen Voraussetzung $(f_0, \ldots, f_T) = (0, 1, \ldots, 1)$

$$H = \sum_{t=0}^{T} f_t (1+i)^{-t} = \sum_{t=1}^{T} (1+i)^{-t}$$

schreiben können. Das entspricht

$$H = (1+i)^{-1} + \ldots + (1+i)^{-T}.$$

Multiplizieren der Gleichung mit $(1+i)$ ergibt

$$(1+i) H = 1 + \ldots + (1+i)^{-T+1}.$$

Ziehen wir von dieser Gleichung die vorige ab und formen etwas um, so erhalten wir

$$i H = 1 - (1+i)^{-T}$$

$$= \frac{(1+i)^T - 1}{(1+i)^T}$$

$$H = \frac{(1+i)^T - 1}{i \cdot (1+i)^T},$$

worin wir den nachschüssigen Rentenbarwertfaktor erkennen. Sein Kehrwert ist der Annuitätenfaktor

$$\frac{1}{H} = \frac{i \cdot (1+i)^T}{(1+i)^T - 1},$$

womit deutlich wird, daß die Zusatzentnahme gemäß Term 2 in Gleichung (7.4) unter den hier diskutierten Voraussetzungen genau das ist, was man üblicherweise als Annuität bezeichnet.

4. Aufgabe

(a) Zum Zwecke der Ermittlung des Zinssatzes, den Sie von der Bank verlangen müssen, damit die Rechnung aufgeht, muß man auf die Gleichung zur Ermittlung eines nachschüssigen Rentenbarwerts zurückgreifen. Sie lautet

$$R_0 = r \cdot \frac{(1+i)^n - 1}{i \cdot (1+i)^n}.$$

Gesucht ist die Nullstelle der Funktion

$$\begin{aligned} f(i) &= r \cdot \frac{(1+i)^n - 1}{i \cdot (1+i)^n} - R_0 \\ &= 12000 \cdot \frac{(1+i)^5 - 1}{i \cdot (1+i)^5} - 50000. \end{aligned}$$

Bei der Suche dieser Nullstelle mit Hilfe des vereinfachten *Newton*–Verfahrens verwenden wir die Iterationsformel

$$i_{k+1} = i_k - \frac{f(i_k)}{f'(i_k)},$$

wobei die erste Ableitung der Funktion durch den Differenzenquotienten

$$f'(i) \approx \frac{f(i + \Delta i) - f(i)}{\Delta i}$$

mit genügend kleinem Δi angenähert wird. Arbeiten wir mit einem ersten Versuchszinssatz von $i_0 = 0.05$ und wählen zugleich $\Delta i = 0.001$, so erhalten wir nach zwei Iterationsschritten $i = 0.0640$, vgl. Tabelle 7.3.

Tabelle 7.3: Zinsbestimmung mit $\overset{\bullet}{Newtons}$ Methode (vereinfacht)

k	i_k	$f(i_k)$	$i_k + \Delta i$	$f(i_k + \Delta i)$	$\frac{f(i_k+\Delta i)-f(i_k)}{\Delta i}$
0	0.0500	1953.72	0.0510	1810.42	-143302.65
1	0.0636	52.60	0.0646	-82.49	-135087.62
2	0.0640				

(b) Wir unterstellen, daß die Rente nachschüssig gezahlt werden soll und verwenden daher

$$R_0 = \frac{r}{i} = \frac{12000}{0.15} = 80000 \text{ DM} \,.$$

5. Aufgabe

(a) Um den Tilgungsplan im Fall der Ratentilgung aufstellen zu können, brauchen wir als erstes den gleichbleibenden Tilgungsbetrag. Er beläuft sich bei einer Gesamtlaufzeit von sechs Jahren und einem tilgungsfreien Jahr auf

$$T = \frac{K_0}{5} = \frac{2000000}{5} = 400000.00 \text{ DM} \,,$$

woraus sich der Tilgungsplan gemäß Tabelle 7.4 leicht ableiten läßt. Im Falle der Annuitätentilgung besteht der schwierigste Teil der Auf-

Tabelle 7.4: Ratentilgung mit einem tilgungsfreien Jahr

Jahr	Schuld am Jahresbeginn	Zinsen	Tilgung	Annuität
1	2000000	240000	0	240000
2	2000000	240000	400000	640000
3	1600000	192000	400000	592000
4	1200000	144000	400000	544000
5	800000	96000	400000	496000
6	400000	48000	400000	448000

gabe in der Berechnung der Annuität. Zu diesem Zweck verwenden wir

$$
\begin{aligned}
A &= K_0 \cdot \frac{i \cdot (1+i)^n}{(1+i)^n - 1} \\
&= 2000000 \cdot \frac{0.12 \cdot 1.12^5}{1.12^5 - 1} \\
&= 554819 \text{ DM} \,.
\end{aligned}
$$

Auch daraus läßt sich der Rest wieder leicht entwickeln, vgl. Tabelle 7.5.

Tabelle 7.5: Annuitätentilgung mit einem tilgungsfreien Jahr

Jahr	Schuld am Jahresbeginn	Zinsen	Tilgung	Annuität
1	2000000	240000	0	240000
2	2000000	240000	314819	554819
3	1685181	202222	352598	554819
4	1332583	159910	394910	554819
5	937673	112521	442299	554819
6	495375	59445	495375	554819

(b) Welcher der beiden Kreditangebote bei einem Kalkulationszinsfuß von 10 % günstiger ist, läßt sich leicht entscheiden, indem man die jeweiligen Annuitäten mit diesem Zinssatz diskontiert. Die Barwerte ergeben sich im Falle der Ratentilgung zu

$$PV = \frac{240000}{1.1^1} + \frac{640000}{1.1^2} + \ldots + \frac{448000}{1.1^6} = 2124306 \text{ DM}$$

und im Falle der Annuitätentilgung zu

$$PV = \frac{240000}{1.1^1} + \frac{554819}{1.1^2} + \ldots + \frac{554819}{1.1^6} = 2130184 \text{ DM}.$$

Damit erweist sich die Ratentilgung als etwas vorteilhafter.

(c) Würde man die Annuitäten nicht mit 10 %, sondern mit 12 % diskontieren, so gäbe es keinen Bewertungsunterschied zwischen beiden Tilgungsformen. Der Barwert beliefe sich in beiden Fällen auf genau 2 Mio. DM.

Zinst man mit einem Satz ab, der unter dem nominellen Kreditzinssatz von 10 % liegt, so ist Ratentilgung günstiger. Liegt dagegen der Kalkulationszinssatz über dem nominellen Kreditzinssatz, so wird die Annuitätentilgung zur vorzugswürdigen Alternative.

Das wird besonders klar, wenn man die Differenzen zwischen den Annuitäten beider Tilgungsformen betrachtet. Abgesehen von den tilgungsfreien Jahren, in denen kein Unterschied besteht, zahlt man bei Ratentilgung zu Beginn der Laufzeit mehr als bei Annuitätentilgung, während sich dieses Verhältnis gegen Ende der Laufzeit umkehrt. Je höher der Zins, um so kleiner die Abzinsungsfaktoren. Anders gesagt: Je höher der Kalkulationszinssatz, um so angenehmer sind späte Rückzahlungen.

6. Aufgabe

(a) Es empfiehlt sich, zunächst die Alternativen des Entscheidungsproblems zusammenzustellen, sie hinsichtlich der erreichbaren Produktionsmengen näher zu charakterisieren und die relevanten Gewinnfunktionen zu entwickeln.

- *Reiner Fremdbezug:* Dieser Beschaffungsweg ist laut Aufgabenstellung mengenmäßig praktisch unbegrenzt. Nennt man den Verkaufspreis p, die variablen Beschaffungskosten bei Fremdbezug $k_{v,FB}$ und die Menge x, so lautet die Gewinnfunktion

$$\begin{aligned} G_{FB} &= (p - k_{v,FB}) \cdot x \\ &= (22 - 20) \cdot x \\ &= 2x \qquad \forall x \geq 0. \end{aligned}$$

- *Halbautomat:* Die Kapazitätsgrenze liegt hier bei $x = 15000$ Stück. Bezeichnet man die Fixkosten mit $K_{f,H}$ und die variablen Stückkosten bei Einsatz des Halbautomaten mit $k_{v,H}$, so haben wir

$$G_H = (p - k_{v,H}) \cdot x - K_{f,H} \qquad \forall x \in [0, 15000].$$

Die Fixkosten betragen

$$K_{f,H} = 40000 + 10000 + \underbrace{\frac{150000 - 30000}{10}}_{\text{Abschreibung}} + 0.1 \cdot \underbrace{\frac{15000 + 30000}{2}}_{\text{Zinsen}}$$
$$= 71000,$$

während sich die variablen Stückkosten auf

$$k_{v,H} = 3 + \frac{150000}{15000} = 13$$

belaufen. Einsetzen ergibt

$$\begin{aligned} G_H &= (22 - 13) \cdot x - 71000 \\ &= 9x - 71000 \qquad \forall x \in [0, 15000]. \end{aligned}$$

- *Halbautomat und Fremdbezug:* Erwirbt man den Halbautomaten, nutzt ihn vollständig aus und betreibt darüber hinaus Fremdbezug, so kann man Stückzahlen verwirklichen, die über 15000 Einheiten hinausgehen. Die Gewinnfunktion ergibt sich in diesem Fall aus

$$\begin{aligned} G_{H+FB} &= G_H(15000) + (p - k_{v,FB}) \cdot (x - 15000) \\ &= 9 \cdot 15000 - 71000 + (22 - 20) \cdot (x - 15000) \\ &= 2x + 34000 \qquad \forall x \geq 15000. \end{aligned}$$

- *Vollautomat:* Mit dieser Maschine kann man Stückzahlen bis $x = 50000$ erreichen. Unter Verwendung von $K_{f,V}$ für die Fixkosten und $k_{v,V}$ für die stückbezogenen variablen Kosten des Vollautomaten schreiben wir für die Gewinnfunktion

$$G_V = (p - k_{v,V}) \cdot x - K_{f,V} \qquad \forall x \in [0, 50000],$$

wobei sich die Fixkosten mit

$$
\begin{aligned}
K_{f,V} &= 60000 + 140000 + \frac{400000 - 50000}{7} \\
&\quad + 0.1 \cdot \frac{400000 + 50000}{2} \\
&= 272500
\end{aligned}
$$

und die variablen Stückkosten aus der Aufgabe direkt mit $k_{v,V} = 6$ ergeben. Einsetzen in die Gewinnfunktion führt auf

$$
\begin{aligned}
G_V &= (22 - 6)x - 272500 \\
&= 16x - 272500 \qquad \forall x \in [0, 50000].
\end{aligned}
$$

- *Vollautomat und Fremdbezug:* Soll mit dem Vollautomaten eine Stückzahl erreicht werden, die über $x = 50000$ liegt, so muß man den Vollautomaten hundertprozentig ausnutzen und außerdem fremdbeziehen. Die dabei relevante Gewinnfunktion lautet

$$
\begin{aligned}
G_{V+FB} &= G_V(50000) + (p - k_{v,FB}) \cdot (x - 50000) \\
&= 16 \cdot 50000 - 272500 + (22 - 20) \cdot (x - 50000) \\
&= 2x + 427500 \qquad \forall x \geq 50000.
\end{aligned}
$$

- *Bestimmung der kritischen Mengen:* Um die Stückzahlen zu berechnen, von denen ab es günstiger wird, zu einer anderen Form der Beschaffung überzugehen, muß man die jeweils relevanten Gewinnfunktionen gleichsetzen.
  Bei niedrigen Stückzahlen ist wegen vollständig ausbleibender Fixkosten Fremdbezug optimal. Die Stückzahl, bei dem sich der Übergang zur Fertigung auf dem Halbautomaten lohnt, berechnen wir aus

$$
\begin{aligned}
G_{FB} &= G_H \\
2x &= 9x - 71000 \\
x &= 10142.
\end{aligned}
$$

Mit dem Halbautomaten kann man die Menge bis $x = 15000$ hochfahren. Soll darüber hinausgegangen werden, ist Fremdbezug hinzuzunehmen. Der Übergang zum Vollautomaten empfiehlt sich, wenn seine höheren Fixkosten durch den höheren

Deckungsbeitrag von 16 DM/Stück kompensiert werden. Zu diesem Zweck kalkulieren wir

$$G_{H+FB} = G_V$$
$$2x + 34000 = 16x - 272500$$
$$x = 21892 \,.$$

Insgesamt lauten unsere Ergebnisse also folgendermaßen:

bis 10142 Stück	Fremdbezug
10143 bis 15000 Stück	Halbautomat
15001 bis 21892 Stück	Halbautomat und Fremdbezug
21893 bis 50000 Stück	Vollautomat
über 50000 Stück	Vollautomat und Fremdbezug

(b) Würde man vor der Aufgabe stehen, die Lösung mit Hilfe der Kostenvergleichsrechnung zu suchen, so müßte man aus den obigen Gewinnfunktionen zunächst die Kostenfunktionen ableiten. Der Gewinn ist die Differenz zwischen Umsatz und Kosten. Die Erlöse belaufen sich in unserem Beispiel unabhängig vom Beschaffungsweg und unabhängig von der produzierten beziehungsweise verkauften Menge auf

$$\text{Umsatz} = p \cdot x = 22x \,.$$

Deswegen erhält man

$$K_{FB} = G_{FB} - 22x \,,$$
$$K_H = G_H - 22x \,,$$
$$K_{H+FB} = G_{H+FB} - 22x \,,$$
$$K_V = G_V - 22x \quad \text{und}$$
$$K_{V+FB} = G_{V+FB} - 22x \,.$$

Bestimmt man nun die kritischen Produktionsmengen mit Hilfe der Kostenvergleichsrechnung durch Gleichsetzen der relevanten Kostenfunktionen, so erhält man offensichtlich dieselben Ergebnisse wie bei Verwendung der Gewinnfunktionen, da die Umsätze sich jeweils neutralisieren. Das wäre nur dann anders, wenn die Preise mengenabhängig wären.

7. Aufgabe

Kreuzen Sie die richtigen Antworten an. Mehrere richtige Antworten sind möglich. Falsche Kreuze führen zu Punktabzügen.

(a) Welche Aussagen über die Kapitalerhöhung aus Gesellschaftsmitteln sind wahr?

⃝   Typische Form der Eigenkapitalerhöhung bei mittelständischen Unternehmen.

⊗   Dem Unternehmen fließen keine zusätzlichen finanziellen Mittel zu.

⃝   Durch die Erhöhung der Aktienkurse wird die Handelbarkeit der Aktie eingeschränkt.

⊗   Durch die Ausgabe von "Gratisaktien" sinkt der Aktienkurs des Unternehmens.

(b) Welche Merkmale charakterisieren idealtypisches Eigenkapital?

⊗   Kapitalgeber partizipiert über die Einlage hinaus an steigendem Unternehmenswert.

⊗   Recht auf Mitbestimmung.

⃝   Anspruch auf Rückzahlung der Nominaleinlage.

⃝   Vergütung für Kapitalüberlassung ist gewinnunabhängig.

(c) Welche Aussagen über die neoklassische Finanzierungstheorie sind wahr?

⃝   Sie nimmt eine Informationsasymmetrie zwischen Kapitalnehmer und Kapitalgeber an.

⊗   Sie beruht auf weitgehenden Vollkommenheitsannahmen über den Kapitalmarkt.

⃝   Sie eignet sich zur Erklärung von real existierenden Institutionen wie beispielsweise von Banken oder Kreditsicherheiten.

⊗   Es wird angenommen, daß die Wahrscheinlichkeitsverteilung der Investitionsrückflüsse allen Marktteilnehmern bekannt ist.

(d) Welche Aussagen über Schuldscheindarlehen sind falsch?

⃝   Die Schuldscheinfähigkeit hängt von der Deckungsstockfähigkeit ab.

⊗   Sie werden insbesondere von mittelständischen Unternehmen genutzt.

⊗   Sie werden auch als Wechselkredite bezeichnet.

⃝   Industrieobligationen sind fungibler als Schuldscheindarlehen.

(e) Welche der folgenden Finanzierungsformen sind der kurzfristigen Fremdfinanzierung zuzuordnen, ohne daß dem Unternehmen liquide Mittel zufließen?

⊗   Akzeptkredit.

⊗   Lieferantenkredit.

◯   Diskontkredit.

⊗   Avalkredit.

(f) Welche Aussagen über Finanzintermediäre sind richtig?

◯   Sie transformieren das Investitionsrisiko, indem sie viele kleine Einlagen bündeln und diese einem Unternehmen als großen Kredit zur Verfügung stellen.

⊗   Sie transformieren die Einzelgeschäfte in ihren Eigenschaften, so daß diese den unterschiedlichen Präferenzen von Kapitalnehmer und Kapitalgeber gerecht werden.

◯   Venture Capital–Gesellschaften sind Finanzintermediäre, die sich auf die Vermögensverwaltung spezialisiert haben.

◯   Die Börse ist kein Finanzintermediär, weil durch sie keine Risikotransformation stattfindet.

(g) Welche Wertpapiere werden auf Terminmärkten gehandelt?

◯   Industrieobligationen

◯   Bundesanleihen

⊗   Futures

⊗   Optionen

(h) Unter welchen Voraussetzungen steigt die Eigenkapitalrendite bei einer Erhöhung des Verschuldungsgrades?

⊗   Gesamtkapitalrendite größer als Fremdkapitalzins.

◯   Fremdkapitalzins größer als Gesamtkapitalrendite.

⊗   Gegebene Unternehmenspolitik.

◯   Investitionspolitik ist von Kapitalstruktur abhängig.

(i) Ein Unternehmen beabsichtigt, bei einem Marktzinsniveau von 7 %
    eine Schuldverschreibung mit einem 5 %–Kupon zu emittieren. Wel-
    che Möglichkeiten hat das Management, die Effektivverzinsung an
    das Marktzinsniveau anzupassen?

    ○   Emission über pari.

    ⊗   Emission unter pari.

    ⊗   Rückzahlung über pari.

    ○   Eine Emission mit einem 5 %–Kupon ist sinnlos, weil diese
          von den Anlegern nicht gekauft werden würde.

(j) Welche Eigenschaften treffen auf echtes Factoring zu?

    ⊗   Factor übernimmt das Forderungsausfallrisiko.

    ⊗   Form der kurzfristigen Fremdfinanzierung.

    ○   Form der Innenfinanzierung.

    ○   Factor übernimmt das Risiko, daß Waren wegen Mängelrügen
          zurückgegeben werden.

8. Aufgabe

    (a) Laut Aufgabenstellung soll eine Kapitalerhöhung im Betrag von
        20 % des bisherigen Grundkapitals vorgenommen werden. Das ist
        ein Volumen von

        $$0.2 \cdot 5 = 1 \text{ Mio. DM}.$$

    (b) Bei einem Grundkapital von 5 Mio. DM und einer Zahl von
        1 Mio. Stück alten Aktien beläuft sich der Nennwert einer Aktie
        offensichtlich auf

        $$\frac{5000000}{1000000} = 5 \text{ DM/Stück}.$$

    (c) Der Ausgabekurs der jungen Aktien ergibt sich, indem man das ge-
        wünschte Volumen der Kapitalerhöhung durch die Zahl der jungen
        Aktien teilt. Bisher laufen 1 Mio. alte Aktien um. Bei einem Bezugs-
        verhältnis von 10 : 1 sollen demnach 100000 junge Aktien emittiert
        werden. Dann muß man den Ausgabepreis mit

        $$\frac{1000000}{100000} = 10 \text{ DM/Stück}$$

        festlegen, wenn man den gewünschten Emissionserlös erzielen will.

(d) In das Grundkapital wird derjenige Teil der Kapitalerhöhung eingestellt, welcher dem Nennwert der jungen Aktien entspricht, also

$$100000 \cdot 5 = 500000 \text{ DM},$$

während das Agio in Höhe von

$$100000 \cdot (10 - 5) = 500000 \text{ DM}$$

in die Kapitalrücklage gebucht wird.

(e) Unter der Voraussetzung, daß die Emissionserlöse ins Umlaufvermögen des Unternehmens gehen, sieht die Bilanz der MIESENS AG nach Durchführung der Kapitalerhöhung so aus (alle Werte in Mio. DM):

Aktiva		Passiva	
Anlagevermögen	15.0	Grundkapital	5.5
Umlaufvermögen	6.0	Kapitalrücklage	2.5
		Gewinnrücklage	3.0
		Verbindlichkeiten	10.0
	21.0		21.0

(f) Der Mischkurs ist das gewogene arithmetische Mittel aus dem bisherigen Börsenkurs der alten Aktien und dem Ausgabepreis der jungen Aktien. Er beläuft sich mit den Zahlen der Aufgabe auf

$$\frac{10 \cdot 15 + 1 \cdot 10}{11} = 14.55 \text{ DM/Stück}.$$

(g) Neben der ordentlichen Kapitalerhöhung gibt es für Aktiengesellschaften drei weitere Formen der Kapitalerhöhung, und zwar

- das genehmigte Kapital (§§ 202 ff. AktG),
- die bedingte Kapitalerhöhung (§§ 192 ff. AktG) und
- die Kapitalerhöhung aus Gesellschaftsmitteln (§§ 207 ff. AktG).

(h) Wir beginnen damit, das Vermögen von Donna Clara auszurechnen, bevor sie davon in Kenntnis gesetzt wird, daß die MIESENS AG eine Kapitalerhöhung vornehmen will. Sie besitzt 1500 DM Bargeld und 120 Aktien, die zum Kurs von 15 DM/Stück notieren. Mithin beträgt ihr Vermögen

$$1500 + 120 \cdot 15 = 3300 \text{ DM}.$$

Wenn ihre Bank sie darüber unterrichtet, daß eine Kapitalerhöhung stattfinden soll, hat Donna Clara zwei Möglichkeiten. Entweder bezieht sie die jungen Aktien, oder sie verkauft ihre Bezugsrechte.[1]

---

[1] Natürlich könnte sie auch einen Teil ihrer Bezugsrechte ausüben und den Rest verkaufen. Solche Strategien werden hier nicht weiter betrachtet.

- Macht Donna Clara von ihrem Bezugsrecht vollständig Gebrauch, so muß sie bei einem Bezugsverhältnis von 10 : 1 genau
  12 junge Aktien zum Preis von 10 DM/Stück kaufen, was Ausgaben in Höhe von 120 DM verursacht. Sie besitzt dann 120+12
  Aktien, die allerdings nicht mehr zu 15 DM/Stück, sondern nur
  noch zum Mischkurs von 14.55 DM/Stück notieren werden. Ihr
  Vermögen wird sich also auf

$$1500 - 12 \cdot 10 + (120 + 12) \cdot 14.55 = 3300 \text{ DM}$$

belaufen.

- Verkauft Donna Clara dagegen ihre Bezugsrechte, so erzielt sie
  je Bezugsrecht Einnahmen in Höhe von

$$B = \frac{15 - 10}{1 + \frac{10}{1}} = 0.45 \text{ DM}.$$

Da sie ebenso viele Bezugsrechte wie alte Aktien hat, belaufen
sich die Bezugsrechtserlöse auf 120·0.45 = 54.55 DM. Die Aktien
sinken trotzdem auf den Mischkurs, weil nun an Donna Claras
Stelle andere Personen die Bezugsrechte ausüben werden. Das
gesamte Vermögen beträgt daher

$$1500 + 120 \cdot 0.45 + 120 \cdot 14.55 = 3300 \text{ DM}.$$

Damit zeigt sich, daß es vollkommen gleichgültig ist, für welchen Weg
sich die Aktionärin entscheidet, jedenfalls wenn man unterstellt, daß
die Aktien nach der Kapitalerhöhung zum Mischkurs gehandelt werden und die Bezugsrechtsformel den Wert des Bezugsrechts richtig
beschreibt.

Literaturverzeichnis

ADRIAN, REINHOLD UND THOMAS HEIDORN (1996). *Der Bankbetrieb*. Lehrbuch und Aufgaben. 14. Auflage, begründet von Karl Friedrich Hagenmüller und Gerhard Diepen. Gabler: Wiesbaden.

BESTMANN, UWE (Hrsg.) (1989). *Finanzlexikon*. Begründet von Horst–Tilo Beyer, unter Mitarbeit von René Andrich et al., 2. Auflage. Vahlen: München.

BLOHM, HANS UND KLAUS LÜDER (1995). *Investition*. Schwachstellen im Investitionsbereich des Industriebetriebes und Wege zu ihrer Beseitigung. 8. Auflage. Vahlen: München.

BREALEY, RICHARD AND STEWART C. MYERS (1996). *Principles of Corporate Finance*. 5th edition. McGraw–Hill: New York.

DRUKARCZYK, JOCHEN (1996). *Finanzierung*. Eine Einführung. 7. Auflage. Lucius & Lucius: Stuttgart.

GERKE, WOLFGANG UND FRITZ PHILIPP (1985). *Finanzierung*. Kohlhammer: Stuttgart, Berlin, Köln, Mainz.

GÖTZE, UWE UND JÜRGEN BLOECH (1995). *Investitionsrechnung*. Modelle und Analysen zur Beurteilung von Investitionsvorhaben. 2. Auflage, Springer: Berlin et al.

HAX, HERBERT (1993). "Finanzierung", Bitz, Michael et al. (Hrsg.) *Vahlens Kompendium der Betriebswirtschaftslehre*. Band 1. 3. Auflage. Vahlen: München, 397–455.

JAHRMANN, F.–ULRICH (1996). *Finanzierung*. Darstellung, Kontrollfragen, Fälle und Lösungen. 3. Auflage. Neue Wirtschaftsbriefe: Herne, Berlin.

KOBELT, HELMUT UND PETER SCHULTE (1995). *Finanzmathematik*. Methoden, betriebswirtschaftliche Anwendungen und Aufgaben mit Lösungen. 6. Auflage. Neue Wirtschaftsbriefe: Herne, Berlin.

KOSIOL, ERICH (1966). *Finanzmathematik*. Zinseszins–, Renten–, Tilgungs–, Kurs– und Rentabilitätsrechnung. Lehrbuch für Praktiker und Studierende. 10. Auflage. Gabler: Wiesbaden.

KRUSCHWITZ, LUTZ (1989). "Probleme der Ermittlung und Beurteilung von Eigenkapitalquoten", S. Albers et al. (Hrsg.): *Elemente erfolgreicher Unternehmenspolitik in mittelständischen Unternehmen*. Unternehmenskultur, Kundennähe, Quasi–Eigenkapital. Ergebnis des Lüneburger Mittelstands–Symposiums 1988. Stuttgart, 207–234.

KRUSCHWITZ, LUTZ (1993). "Statische Investitionsrechnung", K. Chmielewicz und M. Schweitzer (Hrsg.): *Handwörterbuch des Rechnungswesens*. 3. Auflage. Schäffer–Poeschel: Stuttgart, 1859–1869.

KRUSCHWITZ, LUTZ (1995a). *Investitionsrechnung*. 6. Auflage. De Gruyter: Berlin, New York.

KRUSCHWITZ, LUTZ (1995b). *Finanzmathematik*. Lehrbuch der Zins–, Renten–, Tilgungs–, Kurs– und Renditerechnung. 2. Auflage. Vahlen: München.

LEVY, HAIM AND MARSHALL SARNAT (1990). *Capital Investment and Financial Decisions*. 5th edition. Prentice–Hall: Englewood Cliffs, N. J.

PERRIDON, LOUIS UND MANFRED STEINER (1995). *Finanzwirtschaft der Unternehmung*. 8. Auflage. Vahlen: München.

ROSS, S.A., R.W. WESTERFIELD AND J.F. JAFFE (1993). *Corporate Finance*. 3rd ed., Homewood, Ill.

SCHMIDT, REINHARD H. UND EVA TERBERGER (1996). *Grundzüge der Investitions- und Finanzierungstheorie*. 3. Auflage. Gabler: Wiesbaden.

SCHNEIDER, DIETER (1992). *Investition, Finanzierung und Besteuerung*. 7. Auflage. Gabler: Wiesbaden.

SIEBERS, ALFRED B.J. UND MARTIN WEIGERT (1995). *Börsenlexikon*. Oldenbourg: München, Wien.

SÜCHTING, JOACHIM (1995). *Finanzmanagement*. Theorie und Politik der Unternehmensfinanzierung. 6. Auflage. Gabler: Wiesbaden.

SWOBODA, PETER (1992). *Investition und Finanzierung*. 4. Auflage. Vandenhoeck & Ruprecht: Göttingen.

SWOBODA, PETER (1994). *Betriebliche Finanzierung*. 3. Auflage. Physica: Würzburg, Wien.

VORMBAUM, HERBERT (1995). *Finanzierung der Betriebe*. 9. Auflage. Gabler: Wiesbaden.

WÖHE, GÜNTER UND JÜRGEN BILSTEIN (1994). *Grundzüge der Unternehmensfinanzierung*. 7. Auflage. Vahlen: München.

Sachverzeichnis